高等职业教育
旅游类专业
新专业教学标准
系列教材

景区服务与管理

廖建华　王　宁　主编

杜长淳　赵海湖　杨琳曦　副主编

清華大学出版社

北京

内 容 简 介

本书以各类旅游景区的运营服务与管理工作要求为导向,结合高职学生的学习特点,从旅游景区服务与管理的实际岗位工作出发,设计构建教材内容体系,系统介绍了旅游景区服务的基本知识和岗位技能。本书内容包括旅游景区认知、景区接待服务、景区讲解服务、景区配套综合服务、景区安全管理、景区设施设备管理、景区旅游资源管理和景区环境形象管理。

本书既可作为高职高专旅游大类专业的教材和教学辅导用书,也可作为景区、博物馆、纪念馆、旅行社在岗人员的培训手册与自学参考书。

图书在版编目(CIP)数据

景区服务与管理 / 廖建华,王宁主编. -- 北京:清华大学出版社,2024.10.

(高等职业教育旅游类专业新专业教学标准系列教材). -- ISBN 978-7-302-67537-2

Ⅰ. F590.6

中国国家版本馆 CIP 数据核字第 2024RM7554 号

责任编辑:刘士平
封面设计:傅瑞学
责任校对:李 梅
责任印制:刘 菲

出版发行:清华大学出版社
    网 址:https://www.tup.com.cn,https://www.wqxuetang.com
    地 址:北京清华大学学研大厦 A 座   邮 编:100084
    社 总 机:010-83470000   邮 购:010-62786544
    投稿与读者服务:010-62776969,c-service@tup.tsinghua.edu.cn
    质量反馈:010-62772015,zhiliang@tup.tsinghua.edu.cn
    课件下载:https://www.tup.com.cn,010-83470410
印 装 者:北京同文印刷有限责任公司
经 销:全国新华书店
开 本:185mm×260mm   印 张:14.5   字 数:349 千字
版 次:2024 年 10 月第 1 版   印 次:2024 年 10 月第 1 次印刷
定 价:45.00 元

产品编号:089816-01

前　言

党的二十大报告指出,高质量发展是全面建设社会主义现代化国家的首要任务。发展是党执政兴国的第一要务。必须完整、准确、全面贯彻新发展理念,加快构建以国内大循环为主体、国内国际双循环相互促进的新发展格局。这为包括旅游景区在内的旅游产业高质量发展提供了根本遵循。党的二十大报告提出,深入实施区域协调发展战略,构建优势互补、高质量发展的区域经济布局和国土空间体系,统筹乡村基础设施和公共服务布局,建设宜居宜业和美乡村。这为旅游景区规划开发与建设提出了更高标准。党的二十大报告指出,加大文物和文化遗产保护力度,加强城乡建设中历史文化保护传承,建好用好国家文化公园。坚持以文塑旅、以旅彰文,推进文化和旅游深度融合发展。这为旅游景区运营服务与管理指明了行动方向。

为全面贯彻党的二十大精神,不断深化"三教"改革,切实推动职业教育教材建设,把为党育人、为国育才的人才培养工作落地落细,清华大学出版社组织编写了这套高等职业教育旅游类新专业教学标准系列教材。本书以各类旅游景区的运营服务与管理工作要求为导向,以增强学生岗位适应能力和就业创业能力为目标,在调研旅游产业发展态势、旅游企业人才需求、景区岗位职业要求、国家相关专业标准、旅游行业相关技能标准和学生就业单位反馈的基础上,结合高职学生的学习特点,从旅游景区服务与管理的实际岗位工作出发,设计构建教材内容体系,有机融入素质提升元素。本书内容共分八个项目:项目一旅游景区认知、项目二景区接待服务、项目三景区讲解服务、项目四景区配套综合服务、项目五景区安全管理、项目六景区设施设备管理、项目七景区旅游资源管理、项目八景区环境形象管理。

本书在编写内容的选取上充分考虑高职高专学生的认知规律和旅游景区行业实际,以项目为引领,以任务为驱动。每个项目开始均安排有明确的学习目标(知识目标、能力目标和素质目标)和学习指南(学习方法、学习资源和学习建议)。每个项目又分若干具体任务,每个任务开始设有任务目标、任务实施和任务评价考核点;之后通过引导案例,引出相关知识点。通过相关案例和总结案例,联系景区实际,强化知识运用;通过同步练习和实训项目,解决实际问题,提升专业技能。项目末的前沿视角,帮助学生了解行业发展新理念、新标准、新业态。本书具有较强的科学性、系统性、指导性、实用性,既可作为高职高专旅游管理、导游、智慧景区开发与管理、旅行社经营与管理及相关专业的教材和教学辅导用书,也可作为景区、博物馆、纪念馆、旅行社在岗人员的培训手册与自学参考书。

　　本书由廖建华教授(广州城市职业学院)、王宁教授(广东机电职业技术学院)任主编,杜长淳、赵海湖、杨琳曦任副主编。廖建华教授对全书进行了统稿。

　　本书在编写过程中,参考和引用了许多国内外作者的优秀成果,在此深表谢意。由于编者水平所限,本书内容尚存不足,敬请专家、同行及广大读者予以指正。

编　者

2024 年 8 月

目　录

项目一

旅游景区认知

学习目标

知识目标

1. 了解旅游景区的内涵。

2. 了解旅游景区的特征。

3. 熟悉旅游景区应具备的基本条件。

4. 熟悉旅游景区类型与级别划分的标准。

能力目标

1. 能够运用《旅游景区质量等级的划分与评定》国家标准。

2. 能够对旅游景区进行正确分类。

素质目标

1. 热爱景区服务与管理工作,具有职业认同感。

2. 具有规范服务与管理的素养。

3. 具有认知事物的整体观和系统观。

4. 具有规范意识和标准意识。

学习指南

学习方法

1. 讲授学习法。通过聆听教师讲授,理解掌握知识。

2. 分组学习法。通过分组训练,深化对所学知识的理解和运用。

3. 案例学习法。通过案例分析,总结经验,强化知识运用。

4. 任务驱动法。通过任务完成,解决实际问题,提升专业技能。

学习资源

1. 参考书目

张芳蕊,索虹.景区服务与管理[M].2版.北京:清华大学出版社,2019.

王昕,龚德才,张海龙.旅游景区服务与管理[M].北京:中国旅游出版社,2018.

2. 网络资源

中国旅游网:http://www.51yala.com

学习建议

线上线下相结合进行学习。

1. 课前:通过课程数字资源、职教云等平台提前预习相关知识。教师带领学生到学校附近的旅游景区体验见习,学生注意观察景区环境设施、景区工作人员工作状态。

2. 课中:主动配合授课教师,参与线上、线下互动,领会并掌握各任务所需知识与技能。

3. 课后:完成课后同步练习、实训项目,巩固所学知识和技能。

任务一　景区内涵特征认识

任务目标

在游客看来,什么是旅游景区?在景区工作人员看来,什么是旅游景区?在旅游研究人员看来,什么是旅游景区?综合各种观点,正确认识旅游景区及其特征。

任务实施

请每个小组将任务实施的步骤和结果填入表1-1任务单中。

表 1-1　任务单

小组成员:		指导教师:
任务名称:	模拟地点:	
角色分工:		
工作场景: (1)旅游景区入口; (2)景区游客; (3)景区入口接待服务督导		

续表

教学辅助设施	景区 3D 软件,配合相关教具
任务描述	通过对景区入口接待督导工作的展示,让学生初步了解旅游景区
任务资讯重点	主要考查学生对旅游景区的认识
任务能力分解目标	(1) 景区的认知; (2) 景区特征的理解
任务实施步骤	(1) 了解景区; (2) 正确理解景区的特征

任务评价考核点

(1) 正确理解旅游景区。

(2) 知晓旅游景区的基本特征。

引导案例

投资 3.5 亿,开业仅四年,西安白鹿原民俗村被拆

2020 年 3 月 12 日,西安白鹿原民俗文化村正式启动拆除工作,这个投资 3.5 亿元,建成不到四年的景区项目,经过多次停业整改后,最终还是被拆除。

据了解,该项目位于西安市蓝田县安村镇田坡村村民搬迁后的老宅区域,于 2016 年 5 月试营业,开业初期日客流量达到 12 万人次。但从第二年起,客流量便逐渐下降,直至 2019 年 3 月,西安蓝城理想小镇建设管理有限公司接手项目后,景区停业整改。

思考: 旅游景区的生存发展主要靠的是什么?

一、旅游景区的定义

旅游景区是旅游业的核心要素,是旅游产品的主体成分,是旅游活动的空间载体。一方面,旅游景区为满足人们的旅游需求提供了适宜的空间;另一方面,旅游景区为旅游产业与区域经济社会发展提供了重要的依托。随着中国旅游业的快速发展,旅游景区越来越受到政府、开发商的重视,旅游景区的资源调查、发展规划、开发建设、旅游接待、景区安全与环境管理等工作的作用也越发凸显。旅游景区服务与管理水平的高低,不仅影响到景区自身的生存发展,而且影响到地方旅游业的持续发展乃至国家或地区旅游形象的塑造。

国外大多使用"旅游吸引物(tourist attractions)"这一称谓来代表旅游景区。较有代表性的定义来源于英国旅游局和英格兰旅游委员会:旅游景区必须是一个长期存在的目的地,其存在的主要目的是向公众开放并满足进入者娱乐、兴趣和教育的需求,而不仅是用于购物、体育运动、观看电影和表演。英国学者斯沃布鲁克认为,景区应该是一个独立的单位、一个专门的场所,或是一个有明确界限的、范畴不可能太大的区域。

国内对旅游景区的定义,比较有权威性的是国家质量技术监督局发布的国家标准《旅游景区质量等级的划分与评定》(GB/T 17775—2003)中的定义:"旅游景区(tourist attraction)是指具有参观游览、休闲度假、康乐健身等功能,具备相应旅游服务设施并提供相应旅游服务的独立管理区。该管理区应有统一的经营管理机构和明确的地域范围。包括风景区、文博院馆、寺庙观堂、旅游度假、自然保护区、主题公园、森林公园、地质公园、游乐园、动物园、植物园及工业、农业、经贸、科教、军事、体育、文化艺术等各类旅游景区。"可以说,旅游景区是以旅游及其相关活动为主要功能或主要功能之一的空间或地域。换言之,旅游景区是指在地理上有明确的界限,由若干个景点组成,供游人逗留、休息、参观的场所。

与旅游景区相关的概念有旅游景点、景观、风景等,旅游景区包括风景名胜区、旅游度假区、森林公园等。

旅游景点,是指美学特性突出、对游客具有吸引力的景物,是地理景观中具有独特风景的片段。它是观光游览的最小单位,也是旅游景区划分的最小单位,是旅游资源经过人工开发后对外开放的地段。

风景名胜区是旅游景区的一种类型。国务院于2006年9月19日发布《风景名胜区条例》,其中第二条将风景名胜区界定为:所称风景名胜区,是指具有观赏、文化或者科学价值,自然景观、人文景观比较集中,环境优美,可供人们游览或者进行科学、文化活动的区域。

根据《旅游度假区等级划分》(GB/T 26358—2022)规定,旅游度假区是指以提供住宿、餐饮、购物、康养、休闲、娱乐等度假旅游服务为主要功能,有明确空间边界和独立管理运营机构的集聚区。

森林公园是指森林景观优美,自然景观和人文景物集中,具有一定规模,可供人们游览、休息或进行科学、文化、教育活动的场所。

本书对旅游景区的定义:旅游景区是指能够激发并吸引旅游者前往游览,具备满足旅游者需求的旅游设施并提供相应旅游服务,具有明确区域范围并能实施有效管理的旅游活动区域。

可以从以下三个方面理解旅游景区这一概念:首先,旅游景区是"区",是一个特定空间,区域相对独立;其次,旅游景区有"景",有专门的属性及景观风貌独特;最后,旅游景区具"吸引和供给功能",经过人工开发可以激发人们的旅游兴趣,便于旅游者进入,满足人们观光、休闲、疗养或科考等需求。

因此,旅游景区是一种特殊的地域空间,它通过向旅游者提供形式多样、内容丰富、层次有别的旅游产品和服务,满足人们观光、休闲、康乐、科考、探险、研学等方面的需求。

二、旅游景区的基本特征

知识拓展

景观与风景

了解和认识旅游景区的基本特征,可以加深对旅游景区内涵的理解,为旅游景区的规划、开发、建设和保护提供指导。

旅游景区一般具有以下几个基本特征。

1. 区域空间的特定性

旅游景区是一个独立的管理区,该管理区具有统一的经营管理机构,具有明确的地域空间范围。

2．景区服务的综合性

旅游景区是由多种不同旅游服务要素构成的。一般情况下，规模大的旅游景区对食、住、行、游、购、娱等服务要素都有涉及，规模小的旅游景区也至少包括了其中一个服务要素。

3．内外联系的整体性

旅游景区内部各服务与管理部门需要相互沟通、协同工作，同时，旅游景区与外部社会、自然环境之间，也有着深刻的联系，它们相互依存，相互作用，互为条件，构成一个有机整体。

4．开发利用的再造性

旅游景区的再造性是指旅游景区并不是一次开发、永久不变的，旅游景区可以根据人们的意愿和旅游市场的需求，在不破坏景区资源环境的前提下进行活动项目创造，更新原有旅游景点。

5．地域资源的特殊性

受当地自然环境、社会历史与地方文化的影响，旅游景区内的自然和人文旅游资源会表现出地域上的独特性，这种独特性形成了不同地区旅游景区的地域特色和差异。

📖 案例 1-1

开平碉楼，中西合璧

开平碉楼，位于广东省江门市下辖的开平市境内，是中国乡土建筑的一个特殊类型，是集防卫、居住和中西建筑艺术于一体的多层塔楼式建筑，其特色是中西合璧的民居，具有古希腊、古罗马及伊斯兰等风格。

自明朝以来，开平因位于新会、台山、恩平、新兴四县之间，为"四不管"之地，土匪猖獗，社会治安混乱，加上河流多，每遇台风暴雨，洪涝灾害频发，当地民众被迫在村中修建碉楼以求自保。

明末崇祯十七年（公元 1644 年），社会动荡，盗匪常常袭扰百姓，为保护村民的安全，芦庵公的第四个儿子关子瑞在井头里村兴建了一座瑞云楼。这座楼非常坚固，有防洪和防盗两项功能，一有洪水暴发或贼寇扰乱，井头里村和毗邻的三门里村的村民就到瑞云楼躲避。

1884 年，潭江大涝，附近各地多屋被淹，开平赤坎三门里村民因及时登上碉楼而全部活了下来。

1912 年，司徒氏人为防盗贼而建南楼。楼高 7 层 19 米，占地面积 29 平方米，钢筋混凝土结构，每层设有长方形枪眼，第六层为瞭望台，设有机枪和探照灯，抗战时期司徒氏四乡自卫队队部就设在这里。同年，谢创同志的父亲谢永珩先生兴建"中山楼"，是为纪念孙中山而取此名。

1912 年到 1926 年这 14 年中，匪劫学校达 8 次，掳教师、学生百余人。其中，1922 年12 月众匪伙劫赤坎地区开平中学时，被鹰村碉楼探照灯照射发现，四处乡团及时截击，截回校长及学生 17 人。此事轰动全县，海外华侨闻讯也十分惊喜，觉得碉楼在防范匪患中起了作用，因此，他们在外节衣缩食，在侨居国请人设计好碉楼蓝图，带回家乡，集资汇回家乡建碉楼。后来，一些华侨为了家眷安全，财产不受损失，在回乡建新屋时，纷纷建成各式各样碉楼式的楼，最多时达 3000 多座，截至 2007 年存 1833 座。

2001 年 6 月 25 日，开平碉楼被国务院批准列入第五批全国重点文物保护单位名单。

2007年6月28日，"开平碉楼与古村落"申请世界文化遗产项目在新西兰第31届世界遗产大会上获得通过，正式列入《世界遗产名录》，成为中国第35处世界遗产、广东省第1处世界文化遗产，中国由此诞生了首个华侨文化的世界遗产项目。

（资料来源：https://baike.so.com/doc/4661912-4875352.html.）

6. 景区功能的复合性

旅游景区的设施、设备不仅为当地居民和工作人员所用，也供游客临时使用。旅游景区内的各种资源不仅用于旅游活动，也往往用于教学、科研等其他活动，大多数旅游景区能够提供多样化功能。

7. 经营管理的动态性

受自然条件、突发事件、开发节奏或人们出游时间等的影响，许多旅游景区的旅游活动具有明显的季节性、波动性，使得旅游景区的经营及管理也表现出一种动态性。

总结案例

景区开发与保护的平衡

重庆武隆天生三桥风景区位于重庆市武隆区东南20千米处，距"南国牧原"仙女山约15千米，距天下第一洞芙蓉洞30千米，是全国罕见的地质奇观生态型旅游区，属典型的喀斯特地貌。景区以天龙桥、青龙桥、黑龙桥三座气势磅礴的石拱桥称奇于世，被探险专家和地质学家赞为"地球遗产""世界奇观"。2007年6月27日，在联合国教科文组织第31届世界遗产大会上，武隆天生三桥被列入《世界遗产名录》。2011年7月，天生三桥风景区被国家旅游局评定为AAAAA级（也称5A级）旅游景区。

这样一处世界遗产地景区、国家5A级景区，虽不缺乏游客，但却面临环境保护、遗产地保护等法律法规问题。围绕如何提高游客满意度、增加游客消费、扩大景区容量等开发难点，清华同衡设计院承担了设计工作，从规划设计到项目落地，对各个产品细节进行仔细布局，获得了市场的认同。其成功之处：一是聚焦亮点，突显遗产魅力；二是打造了一台演出，消灭暗点，丰富夜间活动；三是疏导热点，扩大景区容量。

在开发世界遗产地旅游产品过程中，从规划到落地都应十分慎重。在遗产地的开发项目做多了，可能就做错了；不做项目，游客又不来。处理这对矛盾需要开发智慧，既不能盲目开发，也不能因噎废食。同时，开发景区产品，既要符合国际潮流，又要结合中国国情。

（资料来源：http://www.360doc.com/content/17/1205/11/44695244_710082025.shtml.）

同步练习

一、多选题

1. 旅游景区包括（　　）。
   A. 风景名胜区 　　　　　B. 寺庙观堂
   C. 旅游度假区 　　　　　D. 自然保护区
2. 旅游景区具有的特征有（　　）。
   A. 区域空间的特定性 　　B. 地域资源的特殊性
   C. 景区服务的综合性 　　D. 景区功能的复合性

二、问答题

1. 旅游景区应具备哪些条件?
2. 旅游景区一般具有哪些基本特征?

实训项目

实训:景区管理开发与地方经济发展调研

丹霞山风景名胜区位于广东省韶关市仁化县境内,总面积 292 平方千米,是以丹霞地貌景观为主的世界自然遗产地,也是世界"丹霞地貌"命名地,由 680 多座顶平、身陡、麓缓的红色沙砾岩石构成,"色如渥丹,灿若明霞",以赤壁丹崖为特色。该地是目前世界已发现 1200 多处丹霞地貌中发育最典型、类型最齐全、造型最丰富的丹霞地貌集中分布区。自从 1988 年开发以来,丹霞山先后被列入和评为国家级风景名胜区、国家级自然保护区、国家地质公园、国家 AAAAA 级旅游景区、国家生态旅游示范区。2004 年 2 月 14 日经联合国教科文组织批准为全球首批世界地质公园。

丹霞山于 1995 年 11 月 6 日经国务院批准建立国家级自然保护区,以"丹霞地貌"为主要保护对象。2009 年,广东韶关丹霞山国家级自然保护区管理局正式挂牌成立。自成立自然保护区以来,丹霞山一贯坚持科学规划、统一管理、严格保护、持续利用的方针,在广东省政府及业务主管厅、局的重视和指导下,以立法、规划等为指导,投入大量资金用于地质遗迹保护和环境整治,广泛开展科研与科普活动,其管理工作取得了较好的成绩。

丹霞山世界地质公园致力于培育丹霞山科学名山科普基地品牌,先后建成丹霞山博物馆、国土资源科普基地、青少年科普科教基地以及高校教学实习实践基地,开辟了多条地质和生物多样性科考科普线路,设置了完善的科普解说体系,编印了《丹霞山地貌》《中国红石公园》系列科普图书,开设了地质地貌、生物多样性等科普讲座,打造"中国丹霞进校园"科普品牌,年平均接待科普旅游者 40 万人次以上。丹霞山世界地质公园的品牌建设也推动了当地经济社会的可持续发展,当地居民 90% 从事旅游服务,已成为地质公园和自然遗产地最为重要的守护者。

以"两山论"为视角,分析广东丹霞山在管理、保护、开发与带动地方经济发展方面给旅游工作者哪些启示。

任务二　景区类型与级别划分

任务目标

熟悉旅游景区类型划分的标准;正确区分旅游景区类型与级别。

任务实施

请每个小组将任务实施的步骤和结果填入表 1-2 任务单中。

表 1-2　任务单

小组成员：		指导教师：
任务名称：	模拟地点：	
角色分工：		
工作场景：		
(1) 旅游景区导游；		
(2) 旅游景区游客；		
(3) 景区介绍		
教学辅助设施	景区 3D 软件,配合相关教具	
任务描述	通过对某一景区的总体介绍,让游客初步了解所游览景区的类型和等级	
任务资讯重点	主要考查学生对旅游景区类型与级别的认识	
任务能力分解目标	(1) 认识景区划分标准； (2) 进行景区类型与级别的划分	
任务实施步骤	(1) 熟悉景区划分的标准； (2) 区分不同景区的类型与等级	

任务评价考核点

(1) 了解旅游景区类型划分标准。

(2) 能够正确区分景区类型与级别。

引导案例

"海南热带海洋世界"被取消国家 4A 级旅游景区资格

关于取消"海南热带海洋世界"国家 4A 级旅游景区资格的公告

全国旅游景区质量等级评定委员会(2007 年第 4 号)

依照中华人民共和国国家标准《旅游景区质量等级的划分与评定》与《旅游景区质量等级评定管理办法》,根据海南省旅游景区质量等级评定委员会意见,全国旅游景区质量等级评定委员会经调查认为,"海南热带海洋世界"由于经营管理不善,2006 年 6 月开始处于停业状态,经多次要求其整顿后恢复营业,但由于种种原因,至今仍不能恢复正常营业。现决定取消"海南热带海洋世界"国家 4A 级旅游景区资格。

现予公告。

全国旅游景区质量等级评定委员会

二〇〇七年十一月二十七日

(资料来源：http://www.gov.cn/gzdt/2007-12/04/content_824752.htm.)

思考：景区创 A 不易,守 A 也不易,"海南热带海洋世界"成为国内首家被"摘帽"的 4A 级旅游景区。对此,你的看法是什么？

一、旅游景区分级划类的国家标准

中华人民共和国国家标准《旅游景区质量等级的划分与评定》(GB/T 17775—2003)是旅游

景区质量等级评定的依据。按照该标准,旅游景区质量等级被划分为五级,从高到低依次为 AAAAA、AAAA、AAA、AA、A 级旅游景区。

附录一
旅游景区质量
等级的划分与
评定

1. 旅游景区质量等级评定的实施背景

为引导和加强旅游景区的规范化管理,1999 年 6 月 14 日,国家质量技术监督局正式批准和颁布了《旅游区(点)质量等级的划分与评定》国家标准(GB/T 17775—1999),该标准于当年 10 月 1 日起施行。经过几年的推行,旅游景区在服务与管理上有了明显改善。2001 年 1 月,国家旅游局(现为文化和旅游部)授予第一批共 187 家旅游景区为国家 AAAA 级(也称 4A 级)旅游景区。2003 年 2 月 24 日,国家质量监督检验检疫总局在上述标准的基础上修订并发布了新的《旅游景区质量等级的划分与评定》国家标准(GB/T 17775—2003),这对于加强旅游景区的开发、建设与管理,进一步提高旅游景区的服务质量,实现旅游景区的可持续发展均具有重要意义。2006 年,全国旅游工作会议部署启动 AAAAA 级旅游景区创建试点工作,在评建通知下达后,各省市区创建积极性非常高,各省级旅游景区质量等级评定委员会在指定期限内向国家旅游局推荐的 AAAAA 级旅游景区创建试点单位数量达到 106 家。2007 年 5 月 22 日,国家旅游局在其官方网站发布通知公告,经全国旅游景区质量等级评定委员会委派的评定小组现场验收,以及评定委员会审核批准,决定批准北京市故宫博物院等 66 家旅游景区为国家首批 AAAAA 级旅游景区。截至 2024 年 6 月 28 日,我国 AAAAA 级旅游景区数量已达 339 家。

2. 旅游景区质量等级评定的作用

(1) 旅游景区质量等级评定有利于对旅游景区实施标准化管理。旅游景区要想在市场竞争中立于不败之地,必须做好服务与管理工作,以此赢得更多的客源。这些服务与管理工作必须在规范化、标准化的基础上,做到特色化、人性化。而对主管部门而言,对旅游景区管理水平和服务质量的评判,也需要一个客观的、可相互比较的标准。

(2) 旅游景区质量等级评定有助于保护旅游消费者权益。旅游消费的特点是生产与消费的同步性,通过标准的实施,可起到预防消费纠纷的作用。质量等级划分条件包括旅游交通、游览、旅游安全、卫生、邮电服务、旅游购物、经营管理等,基本都是从旅游者的角度出发进行考量,强化了对旅游者权益的保护。

(3) 旅游景区质量等级评定有益于旅游资源开发与环境保护。环境保护涉及旅游景区规划、开发建设和日常管理的全方位、全过程,同时也兼顾了环境保护。加强环境保护不仅是对旅游者权益的保障,也是对旅游景区可持续发展的保证。景区管理的标准化、规范化不仅要注重服务与经营的有制可依,同时也要在旅游景区规划、资源调查与评价及景区开发等各方面有章可循。

📖 **案例 1-2**

入选中国景区旅游便利三甲,长隆服务体系受青睐

2019 年 12 月,中国社会科学院财经战略研究院和美团点评联合课题组发布的中国景区旅游消费便利度指数(TCI)榜单,广州长隆旅游度假区名列探花位置,是该榜单前十名位置中唯一上榜的广东景区。

TCI 指数从消费者景区旅游消费全链路定义便利度,梳理出消费者从出发地到景区涉及的四个主要旅游消费环节:信息获取、交通、入园及游玩。TCI 得分越高意味着该景区的经营管理环境越利于消费者旅游和消费。

广州长隆旅游度假区处于榜单前列,正说明景区旅游消费便利度处于全国领先水平,并且得到了消费者和业界的认可。

1. 交通优化有利景区服务

随着中国经济和旅游业的发展,游客对旅游体验品质的要求越来越高,景区旅游消费便利度成为旅游体验的重要评价指标。加强对景区旅游消费便利度的量化评估和动态监测非常重要。有市民表示,前往广州旅游很方便,特别是去广州长隆,交通便利,入园快捷,而且园区服务设施十分完备。一家人从中国香港搭乘高铁,1个小时就到广州长隆了。香港游客钟先生一家首次选择搭乘高铁来广州度假,便利的交通让他感到惊讶。

很多游客与钟先生有着相同的感受,随着粤港澳大湾区交通基建的完善,"一小时生活圈"已经形成助推区内旅游发展的强大动力。如今,从香港出发到达广州长隆旅游度假区最快仅57分钟,而从澳门出发则最快80分钟,而广州、香港、澳门前往珠海长隆国际海洋度假区同样便捷。

对景区来说,对便利化的追求,也就是对提升游客体验感的追求。为了服务游客,长隆在园区长期配套接驳班车、游客服务、游园讲解服务、婴儿车租借服务等等。

目前广州长隆和珠海长隆都将实现全网取票二维码,入园网上购票、无须换纸质票等便利服务,大大加速游客验票入园速度,满足了游客最关心的购票和取票问题。

据透露广州长隆将停车场扩容,停车位从2019年的9380个到2020年约12500个,增加约3120个,让游客自驾出行交通更舒畅。而在珠海长隆国际海洋度假区停车位较2019年增加3000个左右,共有约12000个停车位,为自驾族提供了贴心服务。

2. 条条大路通乐园

TCI指数中其中一项数据是交通便利程度,广州长隆不断改善和提升外、内交通要素,实现交通便利性整体提高。

其中,多种交通工具选择,四通八达的交通网络,完善的交通基建配套,正吸引着省内外乃至世界各地游客前来广州长隆和珠海长隆游玩。目前通过自驾、高铁轻轨、汽车客运、机场接驳班车、船运五种方式,都能轻松抵达广州长隆和珠海长隆,路程和时间都大为节约。

从香港出发,搭乘高铁到达广州南站,仅47分钟车程;之后换乘地铁从广州南站到广州长隆所在的汉溪长隆站,仅10分钟路程,全程57分钟。若从澳门出发,从珠海高铁站乘坐轻轨到广州长隆园区邻近的广州南站,仅70分钟,广州南站到汉溪长隆站仅10分钟路程,时间总共也不过80分钟。

搭乘飞机抵达广州白云国际机场,同样有便捷的机场接驳班车直达广州长隆旅游度假区,全程约1小时15分钟。而广州长隆更是连接各大高速,自驾车按照导航就能顺利到达。

另外,如果坐船抵达广州南沙港码头,出发到广州长隆旅游度假区,也仅1小时15分钟左右;从佛山顺德港码头出发到广州长隆旅游度假区,搭乘自驾或出租车仅需约1小时。

对于珠海长隆来说,交通一样便利,从24小时通关的横琴口岸(通澳门)出发到珠海长隆国际海洋度假区,搭乘出租车或自驾车仅10分钟,搭乘公交车约15分钟。从广州南站出发,搭城轨直达横琴长隆站,约1小时30分钟;横琴长隆站在开通以后,从轻轨珠海站转城轨到横琴长隆站仅20分钟,如果搭乘出租车或自驾车约40分钟,搭乘公交或专线约1小时；从珠海金湾机场出发到珠海长隆，搭乘机场快线约 1 小时 30 分钟，搭乘出租车或自驾车约 1 小时。

如果从香港国际机场出发，搭乘跨境大巴，最快 1 小时到达珠海长隆；从广州白云机场出发前往珠海长隆，搭乘机场快线约 5.5 小时，搭乘出租车或自驾车约 4.5 小时。从珠海九州港口出发到珠海长隆，搭乘出租车或自驾车，约 40 分钟到达，搭乘专线车约 1 小时 30 分钟到达。

（资料来源：http://www.dzshbw.com/news/2019/baoguang_1231/250453.html.）

3. 旅游景区质量等级评定的标准与方法

旅游景区质量等级根据旅游景区质量等级划分条件确定，即按照《服务质量与环境质量评分细则》《景观质量评分细则》的评价得分，并结合《游客意见评分细则》的得分综合进行评定。

服务质量与环境质量评分细则共计 1000 分，分为 8 个大项，各大项分值为：旅游交通 130 分、游览 235 分、旅游安全 80 分、卫生 140 分、邮电服务 20 分、旅游购物 50 分、综合管理 200 分、资源和环境的保护 145 分。在等级划分中，要求 5A 级旅游景区需达到 950 分，4A 级旅游景区需达到 850 分，3A 级旅游景区需达到 750 分，2A 级旅游景区需达到 600 分，1A 级旅游景区需达到 500 分。

景观质量评分细则分为资源要素价值（资源吸引力）与景观市场价值（市场吸引力）两大评价项目、九项评价因子，总分为 100 分。其中资源吸引力为 65 分，市场吸引力为 35 分，各评价因子分四个评价得分档次。

游客意见评分细则具体包括以下内容。

（1）旅游景区质量等级对游客意见的评分，以游客对该旅游景区的综合满意度为依据。

（2）游客综合满意度的考察，主要参考《旅游景区游客意见调查表》的得分情况。

（3）《旅游景区游客意见调查表》由现场评定检查员在景区员工陪同下，直接向游客发放、回收并统计。

（4）在质量等级评定过程中，《旅游景区游客意见调查表》发放规模，应区分旅游景区的规模、范围和申报等级，一般为 30～50 份，采取即时发放、即时回收、最后汇总统计的方法。回收率不应低于 80%。

（5）《旅游景区游客意见调查表》的分发，应采取随机发放方式。原则上，发放对象不能少于三个旅游团体，并注意游客的性别、年龄、职业、消费水平等方面的均衡。

游客综合满意度的计分方法：游客综合满意度总分为 100 分。计分标准：①总体印象满分为 20 分。其中很满意为 20 分，满意为 15 分，一般为 10 分，不满意为 0 分。②其他 16 项每项满分为 5 分，总计 80 分。各项中，很满意为 5 分，满意为 3 分，一般为 2 分，不满意为 0 分。③计分办法为先计算出所有《旅游景区游客意见调查表》各单项的算术平均值，再对这 17 个单项的算术平均值加总，作为本次游客意见评定的综合得分。如存在某一单项在所有调查表中均未填写的情况，则该项以其他各项（除总体印象项外）的平均值计入总分。

（6）旅游景区质量等级游客意见综合得分最低要求：5A 级旅游景区 90 分；4A 级旅游景区 80 分；3A 级旅游景区 70 分；2A 级旅游景区 60 分；1A 级旅游景区 50 分。

二、旅游景区分级划类的其他标准

1.《风景名胜区条例》对景区的分级划类

为了加强对风景名胜区的管理,有效保护和合理利用风景名胜资源,2006 年 9 月 19 日国务院发布了《风景名胜区条例》(以下简称《条例》)(见附录三)。《条例》主要包括以下内容。

(1) 风景名胜区等级划分与设立条件。风景名胜区划分为国家级风景名胜区和省级风景名胜区。自然景观和人文景观能够反映重要自然变化过程和重大历史文化发展过程,基本处于自然状态或者保持历史原貌,具有国家代表性的,可以申请设立国家级风景名胜区;具有区域代表性的,可以申请设立省级风景名胜区。

(2) 风景名胜区的设立程序。设立国家级风景名胜区,由省、自治区、直辖市人民政府提出申请,国务院建设主管部门会同国务院环境保护主管部门、林业主管部门、文物主管部门等有关部门组织论证,提出审查意见,报国务院批准公布。

设立省级风景名胜区,由县级人民政府提出申请,省、自治区人民政府建设主管部门或者直辖市人民政府风景名胜区主管部门,会同其他有关部门组织论证,提出审查意见,报省、自治区、直辖市人民政府批准公布。

(3) 申请设立风景名胜区应当提交的材料。包括:①风景名胜资源的基本状况;②拟设立风景名胜区的范围以及核心景区的范围;③拟设立风景名胜区的性质和保护目标;④拟设立风景名胜区的游览条件;⑤拟设立与风景名胜区内的土地、森林等自然资源和房屋等财产的所有权人、使用权人协商的内容和结果。

(4) 风景名胜区规划的具体要求。风景名胜区规划分为总体规划和详细规划。

风景名胜区总体规划的编制,应当体现人与自然和谐相处、区域协调发展和经济社会全面进步的要求,坚持保护优先、开发服从保护的原则,突出风景名胜资源的自然特性、文化内涵和地方特色。

风景名胜区详细规划应当根据核心景区和其他景区的不同要求编制,确定基础设施、旅游设施、文化设施等建设项目的选址、布局与规模,并明确建设用地范围和规划设计条件。风景名胜区详细规划,应当符合风景名胜区总体规划。

经批准的风景名胜区规划不得擅自修改。确须对风景名胜区总体规划中的风景名胜区范围、性质、保护目标、生态资源保护措施、重大建设项目布局、开发利用强度以及风景名胜区的功能结构、空间布局、游客容量进行修改的,应当报原审批机关批准;对其他内容进行修改的,应当报原审批机关备案。风景名胜区详细规划确须修改的,应当报原审批机关批准。

(5) 对风景名胜区保护的具体要求。《条例》第二十四条规定:风景名胜区内的景观和自然环境,应当根据可持续发展的原则,严格保护,不得破坏或者随意改变。风景名胜区管理机构应当建立健全风景名胜资源保护的各项管理制度。风景名胜区内的居民和游览者应当保护风景名胜区的景物、水体、林草植被、野生动物和各项设施。

《条例》第二十五条规定:风景名胜区管理机构应当对风景名胜区内的重要景观进行调查、鉴定,并制定相应的保护措施。

《条例》第二十七条规定:禁止违反风景名胜区规划,在风景名胜区内设立各类开发区和在核心景区内建设宾馆、招待所、培训中心、疗养院以及与风景名胜资源保护无关的其他建筑物;已经建设的,应当按照风景名胜区规划,逐步迁出。

(6)对风景名胜区的利用和管理。《条例》指出:风景名胜区管理机构应当根据风景名胜区的特点,保护民族民间传统文化,开展健康有益的游览观光和文化娱乐活动,普及历史文化和科学知识。风景名胜区管理机构应当根据风景名胜区规划,合理利用风景名胜资源,改善交通、服务设施和游览条件。

风景名胜区管理机构应当建立健全安全保障制度,加强安全管理,保障游览安全,并督促风景名胜区内的经营单位接受有关部门依据法律、法规进行的监督检查。禁止超过允许容量接纳游客和在没有安全保障的区域开展游览活动。

风景名胜区管理机构不得从事以营利为目的的经营活动,不得将规划、管理和监督等行政管理职能委托给企业或者个人行使。风景名胜区管理机构的工作人员,不得在风景名胜区内的企业兼职。

2.《旅游度假区等级划分标准》对景区的分级划类

中华人民共和国旅游度假区等级划分标准(GB/T 26358—2010)将旅游度假区划分为国家级旅游度假区和省级旅游度假区两个等级。

等级的划分以《旅游度假区等级划分标准》(见附录五)的第五章、第六章为依据,包括基本条件和一般条件,其中基本条件规定了旅游度假区的门槛条件,包括以下内容。

(1)应具备不少于1项的资源条件,且无多发性不可规避自然灾害;

(2)应具有明确的空间边界。国家级旅游度假区面积应不小于 8km^2;省级旅游度假区面积应不小于 5km^2;

(3)应具有统一有效的管理机构;

(4)应制定有统一的总体规划;

(5)以接待过夜游客为主,国家级旅游度假区过夜游客平均停留天数应不低于 2.5 天,省级旅游度假区过夜游客平均停留天数应不低于 2 天;

(6)国家级旅游度假区住宿接待设施总床位数应不少于 2000 张,省级旅游度假区住宿接待设施总床位数应不少于 1000 张;

(7)旅游度假区内用于出售的房地产项目总建筑面积与旅游接待设施总建筑面积的比例应不大于 1∶2;

(8)环境质量达到相应国家标准,其中空气质量应达到 GB 3095 的二级标准,噪声质量应达到 GB 3096 的Ⅰ类标准,地表水质量应达到 GB 3838 的Ⅲ类标准,土壤质量应达到 GB 15618 的Ⅱ类标准;

(9)各种设施的卫生与安全应符合相应的国家标准。

3. 按资源特色对景区类型的划分

依据景区的旅游活动功能,结合旅游景区资源特色,可以把旅游景区划分为七个类别:自然观光型旅游景区、历史探访型旅游景区、民俗体验型旅游景区、艺术欣赏型旅游景区、休闲康乐型旅游景区、科考探险型旅游景区和综合游览型旅游景区。

(1)自然观光型旅游景区。这类旅游景区具备独特、优美的自然景观,具有较高的美学观赏价值,主要以山川、水体、林木、瀑布、岩溶、气象气候等为主要景观,国内的如广西桂林山水、四川九寨沟、云南昆明石林、湖南张家界等,国外的如美国的黄石公园、日本的富士山等。

（2）历史探访型旅游景区。这类旅游景区包含遗址、遗迹、遗物等人类文明所留存下来的印迹。很多旅游者旅游不仅想饱览大自然的壮丽景色,而且喜欢追溯人类历史,探访古迹遗址,而历史古迹直观地记录着人类的文明轨迹。历史古迹种类繁多,主要包括早期人类遗址、庙坛、皇陵、古都城、寺观佛塔、古园林、名人遗迹、碑碣、雕像、礼乐、陶俑、古玩等。

（3）民俗体验型旅游景区。民俗体验型旅游景区以民族集居地的少数民族独特的生活习惯及生活方式(包括民族服饰、民居建筑、特色饮食、娱乐方式、婚恋习俗、节庆、礼仪、丧葬、生产交通等方面)为主体,结合当地的自然景观,形成独特的人文景观区域。旅游者通过到当地参加各项民族活动,体验和感受独特的民族风情。

（4）艺术欣赏型旅游景区。这类旅游景区以文化为中心,为旅游者创造一种特定的文化氛围,使旅游者在旅游过程中增长学识,提高艺术修养,如美国的好莱坞、奥地利的维也纳、中国的无锡影视城等。

（5）休闲康乐型旅游景区。休闲康乐型旅游景区是指以优美的旅游度假环境(如阳光、沙滩、温泉、优良气候等)为主的旅游景区。根据其区位条件及旅游资源,可开发出不同类型的休闲度假景区,具体包括以下类型。

其一,康体疗养型景区。气候环境宜人,具有能提供康体疗养活动的地貌、水文、生物等地理环境,有优美的自然环境或特殊的康体疗养资源的地域,可经营发展康体疗养度假区。例如,温泉疗养(重庆南北温泉、陕西骊山温泉)、避暑疗养(河北承德、江西庐山)、避寒疗养(海南三亚、云南西双版纳)等景区。

其二,运动健身型景区。这类旅游景区以自然旅游资源为依托,可以进行登山、探险、滑雪等运动(如广州白云山、黑龙江亚布力滑雪场,欧洲著名的阿尔卑斯山),也可以开展游泳、泛舟、潜水等运动项目(如云南的阳宗海、海南三亚的亚龙湾),还可以设立各种狩猎场、垂钓场等,以达到健身和锻炼的目的。

其三,娱乐休闲型景区。娱乐休闲型景区指以人造景观为背景建设现代娱乐休闲设施,供旅游者开展观赏、娱乐和消闲等旅游活动项目的景区,如深圳欢乐谷、香港迪士尼乐园等。

（6）科考探险型旅游景区。科考探险型旅游景区是指以自然资源为主,有科学研究价值的景区,如西藏雅鲁藏布江大峡谷、湖北神农架等。

（7）综合游览型旅游景区。这类景区不仅有优美的自然风光,而且有大量的名胜古迹,是自然旅游资源与人文旅游资源有机结合的旅游景区,如北京八达岭—十三陵风景名胜区、杭州西湖风景名胜区等,它们不仅风光秀丽,而且有大量珍贵的历史文化遗迹,每年都吸引大量的旅游者前往观光旅游。

4. 按景区开发特征对景区类型的划分

邹统钎(2004)根据旅游景区的开发特征,将旅游景区分为经济开发型旅游景区和资源保护型旅游景区两个大类。

（1）经济开发型旅游景区。经济开发型旅游景区的主要目的是追求经济利益,主要分为旅游度假区和主题公园两类。它们的共同特点是基本上都采用了现代企业管理模式,能够遵循市场经济规律。

（2）资源保护型旅游景区。旅游资源，特别是"二老（老天爷、老祖宗）型"的旅游资源，是资源保护型旅游景区的依托，其资源的不可再生性决定了其社会文化和环境价值往往超过了经济价值，景区目标具有多重性。这类景区主要有风景名胜区、地质公园、森林公园、自然保护区和文物保护单位。

另外，还有五类"世界级"景区，分别是世界遗产、世界非物质文化遗产、世界生物圈保护区、世界地质公园、国际重要湿地。

知识拓展

不同类别旅游景区等级划分

世界遗产是指经联合国教科文组织和世界遗产委员会确认的人类罕见的、目前无法替代的财富，是全人类公认的具有突出意义和普遍价值的文物古迹及自然景观。世界遗产包括文化遗产、自然遗产、文化与自然遗产、文化景观遗产四类。截止到 2021 年 7 月，我国世界遗产总数达到 56 处，位居世界第一。

非物质文化遗产指被各群体、团体或有时为个人视为其文化遗产的各种实践、表演、表现形式、知识和技能及有关的工具、实物、工艺品和文化场所。种类包括口头传说和表现形式（包括作为非物质文化遗产媒介的语言），表演艺术，社会实践、礼仪、节庆活动，有关自然界和宇宙的知识和实践，传统手工艺，传统节日。截至 2022 年 12 月，我国入选联合国教科文组织的非物质文化遗产名录（项目）已达 43 项，也是目前世界上拥有世界非物质文化遗产数量最多的国家。

知识拓展

中国的世界非物质文化遗产

世界生物圈保护区是一种新型的自然保护区，是根据《世界生物圈保护区网络章程框架》设立，在联合国教科文组织"人与生物圈计划"范围内得到国际上承认的地区。"人与生物圈计划"（manand biosphere programme, MAB），是联合国教科文组织科学部门于 1971 年发起的一项政府间跨学科的大型综合性研究计划。截至 2022 年，中国已有 34 个自然保护地成功申报为世界生物圈保护区，数量位居世界第四。

地质公园是以独特地质科学意义、珍奇地质景观为主，融合自然景观与人文景观的自然公园。世界地质公园是由联合国教科文组织派遣专家实地考察并评审，经联合国教科文组织批准的地质公园。截至 2022 年，中国已有 41 处地质公园进入教科文组织世界地质公园网络名录。此遴选计划在 2000 年之后开始推行，目标是选出至少 500 个值得保存的地质景观加强保护。

国际重要湿地是指符合"国际重要湿地公约"评估标准，由缔约国申请，经公约秘书处批准后列入《国际重要湿地名录》的湿地。该公约又称拉姆塞尔公约（Ramsar convention），全名为《关于特别是作为水禽栖息地的国际重要湿地公约》，是一个政府间的协定。该公约为湿地资源保护和利用中的国家措施及国际合作构建了框架。公约于 1971 年在伊朗小城 Ramsar 签署，于 1975 年 12 月 21 日正式生效，缔约国每 3 年举行一次会员大会。中国于 1992 年加入该公约，截止到 2022 年年底，中国有 82 处湿地认定为国际重要湿地。

✎ 总结案例

景区创 A，对标谋划

旅游景区 A 级评定，是当今国内衡量各景区软硬件发展水平的最权威标准，是旅游景区综合实力的品牌标志，是景区旅游环境和发展质量的整体提升。国家旅游局开展 A 级创建工作,尤其是5A级创建工作,目的就是促使各地方政府加大对核心景区的投资力度,以改善硬件设施、强化管理,在全国现有的4A级旅游景区中筛选出一批质量过硬、满足境内外游客需求、在国际上有竞争力的景点,使其成为真正的标杆性旅游精品景区。

景区自身是创A工作实践的龙头,也是核心的利益主体。景区创A是一项系统工程,需对照国家《旅游景区质量等级的划分与评定》细则要求,逐项对旅游交通、游览、旅游安全、卫生、邮电服务、旅游购物、综合管理、资源和环境保护等8大部分进行检查,并逐一给予提升解决方案。可以说,A级创建,是对于景区发展的历史性洗礼,对于景区来说具有里程碑意义。

景区创A,是景区提档升级的空前改革,能够规范提升景区的综合质量;景区创A,是挖掘景区核心内涵的内在动力,可以有效提高景区的吸引力、竞争力;景区创A,是扩大景区辐射半径的有效途径,可以较大幅度提高景区市场影响力;景区创A,是规划景区服务管理的外在驱动,能够提高游客的满意度;景区创A,是吸引社会各层对景区关注的重要契机,可以借此提升景区的知名度和美誉度。

清西陵是清王朝在关内开辟的第二处规模宏大的皇家陵园(第一处为清东陵),位于今河北省易县梁各庄以西的永宁山下,距离北京120公里左右。大清西陵(包括陵寝周围的自然风水)周界约100公里,面积达800余平方公里,已列入世界文化遗产名录。

景区自2001年被评为AAAA级景区以来,基础设施未有大的提升,而游客规模逐步增大,因而景区的接待能力已明显不足,又加之基础设施陈旧老化,使景区服务接待档次降低,与世界文化遗产的名号大为不符。为进一步提升景区的软硬件设施,清西陵景区管委会委托北京来也公司承担景区4A级整体提升规划工作。公司严格对照《旅游景区质量等级划分与评定》《服务质量与环境质量评分细则》《景观质量评分细则》等标准,并根据条例细则进行景区现状评分,研究景区存在的问题,最终确定完善的整改方案和详细的工作任务。方案通过专家评审,并已按规划实施。

(资料来源:http://www.laiyelvyou.com.)

同步练习

一、选择题

1. 多项选择题

AAAAA级旅游景区评定条件,在年游客接待量方面的要求是( )。

    A. 接待海内外旅游者60万人次以上

    B. 接待旅游者中海外旅游者5万人次以上

    C. 接待海内外旅游者50万人次以上

    D. 接待旅游者中海外旅游者3万人次以上

2. 单项选择题

A级旅游景区对景区管理人员配备的要求是,( )以上的中高级管理工作人员具备大专以上文化程度。

    A. 50%   B. 60%   C. 70%   D. 80%

二、问答题

1. 认识旅游景区特征对于我们进行景区规划、开发、保护和管理有何启示?

2. 世界遗产包括哪几类?

三、案例题

破坏文物者终身不得登八达岭长城

为强化对破坏文物的违法及不文明行为的惩戒、监督和管理,教育和引导广大游客和旅游从业人员共同保护珍贵的世界文化遗产,近日延庆区八达岭特区办事处出台并实施了《八达岭长城景区破坏文物惩戒办法》(以下简称《惩戒办法》),并规定一旦被列入景区"旅游黑名单",则不再接受相关行为人预约购票和参观游览,破坏文物者终身不得登长城"做好汉"。

根据《惩戒办法》,八达岭特区办事处将对刻画、故意损坏等七类破坏文物行为给予相应的行政处罚,对构成刑事犯罪者,交由公安机关依法处置。这七类破坏文物的违法行为主要有:在长城主体上设置摊点、通信设备;组织游览未批准为参观游览场所长城;攀登未批准为参观游览场所长城;刻画、涂污或者以其他方式故意损坏长城;非法移动、拆除、污损、破坏长城保护标志;在长城上架梯、挖坑、竖杆、堆积垃圾;其他危及长城安全的行为等。

据了解,本次《惩戒办法》的出台是延庆区文物行政主管部门以依法授权的形式,对八达岭特区办事处管辖范围内发现的刻画、涂污、故意损坏等破坏长城行为,赋予其行政处罚权。对于破坏文物的违法及不文明行为人,景区将依法对其进行相应的行政处罚;构成刑事犯罪的,由公安机关依法处置;同时对于破坏文物的违法及不文明行为将纳入景区旅游不文明行为记录,并列入景区"旅游黑名单",景区将不再接受相关行为人预约购票和参观游览。此外,对于监护人监护责任缺失或存在过错,导致被监护人发生破坏文物行为的,对监护人采取与违法行为人同样的惩戒措施。

针对破坏景区文物的违法及不文明行为,你认为该如何处理?

(资料来源 http://linyi.dzwww.com/shxw1/202004/t20200410_17325971.htm.)

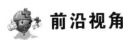 **实训项目**

实训:考察旅游景区

就近考察一家知名度较高的旅游景区,分析说明它属于哪一类型,了解它属于哪个质量等级,并归纳总结出该旅游景区的主要特色。要求以实训报告的形式完成并提交。

前沿视角

景区未来的十个发展趋势

新时代,景区可向历史文化体验区、休闲游憩区、生态旅游区、旅游度假区、专项旅游区、特色娱乐区等定位转化。笔者对景区未来的发展趋势做了以下十个预判。

第一,从单一观光到综合开发是景区未来的总体趋势。从单一观光到综合开发,文化旅游、商务旅游等各种不同的旅游类型有着不同的诉求,景区需要复合型的产品、多元化的发展。

观光游曾以景区为王,旅游开发之前先研究有什么资源,如今这个时代已经过去了。度假游以酒店为王,休闲游以娱乐为王,商务游以链条为王,复合游以元素为王。现在更多资源是乡村旅游资源、生态旅游资源,这就要求我们必须深化发展,不一定非要戴一个景区的帽子。

第二，从景区到目的地是扩展趋势。面积大的景区，本身已形成一种旅游模式，更多景区需要向目的地模式转换。以安徽黄山为例，整个黄山市面积将近 1 万平方公里，在这种情况下，目的地模式或者向目的地转换的模式是必然的。所谓目的地模式，就是在综合体模式基础上的扩大和升级，它的理想状态是终级目的地，中间状态是主要目的地，初级状态是顺访目的地。

现在谈到特色小镇，有两点需要思考。一是特色，我们能找出 1000 个小镇的 1000 种特色吗？不可能。二是产业，小镇聚集产业有没有归位，这是一个问题。旅游小镇和田园综合体很有可能成为特色小镇一种新的趋势，特色小镇投资量大，运营相对困难，所以他们必然要"绑架"景区。景区要"悠"着点，争取在需求旺的时候做高价，这就是一个需求模式。

第三，从跑马圈地到功能第一是空间趋势。不能只满足于景区的面积大，过去所谓的跑马圈地，能有 1000 亩土地就不得了，能有 500 亩就过得去。可用土地是商业化的根本。景区规划需要分区，通过大分散、小布局的方式，强调内容为王，强化项目的功能性。

没用的功能少搞，即使是标志性建筑也需要研究。总体来说，内容决定功能，功能决定结构，结构决定形式。现在好多项目是颠倒过来，先构想一个形式，形式决定结构，结构决定功能，功能决定内容，导致很多景区花了钱却做不出好东西。

第四，从阶段性到全年利用是时间趋势。第一个时间，是从客源地到目的地的时间，1∶1 是底线，超越这个底线，就是超值。第二个时间，游客进景区 5 分钟要有一个兴奋点，15 分钟要有一个高潮点。得让游客在景区停得有价值，停得有感受。现在景区有日光经济，如日出、观光、运动、活动；有月光经济，如夜游、夜景、夜宴、夜演、夜享、夜乐等。但也有好多景区像机关，早上 8 点上班，下午 5 点下班，这是留不住游客的。

现在很多景区最常见的留住客人的方式是什么？为了坐索道排队 3 小时，这种留住客人的方式效果绝不可能好。景区未来应该通过塑造新形象、深化产品、丰富内容、打造四时产品等方式来延长客人的停留时间。

第五，从观光到沉浸是体验趋势。观光旅游者追求视觉震撼力，消费场景、消费过程、消费体验要让游客达到眼耳鼻舌身心神的全面沉浸。如果我们登山看到云海，那种体验是非亲历不可想象的，因为那是一个过程、一个场景，游客能真正感受。所以，要从身游到神游，要追求深度。

第六，情景规划与体验设计是深度趋势。情景规划——绿水青山就是金山银山，但绿水青山不会自动变成金山银山，绿水青山需要投资，绿水青山怎么成长，需要研究其内容、功能、空间、时间方面的规划。

体验设计——包括视觉、听觉、味觉、触觉等，体验设计就是从人的需求出发，努力让游客达到最好的感觉、最丰富的体验，不需要游客走的路一步也不要多走，需要游客走的路一步也不能少走。如果 20 公里的山路，以平路为主，且不断有场景变化，这就基本规划到位了。如果台阶的宽窄高低比较均匀，走起来有韵律，游客就感觉轻松。重视游客体验是下一步规划设计深度发展的关键。

第七，资源与区位是市场趋势。资源的垄断性决定市场的覆盖性，旅游场景具有一定周期性，但对于垄断性景区，不存在周期性的问题。比如，再过多少年，黄山还是黄山，故宫还是故宫，永远有第一代旅游者，他们的主要诉求是观光。当然，如果隔几年没有新花样，景区的竞争力肯定会下降。所以,现在一味搞初级产品、初级市场,只要你能应对这个落后的局面也可以。一流资源、一流产品也要建立竞争体系,这个竞争体系在中国已经形成,但一些体系化建设还不足。我们现在缺乏体系建设,要形成市场和产品的转化。

第八,A(吸引中心)+B(利润中心)+C(文化中心)是运营趋势。游客二次消费说了很多年,但现在的情况局限了二次消费。一是难在运营单一,因为景区单一主题、单一门票的模式多年来已经形成习惯。二是难在消费者的惯性。三是难在消费时间的短暂,景区这种传统模式本身就注定了二次消费的可能性很低。

据笔者所知,游客二次消费全国排名第二位的景区是江苏无锡的灵山,其旅游商品年销售额达3亿元。灵山有60多人的团队专门研究游客二次消费,目前已经有50个专利,另外,佛教主题可能更容易产生二次消费。有了多层次的产品、多层次的运营,游客二次消费才有可能。

所以,以增量拉动存量,以高端拉动中低端,最终的趋势就是A+B+C,一个大的项目、一个好的景区,就可能成功。

第九,智慧手段多元化是营销趋势。广义的智慧旅游,指的是针对广义旅游者不断变化和细化的需求,在旅游发展的各个方面,运用智慧的头脑,凝聚智慧的团队,采用智慧的手段,达到低成本、高效率、个性化的结果。狭义的智慧旅游是指以互联网为基础,以新技术为手段,以细分化为目标,形成为旅游者全面服务的网络。

目前,旅游电子商务已经形成主流,难题不断被攻克,竞争日益激烈。借力OTA(在线旅行社)的同时也带来威胁,现在景区行业,包括民宿等已经被这些"绑架"了,在这一点上,景区要注意饭店行业的前车之鉴。

第十,IP先导是新竞争趋势。景区本身就有天然的垄断性,但IP的形成要经历创造、积累、培育、扩张的过程。IP不是一个简单的品牌概念。国内通常是通过一个成功的项目突出一个人物,形成一种模式,最终形成IP。这其中,一类是项目模式,如山岳旅游之黎志、古镇旅游之陈向宏、湘西旅游之叶文智、旅游演艺之黄巧灵;另一类是集团模式,如首旅集团之段强、华侨城之任克雷、开元集团之陈妙林。

上述现象的共同点在于,一是创造模式,二是坚守多年,三是突出个人。互联网条件下,新趋势形成新概念。景区天然具有异质性,集团模式很难采用,必须建立独特的IP。这意味着创造价值、获取价值的方式,要围绕着人员流动的要素改变,要提升效率、深化体验。创意不空、流程不空、人才不空,才能创造IP。所以,需要研究这个先导,超越智慧旅游,寻求智能趋势,对应需求,引发一系列的旅游变化乃至社会变化。

心境即欣境。在旅游的过程中,时间空间化,空间时间化。时间并没有消失,固化在空间之中。空间展示了时间的变动,体现在旅游的方方面面。时空变幻,在时间上是连续的,在空间上是继起的,在理念上是传承的,在文化上是提升的。时时是场景,处处是舞台,人人是演员,个个是观众。(作者:世界旅游城市联合会首席专家 魏小安)

(资料来源:http://www.gmw.cn/xueshu/2018-12/15/content_32172840.htm.)

📖 项目小结

本项目简要介绍了什么是旅游景区、旅游景区的基本特征,分别介绍了旅游景区类型等级的不同划分标准,重点介绍了中华人民共和国国家标准《旅游景区质量等级的划分与评定》(GB/T 17775—2003)。学习后能够在理解景区内涵的基础上,对景区进行类型的区分和等级的评判。

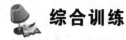

综合训练

1. 实训项目

A 级景区和 AAAAA 级景区质量等级划分条件对比。

2. 实训目标

培养学生对《旅游景区质量等级的划分与评定》(GB/T 17775—2003)国家标准的深入理解与正确运用。

3. 实训指导

(1) 指导学生学习和理解标准;

(2) 给学生提供必要的参考资料。

4. 实训组织

(1) 将班级学生分成学习小组,确定组长;

(2) 每个小组汇报学习国家标准后的体会;

(3) 课后提交学习总结。

5. 实训考核

(1) 根据每组汇报,由主讲教师进行评分和点评,分数占 60%;

(2) 其他小组给出评分,取其平均分,分数占 20%;

(3) 根据每组的学习总结,由主讲教师进行评分,分数占 20%。

项目二

景区接待服务

学习目标

知识目标

1. 认知景区接待工作。

2. 了解旅游景区接待与咨询服务的工作内容。

3. 熟悉售票工作流程。

4. 熟悉验票工作流程。

能力目标

1. 能够开展景区售票服务。

2. 能够开展景区验票服务。

3. 能够承担景区咨询服务。

素质目标

1. 具有较强的责任心。

2. 具有服务意识。

3. 具有热情好客、服务为民的品格。

4. 具有正确的职业观和价值观。

学习指南

学习方法

1. 讲授学习法。通过聆听教师讲授,理解掌握重点知识。

2. 讨论学习法。通过小组讨论,深化对所学知识的理解和运用。

3. 案例学习法。通过案例分析,总结经验,强化知识运用。

4. 项目学习法。通过完成具体项目,解决实际问题,提升专业技能。

学习资源

1. 参考书目

邹统钎.旅游景区开发与管理[M].5版.北京:清华大学出版社,2021.

2. 网络资源

(1) 中华人民共和国文化和旅游部:https://www.mct.gov.cn

(2) 中国旅游网(中旅网):http://www.cntour.cn

(3) 广西新闻网,http://www.gxnews.com.cn

学习建议

线上线下相结合,在掌握知识的基础上,开展实践。

1. 课前:通过课程信息化资源、网络慕课等提前预习相关知识。

2. 课中:主动配合授课教师,积极参与线上、线下互动,领会并掌握各任务所需知识与技能。

3. 课后:完成课后同步练习、实训项目,巩固所学知识和技能。

任务一 景区咨询服务

任务目标

对旅游景区人力资源部主管或经理进行访谈,或者通过书籍、网络查阅,详细了解旅游景区咨询人员工作职责、景区咨询人员任职资格条件。

任务实施

请每个小组将任务实施的步骤和结果填入表 2-1 任务单中。

表 2-1 任务单

小组成员:		指导教师:
任务名称:	模拟地点:	
工作岗位分工:		
工作场景: (1) ××景区; (2) 景区人力资源主管或经理; (3) 景区咨询		

教学辅助设施	模拟景区真实工作环境,配合相关教具
任务描述	通过对景区人力资源部门的人员访谈,让学生认知景区咨询岗位
任务资讯重点	主要考查学生对景区咨询工作的了解
任务能力分解目标	(1) 了解景区咨询人员需具备素质; (2) 了解景区咨询岗位职责; (3) 掌握景区咨询服务基本技能
任务实施步骤	(1) 通过访谈或查询,了解景区咨询岗位; (2) 明确景区咨询服务工作内容; (3) 模拟开展景区咨询服务

任务评价考核点

(1) 了解景区咨询人员岗位职责。

(2) 熟悉景区咨询服务工作内容。

(3) 能够进行对客咨询服务。

引导案例

不愉快的电话

王女士一家周末自驾车去最近刚开发的一个集休闲、度假、娱乐为一体的乡村旅游区游玩,但是下了高速公路后没有发现该旅游区的指示标志,而只有另外一个旅游区的指示标志。询问路人并在被告知不知道的情况下,她打通了网上找来的该旅游区的咨询服务电话,电话铃响了五六声后,终于有人接听,是一个急促而又低沉的声音。下面是他们的对话。

王女士:您好! 是×××旅游区吗?

接线员:是的,有什么事吗?

王女士:我们今天打算去你们旅游区游玩,现在在××高速××出口处,有三个方向的出口,我们不知道该往哪条路走?

接线员:……这个,我也不知道啊!

王女士(不悦):能否帮我问一下?

接线员:等一下!

过了很久……

接线员:喂? 他们也不清楚啊,你找个人问问吧。

没等王女士反应过来,接线员的电话已经挂断了。王女士一家对该旅游区的咨询服务极为不满,一致表示不去这个旅游区,改去另外一个有指示标识的旅游区。

(资料来源:周国忠.景区服务与管理[M].北京:中国旅游出版社,2011.)

思考:试分析不愉快的电话咨询服务会给景区带来什么影响? 假设你是景区的咨询员,在接听游客咨询电话时应该怎样做?

对景区员工来说,每个人都有服务游客的责任,但专职向游客提供咨询服务的,主要是景区游客中心。游客中心集中向游客提供接待、导游、咨询、投诉受理、失物招领、免费寄存、

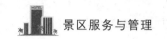

医疗救护、旅游纪念品展示和销售等多项服务。对于咨询服务，无论是当面接受咨询，还是电话接受咨询，都应掌握基本的工作要点。

一、咨询人员的要求

包括咨询人员在内的景区所有工作人员在上班期间必须注意以下要求。

1. 统一着装

一个管理规范的景区，从入门的闸口到景区内部的每一个景点、服务点及卫生间，其员工都应该穿着统一的制服，这既代表景区的形象，也便于景区的管理。

2. 微笑待客

"没有面带微笑，就不能说有优质的对客服务。"微笑传达给顾客的含义是：你们来对了地方，并处在友好的环境里。因此，所有的景区工作人员在面对顾客的时候，应牢记时刻保持微笑。

3. 注重礼仪

工作人员在岗位上应该保持良好的礼仪形象，因为一个人的礼仪形象是其思想感情和文化修养的外在表现，同时也反映其对工作的态度。景区工作人员保持良好形象，首先应穿着得体，面带微笑；其次，一定要有正确的坐姿和站姿，坐时以坐满座位的 1/3 至 2/3 为好，上身要挺直，站着为客人服务时，身体正对着客人，腰身挺直，双腿不可抖动，最好与客人保持 1.5~3 米的交际距离；最后，在服务时应配上适当的手势指引。

4. 态度认真

要本着"游客就是上帝"的原则，认真地对待每一位顾客，准确、仔细地回答每一位顾客提出的问题。工作时不要与其他工作人员闲聊或大声说话，私人电话不应持续时间太长。

5. 语言得体

无论是电话咨询服务、当面咨询服务，还是投诉受理服务，都需要与游客进行沟通和交流，这一过程中语言得体、应对大方可以给游客留下良好的印象，也可以缓解矛盾冲突，提高服务质量。因此，合理地运用语言艺术是沟通成功的重要保障。其中最重要的是礼貌用语的广泛使用，如"请""您""谢谢""对不起"等敬语，"您过奖了，这是我应该做的"等谦语以及雅语。

6. 熟记景区内外情况

游客的问题各种各样，从问厕所在哪里到该景区附近还有哪些好玩的景点、好吃的地方等，包含了各个方面。因此，景区应该定期对工作人员进行内部培训，让其了解景区的现状和景区周围的情况，以便能够流利地解答所有的咨询问题。

7. 学会记录和总结

景区管理人员应该积极引导工作人员对游客提出的问题进行认真记录和总结。游客提出的问题可能是由于景区内部规划或者管理不完善、服务不到位，因此可以根据工作人员的记录了解景区内现有的不足，及时予以整改，以便达到完善景区运营的效果。

二、咨询服务的流程

1. 主动问候

在岗的工作人员遇到满脸疑问、迷茫或正准备走向自己的游客时,应该主动迎上前去问询,"您好,请问有什么需要我帮助的吗?"或"您好,我可以为您做些什么?"这样会给处在困难中的游客温暖的感觉,留下亲切、热情的好印象。

2. 专心倾听

对于游客提出的问题应该认真倾听。工作人员应双目平视对方,全神贯注,集中精力,以示尊重与诚意;对于提出的问题应该以点头或"嗯"等形式有所反馈,让对方知道听明白了他的阐述。另外,接受咨询时要有优雅的姿态,在游客提问的时候不可以三心二意,不可以左顾右盼、手指绕来绕去,要始终保持典雅的站姿、正确的坐姿和优美的步态,并在指引时配合适当的手势。

3. 有问必答

对于游客的问询,要做到有问必答,用词得当,简洁明了,不能说"也许""大概"之类没有把握、含糊不清的话。自己能回答的问题要随问随答,绝不推诿;对自己不清楚的事情,不要不懂装懂,随意回答,更不能轻率地说"我不知道"。经过努力确实无法回答,要向游客表示歉意,说:"对不起,这个问题我现在无法回答,让我先了解一下好吗?"此时应该通过电话问询或向旁边的工作人员咨询的形式来解决游客提出的问题。若离开现场去别的地方问询,问清楚以后应马上回来作答,不能一去不复返。

4. 祝福道别

对待游客的咨询服务,应当直到其满意为止。当游客满意地准备离开时,应主动向游客道别,并祝其玩得愉快。可以说:"再见,祝您游览愉快!"

案例 2-1

竭尽所能,方便游客

一位失望的游客来到景区接待服务中心,服务人员微笑着接待了他。

服务人员说:"您好,我能为您做些什么?"

游客:"服务员,我们来两天了,结果都是阴雨天,你们这里的景点都在室外,我们只能待在客房里睡觉。你们附近还有没有别的景区,我们想要换地方了,不想在这里浪费时间了。"

服务人员听了游客的话后说:"先生,实在抱歉,天气原因给您带来的不愉快,我们也实在遗憾。如果您想换个景区游玩,我们也可以给您推荐,离我们景区30分钟车程的地方新开发了一个乡村旅游的风景区;距我们景区一个小时车程的地方,还有个地下溶洞。"

游客:"那个地下溶洞怎么过去呢?"游客显然有些想法了。

服务人员:"如果您对这个景区感兴趣,我们可以派车专门送您过去……不过我们还是真诚的希望您能留下来,因为据天气预报显示,今天下午天气会由雨转多云,到时您就可以欣赏到我们这里雨后的飞瀑和云雾缭绕的山景,如果幸运的话,您还可以看到美丽的彩虹呢。"

游客：“那……”此时游客开始犹豫不定。

服务人员：“现在还下着小雨，我建议您可以去溶洞玩一下，您可以乘我们的车前去，下午玩好后如果想回来，也可以乘我们的车回来。”

游客：“是免费的吗？”游客已经把刚开始的抱怨忘记了，口气也有所缓和。

服务人员：“来回乘车是可以免费的，门票是 60 元一张，除了这些如果不买东西，您在那里就不需要什么花费了。”

游客：“那在哪里坐车呢？”

服务人员：“您把您的电话号码告诉我，等我联系到车辆再告诉您好吗？”

游客被景区咨询服务人员的真诚所感动，本来他就是想来抱怨一下，没想到服务人员有如此细致的工作，他在溶洞玩好后立刻返回来，正好欣赏到美丽的风景，并且在景区内多逗留了一天，同时还把他的游玩经历告诉了朋友。

（资料来源：周国忠.景区服务与管理[M].北京：中国旅游出版社，2012.）

三、咨询服务的难点

1. 多人询问时的应对处理

如果多人同时问询，应该先问先答，急问急答，注意游客的情绪，避免怠慢，使前来问询的游客都能得到适当的接待和满意的答复。当回答前面游客的问题时，可以对后面问询的游客点头致意，并说“请稍候”；当碰到某位游客非常着急，插队到前面来问询时，需要征得下一位游客的同意，如果不同意，而当下这位游客又非常着急，则可再同下一位游客协商。可以说：“出门在外不容易，大家需要互相照顾，看来这位同志的确很着急，您看？”此外，应注意不要和一位游客谈话太久而忽略了其他需要服务的游客。

2. 了解景区最新动态信息

景区工作人员除了要对本景区内所有景点布局、游览线路以及基础设施都详细掌握外，还应该了解、掌握景区内开展的各类活动的内容、时间和参加方式等，及时向游客提供游览、购物和休息等有关信息，为游客在本景区的旅游做好参谋，并尊重游客的风俗习惯。

3. 回答关于景区周边区域的询问

游客在本景区游览结束后，可能还想到附近其他的地方进行游玩。此时工作人员应该尽量多地掌握景区周围的景点、住宿、购物以及通往各大旅游城市的交通等情况，为需要的游客提供相应的信息。如有可能，可以备好本地及周围地区的旅游交通图。随着景区之间的竞争越来越激烈，尤其是同类资源、同类产品、相同市场的景区越来越多，当服务人员被咨询到周边景区的情况时，往往会有点不大情愿介绍或者有意无意地贬低对手，但这样做很可能适得其反。因为游客可以通过其他途径获得相关的信息，从而对本景区产生不好的印象。从竞争上来讲，这样做也是下策，因为现在是一个竞争合作的时代，景区之间能够互相宣传、互放游览资料，也会产生集聚效应，扩大市场，获得双赢。

4. 对待固执己见的游客

景区工作人员在服务时经常会碰到一些固执己见的游客，认为自己是对的、合理的，必须按照自己的想法来解决问题。此时如果客人提出的要求不违反岗位原则和景区规定，则应尽量满足客人;如果是在规定之外的,那就应该坚持原则,尽量说服客人。其实,大部分客人都是通情达理的,但是需要得到景区的理解。因此,服务人员应认真开导和解释,如果提出的要求是违反规定的,经过开导和解释,客人也会理解并接受。

总结案例

知识拓展

接受电话咨询的工作要点

热情的服务态度,灵活的服务技巧

一日上午某景区游客接待中心出现了几位印度人的身影,其中一位与景区前台接待人员似乎在争执什么,另一位接待员在给他们沏茶。双方的交谈仅仅只有少数几句英语,这几位印度人脸上的表情非常焦急,在一遍一遍地给自己的同伴打电话。同时,景区的工作人员也非常着急,给航空公司打电话。很明显,出现了某个问题,但是由于语言不通,信息沟通出现了障碍。景区懂英语的咨询员恰好今天生病不在岗位。

此时,旁边来了几位中国游客,也想询问景区的情况,接待员立即反应过来:"各位游客,能不能麻烦一下,帮我们一个忙,我们是新来不久的员工,我们部门懂英语的人今天生病不在岗,我们都不怎么懂英语,请问你们几位中,能跟他用英语交流的,能不能帮我们一个忙?非常感谢!"见此情景,游客中一位女士走了过来,"我也许可以,试试看吧。不过,你们得告诉我大概是什么事情。"

"好的,非常感谢您的帮助!是这样的,这几位游客住在我们景区酒店,他们后天要坐飞机去石家庄,通过我们预订了机票,但是因为天气的原因,原先的航班取消了,所以航空公司出的票跟他们朋友告诉他们的那个航班不一样,两个航班之间的差别在于起飞时间推后了一个小时,这个是昨天的接待员根据他们的离店时间订的,我们也是才知道的。但是现在,他们看着机票上的航班号与他们朋友原先告诉他们的不一样,很着急,对这张机票持怀疑态度,也好像不怎么信任我们,一直在给他们的朋友打电话,我们因为不怎么懂英语也不知道他在跟他们的朋友们说什么。麻烦您,告诉他并转告他的朋友这个情况,还有因为我们而给他们造成的不便,我们深感歉意。给您添麻烦了,谢谢您!"女士说:"哦,是这样的,好的。"此时,另一位接待员为其他几位中国游客沏上了热茶。

这位女士马上将接待员的话翻译给了几位印度客人,接待员紧张地观察着印度游客脸上的表情,看着客人脸上的表情慢慢舒展开,并渐渐露出笑容,接待员紧张的神情也才跟着慢慢地缓和下来,不安和担心的情绪也渐渐散去。最后,印度客人放心地离去了。

"非常感谢您的帮助!我能为您做些什么吗?"在仔细地询问了游客的需求后,接待员为其设计了一条非常周密的景区游览线路,大家都觉得非常满意。"还有,我想告诉您的是,我的同事刚刚将此事向上级进行了汇报,并向领导申请将您和您的朋友作为景区今天的幸运游客,将得到我们景区的神秘礼物。"

(资料来源:周国忠.景区服务与管理[M].北京:中国旅游出版社,2012.)

同步练习

一、单选题

1. 电话咨询服务时,拿起话筒第一句话应该说(　　)。

A. 您好！哪位？

B. 您好,这里是×××旅游景区。

C. 您好,找谁？

D. 什么事？

2. 电话咨询服务时,一般电话铃响(　　)接听较合适。

A. 一声　　　　　　　　　　　B. 三声

C. 五声　　　　　　　　　　　D. 随便

二、问答题

1. 咨询服务的工作流程是怎样的？

2. 当游客向你咨询本景区外的其他景区的情况时,你应该怎么做？

实训项目

实训:景区咨询服务的启示

国庆黄金周马上就要来了,忙碌了半年的小张想找个景区放松一下,网友给他提供了几个景区的咨询电话。他拨打了其中电话,铃响三下后传来了服务人员甜美的声音:"您好,这里是××景区,很高兴能为您服务。"小张听到后略感温暖,提出了自己的问题。服务人员回答:"对不起,我们这里黄金周期间没有优惠活动。但是黄金周期间我们景区增添了许多新的活动项目会对游客开放,晚上还有歌舞联谊会,门票的价格不会上涨。""是吗,那住宿紧不紧张?""有些紧张,您是打算几号来?""什么意思?"小张问。"如果是3号来的话我们的接待住宿中心还有一个标间,如果是2号之前来的话就没有房间了。""这样的啊,我3号来也没关系的。"小张想了想说。"那我帮您把3号的房间定下来吧?""好的,谢谢!""请您把您的联系方式告诉我,如果您改变了主意也请您提前打电话告诉我,好吗?""好的,没问题。"小张愉快地把联系方式告诉了对方。放下电话,小张看看剩下的几个景区,心想没必要再打电话了,因为他相信这个景区的服务肯定是好的,因为他想要的就是一个良好的服务环境,一个可以让自己尽情放松的环境。

(资料来源:周国忠.景区服务与管理[M].北京:中国旅游出版社,2011.)

请分析该电话咨询人员的服务对我们有哪些启示。

任务二　景区售票服务

任务目标

掌握景区售票工作流程与规范,做一名合格的票务服务人员。

任务实施

请每个小组将任务实施的步骤和结果填入表2-2任务单中。

表 2-2 任务单

小组成员:		指导教师:
任务名称:	模拟地点:	
工作岗位分工:		
工作场景: (1) 景区售票窗口; (2) 景区售票员; (3) 购票服务		
教学辅助设施	模拟景区真实工作环境,配合相关教具	
任务描述	通过对景区售票员工作的观察,让学生认知景区售票岗位工作	
任务资讯重点	主要考查学生对景区售票工作的认识	
任务能力分解目标	(1) 了解景区售票工作流程; (2) 掌握景区售票工作规范; (3) 处理售票中的常见问题	
任务实施步骤	(1) 现场或视频观察景区售票人员工作过程; (2) 熟悉景区售票服务操作流程; (3) 模拟进行景区售票,过程涉及假钞、优惠票等问题	

任务评价考核点

(1) 熟悉景区售票工作流程。

(2) 熟悉景区售票工作规范。

(3) 正确处理售票中的假钞问题、优惠票问题。

引导案例

"辩伪"使旅游"变味"

以下是一位大学生游客的投诉。

那是一个阳光明媚的周末,我和朋友一起去 Z 景区玩。可刚到售票处,就发生了一件让我们很不愉快的事情,大家差点吵了起来。

售票窗口里面坐着一名售票员,她身边还坐着一位中年妇女,因为没穿制服,很难判断是不是景区工作人员。窗上贴着"门票 10 元一张,1.4 米以下半票"的告示。我和我的朋友共两个人,没有零钞,于是就给了她一张 50 元的钞票,我只有这张 50 元的钞票,拿出去时钞票的外观有些破旧,但我没想到会引起后面的不愉快。售票员接过钱,摸了一摸,看了我一眼,然后转头对坐在旁边的中年妇女说:"你看看这张……"

站在窗口的我们,没有听清楚她们具体的谈话。但她和中年妇女说话时的神态极不自然,好像在怀疑什么,又不时用异样的眼神往我们身上扫视。

好久之后,售票员把那张 50 元的钞票又递了出来,"这钱是假的,你换一张!"她说。

我立刻证实了之前被怀疑的感觉,气愤起来:"凭什么要换啊?这钱是旧了点,但绝对不可能是假的!"

售票员见我生气后,态度依然很冷漠,又说。"你换一张吧,收进假钞我们要自己赔的。"

我很生气,几乎想拂袖而去,但考虑到邀请朋友来游玩,这样尴尬的事情谁都不想看到,于是很不情愿换了一张崭新的一百元的钞票给售票员。她接过钱时,脸上那种得意胜利的笑容,对我是极大的讽刺。

这次游玩让我很失望、很气愤,景区售票员凭什么怀疑我的钱是假的?不过我更在乎的是售票员的处理方法,这让我觉得自己的人格受到侮辱,我要投诉她!

(资料来源:周国忠.景区服务与管理[M].北京:中国旅游出版社,2011.)

思考:售票过程中怎样辨别伪钞?景区售票员需要具备什么应对技巧?

售票服务看似轻松,其实责任重大,它要求售票人员熟悉售票业务、责任心强、耐心细致、不出差错、对客热情。

一、售票工作流程

1. 工作准备

(1)按规定着装,佩戴工牌,整理仪容仪表,保持整洁、大方、规范的服务形象。

(2)检查票房门窗、保险柜、验钞机、话筒等设施设备,看设备状态是否正常。

(3)保持票房室内、售票窗外的清洁卫生,保证地面、窗台无杂物、无灰尘。

(4)填写"门票申领表",到票库领取当日所需的各种门票,清点无误后领出。

(5)根据需要到财务部兑换一定数量的零钞,保证当日售票过程中的找零。

(6)若当日由于特殊原因门票价格有变动,要及时挂出价格牌,并写明变动原因。

2. 售票服务

(1)游客走近窗口,售票员主动向游客问候"欢迎光临",并询问需要购买门票的种类、数量,不让游客在窗口长时间等候。

(2)主动解答游客的提问,耐心向游客解释优惠票价的享受条件,做到百忙不厌。游客有冲动或失礼时,应保持克制态度,不恶语相向。

(3)根据门票价格及优惠办法向游客出售门票,售票时应热情礼貌、唱收唱付,钱和票要用双手与游客交接。

(4)售票结束时,售票员要向游客说"谢谢""请收好您的票、款"或向游客说"祝您在我们景区游览愉快"等。

(5)注意收集游客的建议,耐心听取游客的批评,及时将意见和建议向上级领导反映。

(6)交接班时认真核对门票品种、数量,核对钱款数额,票、款当面清点无误后,按规定办理交接手续。

3. 收尾工作

(1)做好每日盘点工作,保证账、票、款相符,填写相应的"售票日报表"。

(2)每日结束营业后,将当日的"售票日报表"、钱款、余票及时交到景区财务部门。

(3)写好工作日记,打扫窗口卫生,切断电源,关好门窗、保险箱等。

二、售票工作难点

1. 假钞问题

售票工作中,售票人员天天与现金打交道,一旦收到假钞,按规定需由当班的售票员自己承担损失。另外,售票人员在找补零钞过程中也往往会因为钞票的真假问题同游客发生争执。所以,售票人员除借助验钞机外,还应具备一定的识别假钞的能力。如果发现有问题的钞票,应与游客礼貌协商,请其更换一张,找补钞票后请游客自己验证。另外,收取票款时,最好不要当着游客的面把钞票一张一张地对着光去看,这样会让游客感到缺乏信任。这就要求售票人员要娴熟、自然地辨别钞票的真伪。对待假钞问题,有以下三种解决措施。

知识拓展

某景区售票处工作纪律及工作规范

(1)景区为每一个售票岗位员工配置一台功能齐全的验钞机,并注意实时升级。

(2)景区请银行工作人员为售票员开展防伪钞培训,使其掌握辨认真假钞票的常识。

(3)组织开展反假钞技能比赛,让售票员通过眼看、手摸、耳听,快速找出假钞。

 案例2-2

景区票务系统

近年来,随着景区智能化、信息化的发展,越来越多的景区选择了票务系统。票务系统摆脱了传统窗口售票销售渠道单一、排队时间长、检票效率低、游客体验差等问题,促使景区朝着智慧旅游的方向发展。自贡灯会分会场荣县大佛文化灯会就采用了景区票务系统解决方案。

1. 客户需求

(1)保证日均 4 万~5 万客流量正常入园,提高游客入园效率,降低游客排队时长;

(2)避免人工现金收付款、统计导致的财务误差与财务风险;

(3)降低人力成本投入,提高售检票效率;

(4)入园智慧化,管理智慧化,实现智慧旅游。

2. 解决方案

(1)售票方案

景区入口放置购票二维码,引导大部分游客通过网络购票;

通过线上购票可以有效避免游客购票排队,加快入园效率,不给黄牛滋生的空间,并且能有效降低售票窗口人力及硬件投入;

设立少量售票窗口,方便有特殊需求的游客使用。

(2)验票方案

验票以智能闸机为主,并在入园高峰期辅助手持验票机;

在验票时游客需出示电子门票或是纸质门票,通过扫描具备防伪功能的门票二维码,即可成功验票。单张门票二维码在一次验票后失效。

(3)数据管理方案

通过使用智慧旅游云计算系统,打通数据接口,链接景区票务系统,游客线上线下购票及验票信息便可实时录入云计算中心,实时汇总渠道销售量、游客入园量等数据,自动统计营收数据,生成财务报表,并以可视化的图标形式呈现。

(资料来源:https://www.sohu.com/a/325686477_410740.)

2. 优惠票问题

通常情况下,景区会根据不同情况实行差别票价,如儿童优惠票、老人优惠票、团体票、假日票、导游票等。售票人员在售卖过程中常会遇到麻烦,特别是儿童优惠票,在免票与半票、半票与全票的处理上容易与游客发生关于小孩身高的争论。遇到这类情况,景区售票人员应该注意以下几点。

(1) 不要同游客发生争执,应热情礼貌地向游客解释门票价格优惠的规定,请游客理解。

(2) 适当赞美游客的小孩,夸孩子长得高、长得快,健康结实,请游客配合。

(3) 请主管领导出面处理,遇到特别固执的游客,由主管领导根据权限灵活处理。

总结案例

儿童优惠票引发争执

某景点全园实行一票制,成人票价为每人 140 元,1.2～1.4 米的儿童实行半价,1.2 米以下的儿童免费。在景点入口售票处,一个三口之家高高兴兴地准备买票。父亲对售票员说:"买两张成人票。"

售票员目测了一下孩子的身高,对孩子的父母说:"您好,我们景区实行优惠票制度,如果您的孩子身高在 1.2 米以下,您可以享受免票政策,请这位小朋友到这里来测量一下身高吧。"

母亲急忙说:"我儿子不到 1.2 米,还差一些。"

服务员微笑着指引方向,请小孩去测量身高。小男孩蹦蹦跳跳到了测量仪器上,测量结果显示,他的身高刚好过了 1.2 米线。

服务员礼貌地对他的父母说:"您的孩子已经超出 1.2 米了,需要购半价票,两张成人票、一张儿童半价票,共 350 元。"

母亲似乎看起来很不情愿,说:"你们测量得不准,我们前几天刚在家里量过,没到 1.2 米啊。我的孩子这么小也要买票吗?"她看向孩子的父亲,很希望得到他的支持和帮助。

服务员仍旧保持微笑解释说:"我们的测量仪器定期检查,一定客观标准,这点请您放心。"接着转头对着一脸高兴、迫不及待想要冲进园区里去的小男孩说:"这位小朋友看起来比同龄人都要高呢!"

小男孩也笑着回答说:"是啊,我在班里是长得最高的呢!"说完还看看妈妈,脸上尽是骄傲的神色。

母亲尴尬地笑笑,孩子的父亲在边上说:"算了,快买吧,看儿子已经跃跃欲试了!"

于是三口之家顺利地购买了门票,入园游玩了。

(资料来源:周国忠.景区服务与管理[M].北京:中国旅游出版社,2012.)

同步练习

一、单选题

1. 景区规范的订票方式包括(　　)。

　　A. 网上订票　　　　B. 电话预定　　　　C. 代理点预定　　　　D. 以上都是

2. 下列优惠票容易引起冲突与争执的是(　　)。

　　A. 儿童优惠票　　　B. 老人优惠票　　　C. 假日票　　　　　D. 团体票

二、问答题

1. 售票过程中遇到假钞问题应该怎样合理处置?

2. 旅游景区售票人员该怎样协调处理优惠票的争端?

实训项目

实训：案例分析

广州某高校的研究生小蒋周六和三个同学去陈家祠景点游玩,当他们按照售票处前公示的"大学生可享受半价"的价格标准购买门票时,却被售票人员告知"大学生不包括研究生,你们不能享受半价优惠"。小蒋和他的同学只好购买了10元的全价票。当他们去景区管理处询问研究生能否购买半价门票时,景点工作人员说："不行! 因为很多研究生都已经工作了,都有工资拿,所以不能购买半价票。"在西汉南越王博物馆等景区,绝大部分的景区也不对研究生销售优惠门票,即使有些景区能买到,也往往需要和售票员打"口水仗"。

(资料来源：周国忠.景区服务与管理[M].北京：中国旅游出版社,2011.)

如果你是售票员,你认为应如何解决好优惠票售票问题呢?

任务三　景区验票服务

任务目标

作为景区验票员,在明确岗位工作职责基础上,必须熟悉验票工作流程,及时恰当处理验票中出现的问题。

任务实施

请每个小组将任务实施的步骤和结果填入表2-3任务单中。

表2-3　任务单

小组成员：		指导教师：
任务名称：	模拟地点：	
工作岗位分工：		
工作场景： (1)景区入口; (2)景区验票员; (3)游客		
教学辅助设施	模拟景区检票口真实工作环境,配合相关教具	
任务描述	通过模拟景区验票工作过程,让学生认知景区验票岗位的职责与工作流程	
任务资讯重点	主要考查学生对景区验票工作的认识	
任务能力分解目标	(1)了解景区验票员岗位职责; (2)熟悉景区验票工作流程; (3)灵活处理验票中出现的问题	
任务实施步骤	(1)熟悉景区验票员岗位工作职责; (2)熟悉景区验票工作流程; (3)模拟进行景区入口验票	

任务评价考核点

（1）了解景区验票员岗位职责。

（2）熟知景区验票工作流程。

（3）能灵活处理验票过程中出现的问题。

引导案例

人工验票的"人情"难关

某景点检票口，景区服务人员甲将两位游客带至检票处服务人员乙处，说："这是我的两位亲戚，今天来看看我，顺道到景区里去逛逛，你通融一下，让我带他们进去吧。"乙面露难色，但又碍于情面，不好拒绝，最终还是让甲把两位游客免票带入景区。

（资料来源：周国忠.景区服务与管理［M］.北京：中国旅游出版社，2011.）

思考：上述案例暴露了人工验票的什么缺点？如果换成机器验票会有什么不同？

验票服务一方面关系到景区经济效益的真正实现，另一方面关系到景区秩序的良好维护。尽管越来越多的景区开始采用电子验票系统，但工作人员提供的服务仍然必不可少。

一、验票工作流程

验票工作分为开园前准备、验票入园、引导与控制三个阶段，需要工作人员在开园前按规定着装，佩戴工牌，整理仪容仪表，并为验票工作做好准备。验票工作一般流程如下。

（1）打扫游客入园闸口处及其周围的卫生，做好开园准备。

（2）开园时间一到，立即站在验票位上，精神饱满，面带微笑，准备迎接游客。

（3）散客入闸时，向游客问好，如"您好，欢迎光临！"认真查验门票。查验游客所持门票票面日期，注意核查持儿童票、老年票和残疾人票、军人票等特殊票种门票的旅客，核准其是否符合优待标准。对持无效票或无票的游客，告知其售票窗口位置，请其购票。

设有电子验票系统的景区，验票员应引导、帮助游客通过电子验票系统检票。当电子验票系统出现故障时，及时进行人工验票，避免出现漏票、逃票、无票放人等现象。验票后向游客致谢，如"谢谢！祝游览愉快！"

（4）熟悉旅行团导游、领队带团入园的查验方法，严格按规定查验证件。团队入园时，需登记游客人数、来自哪个国家（地区）、旅行社名称等信息。

（5）控制游客流量，维持闸口秩序，避免出现混乱。当残疾人或老人入园时，应予以协助。

（6）保持闸口的有序和卫生。

（7）下班前认真填写好工作日记。

知识拓展

某景区验票操作规范

知识拓展

景区验票员岗位职责

二、验票过程常见问题及处理

1. 无票入园

无票入园几乎是每位检票人员都遭遇过的问题,在传统的人工检票中更容易出现。这不仅会给景区带来经济利益的损失,而且会使目睹此过程的游客对景区规范管理产生怀疑,有损景区形象。所以,无票入园不是小事,一直受到各类景区的高度重视。

作为景区检票处的服务人员,务必坚持公私分明的原则。首先要以身作则,坚决杜绝自己的亲朋好友或其他社会关系无票入园,当发现其他同事有此情况时,应依景区规章制度进行劝说。

作为检票服务的管理人员,应从制度上根本解决隐患。景区员工引领朋友来到景区旅游,是员工热爱景区、以景区为傲的一种正常表现,可以考虑其特殊性,找到既能满足员工心理需求,又不影响景区利益的合理解决途径。例如,定期给员工分发赠票,邀请员工的亲友来景区游玩并担任质量监督员。

案例 2-3

"野马"兜售假身份证件　外地游客假冒桂林市民游景区

七星景区门口,有一拨"守园待客"的妇女,只要有游客来到,她们就会"友好地"迎上去送"便宜"——游客不必花 45 元购买门票,只要给她们交上 20 元,她们就能让游客进去。

昨天,记者体验了一把这种"优惠门票"。

反映:花 20 元就能进景区

最近,有群众向记者反映,在七星景区门前多了不少拦客的人,她们大多是中年妇女,专门挑外地客人,帮游客买"优惠门票"。

重庆的饶先生告诉记者,上次他和女朋友要进七星景区,被一中年妇女拦下,告知只要花 20 元,就可以弄到原本 45 元的门票。随后中年妇女递给他一张"军官证",给了他女朋友一张本地"身份证"。在验票窗口,"军官证"顺利通过,可"身份证"遭遇卡壳。

那么,这些"军官证""身份证"到底是真是假?它们是如何蒙混过关的呢?

调查:拿假证过关并不难

昨天上午 10 点多,记者一行 3 人乘 11 路公交车来到七星景区,刚下车,便被一名黑衣中年妇女盯上。"进七星公园吗?可以帮买便宜票。"记者摆手拒绝后,妇女仍旧一路跟随,不断劝说。从公交车站到解放桥东头红绿灯路口的短短几十米,记者就被十来个人纠缠,多是 40 来岁的女子,她们说保证可以让记者低价进入景区。"你们放心,先进去,再交钱,保证不让你们吃亏。"随后,在一名卷发女子的苦苦纠缠下,记者被"说服",同意"听从指挥"。女子这时变得警惕起来,把记者等人带到离景区大门更远的地方:"站远点,要是被景区的人看到就进不去了。"她边张望边打电话:"快把东西拿过来。"很快,一名提着橘红色袋子的红衣女子从对面一家小商店跑了过来,记者看到,袋子里装满了不同类型的证件,有数十本。两人翻出一叠"学生证",开始给记者一行 3 人"选身份"。三两下,她们便挑选好对应的证件,证件中写明"桂林××工业高等专科学校",并盖有钢印。"照片跟我也太不像了!"记者抱怨并担心地说。卷发女子说,没关系,差不多就可以。"等我看看哪个口验票松点。"说着,

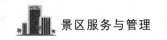

她又向景区验票口探了探头,"记住,从出口处进去,那里好进。"

拿着卷发女子给的证件,记者来到景区大门出口处,验票的工作人员是一名中年男子。记者自认为对不上号的前两个证件顺利通过,可在最后一个人验票时,工作人员一眼认定是冒用证件,要求去补一张全价票。

最后,记者以不同意买全票为由未进景区。卷发女子带着责备的语气说:"你们前两个怎么不进去?买一张全票还是省钱了啊。"

景区:经济受损,游客担风险

昨天下午,记者就此事来到七星景区管理处,相关负责人马先生说,这种"拦客买票"现象已经存在一两年了,并且最近越来越猖獗。马先生拿出景区取证的一些资料,包括不少收缴的"身份证""学生证""军官证""老年证",他说:"这些证件全是伪造的,但是由于比较逼真,辨别起来非常困难。"

对于这些天天守候在景区外的"野马",马先生表示,这的确给他们带来了许多困扰。"首先是经济损失,进景区规定的票价是 45 元,市民价是 2 元,使用通卡为 1 元,收入落差显而易见。"马先生还说,除此之外,这种行为也大大扰乱了正常的旅游秩序,经常会有人因此与景区发生纠纷,"政府部门为学生、老年人等人群提供的优惠,如今却成了小部分人谋财的工具"。"至于游客,虽说会占得一点'小便宜',但实际却有风险,景区 45 元的门票钱,包含的不仅仅是看景点的费用,还包含保险等方面的费用。"马先生解释,"要真是逃票的游客在景区出了安全问题,权益一定会受损。"因为证件照片与本人明显"货不对版",记者质疑验票工作人员与"野马"串通。"目前还没掌握证据。"马先生表示,"为了防止这一现象,景区经常对验票岗位进行换班和多人值守。"

七星景区方面表示,虽说这一现象存在已久,"可我们没有执法权,也拿他们没办法,希望公安部门能够配合打击这种扰乱旅游市场的行为"。

(资料来源:广西新闻网.http://www.gxnews.com.cn.)

2. 人工验票与机器验票的差别

景区电子门票是当前景区信息化建设的一大热点。电子门票管理系统是集智能卡工程、信息安全工程、软件工程、网络工程及机械工程为一体的智能化管理系统,涉及磁卡门票制作、广告与营销、发售票、通道验票、景点客流监控、景点资源开发决策及财务管理等诸多环节。其强大的功能克服了人工售检票模式中速度慢、财务漏洞多、出错率高、劳动强度大等缺点,为景区的科学管理提供了智能化的技术支持。

随着景区电子门票系统应用需求的不断扩大,类型繁多的电子门票的解决方案应运而生,如磁卡电子门票、条码电子门票、光盘电子门票、IC 卡电子门票、指纹电子门票等。大型风景名胜区、公园、展览馆等各种类型旅游景区和景点应视其不同情况和要求,因地制宜,合理选择。在选用何种电子门票的决策过程中,应考虑以下关键因素:

(1)景区传统门票管理的弊端;

(2)景区大小、出入口的复杂程度和管理难度;

(3)景区门票政策的多变性和复杂性;

(4)出入口人流量特征及对检票速度的需求;

(5)系统成本和应用效益;

（6）电子门票作为促销载体的作用；

（7）旅行社、分销商、游客等利益相关者的意见。

总结案例

2020年4月24日起，香山公园实行实名制验票。根据新规定，购票游客须提前1天以上关注微信"香山公园服务号"（唯一购票平台）进行分时段预约购票，购票时须输入真实身份信息，选定游览日期及时段后完成购票，每张证件每日限购一张门票。购买全价票的游客按照预约日期及时段持本人购票身份证原件验证入园（外籍及港澳台游客持本人购票护照或往来大陆通行证原件验证入园）。购买半价票的游客按照预约日期及时段持购票二维码验证入园，同时出示本人有效学生证件（外籍及港澳台游客持本人购票护照或往来大陆通行证原件验证入园）。

香山公园管理处提醒游客，避开每日10时至15时高峰时段，错时错峰游览。

（资料来源：新京报. www.bjnews.com.cn.）

同步练习

一、单选题

1. 验票工作开始前应该做好的准备工作包括（　　　）。

　　A. 穿好工作装，佩戴工作牌

　　B. 查看验票口验票机器、话筒等设备是否正常

　　C. 打扫入园闸口周围的卫生，保持闸口通畅

　　D. 以上都是

2. 验票工作结束后应做好的工作包括（　　　）。

　　A. 将当日经主管部门审批的无票或优惠票入园表单统计并交景区财务部门

　　B. 下班前填写工作日记

　　C. 打扫卫生，切断电源

　　D. 以上都是

二、问答题

1. 景区验票服务中最容易出现的问题有哪些？

2. 人工验票与机器验票有什么差别？

实训项目

实训：案例分析

上海某旅行社导游来电反映：他于7月6日带团前往宁波某景区，景区内游客较多，争相抢坐8辆景区观光游览车，秩序混乱，且观光游览车严重超载。要求景区加强管理，并采取相应措施以应对客流高峰，保证游客安全。

经了解，该导游反映的情况基本属实。当日，由于各旅游团队到达时间差不多，景区游客量较大，约有500人。在乘坐游览观光车时，部分导游要求自己团队的游客插队，导致排队的其他旅游团游客不满，引发旅游团队之间的争执，造成混乱局面。同时，因游客争抢观光游览车，导致观光游览车超载。

杭州湾大桥的开通,带动了周边地区如上海、江苏等地的旅游市场。各大景区客流量均有较大幅度的增加,但随之而来的是景区的接待能力、应变能力、服务设施和服务水平面临严峻考验。在7月,因景区接待能力跟不上游客量的增加幅度,导致景区秩序混乱的投诉有三起。

(资料来源:搜狗网.www.sogou.com.)

思考:针对上述情况,你认为景区如何通过验票服务保证游览秩序?

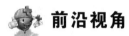 前沿视角

热门景区 管控有序

清明小长假前两天,黄山风景区日接待游客达到2万人,景区出现客流早高峰,造成游客集聚。从游客拍摄的视频和照片来看,景区门口人挤人排着队,相互之间间隔很小,上山通道亦拥挤不堪。4月4日10时,景区发出公告:"景区进山人数已达到游客流量上限两万人,停止售票。请游客选择其他旅游路线,或改日进山。"

记者从黄山景区了解到,景区已启动应急预案,将增派志愿者,帮助游客高效通过"健康码+测温"及安检等流程,保持安全距离。进一步增加换乘运力,增设软硬隔离设施,防止游客在个别时段、个别区域过于聚集。黄山景区称,会加强信息发布,引导游客适时调整游览线路,到其他仍有容量的景区游览。目前黄山景区、西递、宏村、呈坎、唐模景区接待量趋于饱和,4月6日尚具备较大游客接待空间的景区包括齐云山、徽州大峡谷、太平湖、牯牛降等。截至记者发稿,黄山景区今日尚未发布停止接待游客的公告。目前,泰山、嵩山、衡山、恒山等名山均已恢复开放。

(资料来源:新浪财经网.https://finance.sina.cn/.)

项目小结

景区接待服务是决定游客对景区印象的重要环节,本项目主要介绍了旅游景区接待服务中有关咨询、售票、验票的相关知识、具体流程和工作重点。

景区咨询服务是景区留给客人的第一印象,越来越受到景区的重视,其服务过程更需规范化、细致化;售票工作是景区实现收入的直接环节,职责重大,要求售票人员在具体工作流程中,注重培养强烈的工作责任心、认真仔细的工作态度与作风,以及良好的职业道德,并具有相应的专业技能,以避免出现失误;验票工作关系着景区经济效益能否真正实现,同时,它也担负着维持景区良好秩序的重要职责,不管景区使用传统人工验票方式还是电子验票系统,都需要有工作人员提供规范的服务。

综合训练

1. **实训项目**

考察当地景区,了解其咨询、售票、验票的过程以及服务规范。

2. 实训目标

通过项目让学生更好地掌握旅游景区接待服务流程。

3. 实训指导

（1）指导学生搜集资料,掌握旅游景区接待知识。

（2）为学生提供必要参考资料。

4. 实训组织

（1）把所在班级学生分成若干个小组,每组 4～6 人,确定组长,实行组长负责制。

（2）每个小组考察本地区一个景区的咨询、售票、验票过程,并将考察到的内容做成 PPT 进行汇报。

5. 实训考核

（1）根据每组的旅游景区接待服务 PPT 汇报,由主讲教师进行评分和点评,分数占 50%。

（2）根据每组的旅游景区接待服务报告书,由主讲教师进行评分和点评,分数占 30%。

（3）每个小组互评,各给出一个成绩,取其平均分,分数占 20%。

项目三

景区讲解服务

▶ 学习目标

知识目标

　　1. 了解旅游景区导游人员讲解和智能语音讲解服务业务。

　　2. 熟悉景区讲解服务的工作流程。

能力目标

　　1. 能够开展景区导游人员讲解服务。

　　2. 能够操作智能语音讲解。

素质目标

　　1. 具有较强的责任心。

　　2. 具备合作精神和创新意识。

　　3. 具有良好的服务意识和敬业精神。

　　4. 具有精益求精的工作态度。

学习指南

学习方法

1. 讲授学习法。通过聆听教师讲授，了解景区讲解服务。

2. 模拟训练法。通过模拟训练，提高景区人员讲解服务能力。

3. 任务驱动法。通过完成具体任务，解决实际问题，提升讲解服务技能。

学习资源

1. 参考书目

郭亚军．旅游景区运营管理［M］．北京：清华大学出版社，2020．

2. 网络资源

（1）中华人民共和国文化和旅游部：https://www.mct.gov.cn

（2）中国旅游网：http://www.cntour.cn

（3）人民日报网：http://www.people.com.cn

（4）百度百科：https://baike.baidu.com

（5）解放日报：https://www.jfdaily.com

学习建议

线上线下相结合进行学习。

1. 课前：通过课程数字资源、职教云等平台提前预习相关知识。组织学生到旅游景区开展志愿讲解服务。

2. 课中：主动配合授课教师，参与线上、线下互动，模拟景区讲解训练，领会并掌握各任务所需知识与技能。

3. 课后：完成课后同步练习、实训项目，巩固所学知识和技能。

任务一　导游人员讲解服务

任务目标

景区来了两个旅游团，一个旅游团是国内团，要求请一位景区中文导游进行人员讲解服务，另一个旅游团是入境团，要求景区提供英文导游人员讲解服务。

任务实施

请每个小组将任务实施的步骤和结果填入表3-1任务单中。

表 3-1 任务单

小组成员：		指导教师：
任务名称：	模拟地点：	
工作岗位分工：		
工作场景： (1) 旅游景区； (2) 两个旅游团； (3) 游客服务中心导游		
教学辅助设施	模拟景区真实导览服务，配合相关教具	
任务描述	旅游团需要景区中文和英文导游员提供人员讲解服务	
任务资讯重点	主要考查学生对景区讲解服务工作的认识	
任务能力分解目标	(1) 熟悉景区人员讲解基本流程； (2) 掌握景区人员讲解服务基本技能； (3) 模拟进行景区导游讲解服务	
任务实施步骤	(1) 学习了解景区人员讲解基本流程； (2) 在模拟讲解中体会人员讲解服务技能； (3) 到景区开展志愿服务提升讲解服务水平	

任务评价考核点

(1) 了解景区人员讲解服务流程。

(2) 掌握景区人员讲解服务基本技能。

(3) 能够开展景区人员讲解服务。

引导案例

胡编乱造、大谈野史？景区讲解理应拒绝轻佻的姿态

大多数人去一个景区游玩，肯定是想多了解一些真实的历史文化信息，尤其是对于参加"研学游"活动的学生群体而言。

近日，中国青年报社社会调查中心联合问卷网对 2007 名受访者进行的一项调查显示，97.4% 的受访者去旅游景点会听讲解，受访者认为景区讲解最常出现的两个问题是讲解偏离景点本身和胡编乱造、前后矛盾。81.9% 的受访者希望听到更多有事实根据的景点讲解内容，68.6% 的受访者建议加强对导游和讲解员的培训和考核。

新闻报道中有两名受访者的旅游经历具有代表性。一名受访者说，去秦兵马俑参观时，发现讲解员并不专业。"讲解员讲了很多段子和玩笑，根本没有把历史讲出来，在这么严肃的地方，我有些受不了"。另一名受访者称，导游带着一些学生和家长来到了严复雕像前，和大家说，严复非常有学问，想让孩子考北大清华就摸摸他的头和手。

必须承认，导游和讲解员在对景区进行讲解时，囿于主观态度和自身的文化知识素养，所传递的信息不可能完全做到客观有效。而为了讲解生动有趣，便于游客倾听和理解，适当地发挥乃至"戏说"，也不是不可以。但无论怎样，尊重历史的底线不容突破，景区讲解更不能沦为"野史集散地"，导游和讲解员"贩卖"的尽是一些毫无客观依据的历史八卦更不可取。

思考：讲解词胡编乱造会带来怎样的后果？我们在讲解时应该怎么做？

一、景区导游服务内容

（1）导游讲解。主要是在景区景点内引导游客游览,为游客讲解与景区景点有关的知识,并解答游客提出的各种问题。

（2）安全提示。在带领游客游览的过程中,要随时提醒游客注意安全,并照顾游客,以免发生意外伤害。

（3）宣传教育。讲解员在讲解过程中,要结合景点的内容,向游客宣传生态保护、文物古迹保护、自然与文化遗产保护等知识。

二、景区导游讲解流程

在景区导游讲解时,导游员应向旅游团（旅游者）介绍所参观游览的景区、景点的概况和主要特色,使旅游者对其有较全面的了解,同时要注重对环保知识、生态系统或文物价值的宣传,做到语言准确、清晰、生动、自然,内容翔实、科学。具体地讲,景区景点导游讲解服务包括服务准备、接待服务、送别服务三个环节。

1. 服务准备

（1）熟悉接待计划

① 了解所接待旅游团（旅游者）的基本情况,清楚旅游团（旅游者）来自哪一个地区,以及其人数、身份、职业、文化层次和特殊要求等。

② 了解接待方案。

（2）熟悉景区、景点的情况

① 根据旅游团（旅游者）的情况,掌握相关的知识。

② 掌握必要的环境保护和文物保护知识及安全知识。

③ 熟悉景区、景点的有关知识、典故等。

（3）物质准备

① 准备好导游器材和游览工具（大型景区往往配有游览交通工具）。

② 携带好导游图、相关资料及纪念品。

③ 佩戴好导游胸卡。

2. 接待服务

景区导游接待服务包括致欢迎词、导游讲解、食宿和购物指引服务等。

（1）致欢迎词

欢迎词的内容包括向旅游团（旅游者）自我介绍,表示欢迎,表达工作愿望,希望得到大家的合作和支持。

（2）导游讲解

在进行景区讲解时,导游员要注意以下几方面。

① 景区景点的概况介绍。景区景点的概况内容包括:基本概况,如历史背景、规模、布局等;特征、价值;参观、游览的有关规定和注意事项。

② 向旅游者讲明参观、游览的线路和主要内容。

③ 积极引导旅游者参观、游览。导游员应根据旅游者的兴趣、爱好有针对性地进行讲解。

④ 宣传与讲解相结合。导游员应根据所参观、游览的景区景点的具体内容对环境保护、生态知识及文物保护知识等进行宣传,并认真回答旅游者的询问。

⑤ 留意旅游者的动向,提醒安全注意事项。

（3）食宿和购物服务

有的景区面积较大,要一天以上的时间才能游览完,这样的景区一般都配有餐饮和住宿设施。导游员要按照游客和旅行社签订的合同标准安排游客的食宿,如不能达到合同标准,要说明情况。导游员也要如实地向游客介绍旅游纪念品和旅游地的特产等,不得强制游客购物或者欺诈游客,并且要制止不法人员尾随兜售。

3. 送别服务

（1）致欢送词。致欢送词是景区景点导游员重要的工作内容之一,包括对旅游者的合作表示感谢、征询意见和建议、向旅游者表达祝愿、欢迎再次光临。

（2）向旅游者赠送宣传资料或小纪念品。

（3）与旅游者道别。

三、景区导游讲解技巧

1. 系统介绍法

系统介绍法就是按照景区导游材料对景区做比较全面的解说,是一种最基本的导游解说方法。这种方法适合一些内容较单一、规模较小或次要的景点,如杭州六和塔、西安大雁塔、苏州虎丘塔等,特点是有利于游客对景点概况的了解。导游员在解说时应简明扼要、突出重点、注意解说语言技巧,使讲解抑扬顿挫,富有节奏,以达到吸引游客的效果。

2. 分段讲解法

分段讲解法就是将一处大景点分为前后衔接的若干部分来讲解,也就是说,在参观一个大的、重要的景区之前,先概括地介绍该景区的基本情况,包括历史沿革、规模范围、参观游览的主要内容、景观特色或欣赏价值等,使游客对即将游览的景区有个大体印象。然后,导游员再带团顺次参观,边看边讲,将旅游者导入审美对象的意境。如介绍杭州西湖景区时,一般先从其概况、传说、成因开始讲起,继而导入"一山、二堤、三岛""西湖新旧十景"等具体景点的讲解,旅游者边欣赏沿途美景,边倾听导游员绘声绘色、层次分明、环环相扣的讲解,一定会心旷神怡,获得美的享受。

3. 突出重点法

突出重点法就是导游讲解时避免面面俱到,而是着重介绍景区景点与众不同之处。通常,采用的此类方法有以下几种情况。

（1）突出大景区中具有代表性的景观

在大的游览景区中导游员必须根据景区的特征进行重点讲解。如去花港观鱼游览,主要是参观红鱼池和牡丹园,并对此加以重点介绍,不仅能让旅游者了解景点全貌,还能使他们领略公园的园林艺术和花卉知识，从中得到美的享受。

（2）突出景点的特征及与众不同之处

旅游者在游览过程中会发现很多同类的东西，但即使是同一佛教宗派的寺院，其历史、规模、结构、建筑艺术、供奉的佛像也各有差异。导游员在讲解时必须讲清其特征及与众不同之处，才能使游客避免枯燥乏味的游览，增加知识情趣，提高旅游兴趣。

（3）突出旅游者感兴趣的内容

旅游者来自不同地区，有不同生活背景，兴趣各不相同，但有一点是相同的，即大家出来旅游都是为了寻找快乐，如导游员能对游客的背景有所了解，认真研究他们的喜好，努力做到投其所好，便能博得大多数游客的青睐。这需要导游在讲解中突出旅游者感兴趣的内容，提高讲解层次，吸引旅游者注意力。如介绍建筑，仅仅讲其布局、特征往往很抽象，如果能引经据典加以比较，就会显得层次丰富，内容厚实，建筑是"凝固的历史"，导游员只有将其丰富的内涵介绍给游客，才能使游客叹服。

（4）突出"之最"

对于某一景区，导游员只要根据实际情况，介绍这是世界（中国、某省、某市、某地）最大（最长、最古老、最高、最小）的，便能提高旅游者的兴致。有时在讲解一个景点时也可突出"之最"，如杭州飞来峰，洞窟岩壁上分布着五代到宋、元时期的石窟造像338尊，导游员不可能面面俱到进行介绍，只能择其重点，将"最大、最早、雕刻最细腻"的三处佛像加以细述，其余概述即可。

4. 触景生情法

触景生情法就是见物生情、借题发挥的导游讲解方法。在导游讲解时，导游员不能就事论事地介绍景物，而是要借题发挥，利用所见景物制造意境，引人入胜，使游客产生联想，从而领略其中的妙趣。

另外，触景生情法还要求导游讲解的内容要与所见景物和谐统一，情景交融，让旅游者感到景中有情，情中有景。导游员可结合一些电影场景进行描绘，让游客在参观游览的同时，能从影片中的人生感悟生活中的人生，产生联想。

触景生情贵在发挥，要自然、正确、切题发挥。导游员要通过生动形象的讲解、有趣而感人的语言，赋予没有生命的景物以活力，注入情感，引导旅游者进入审美对象的特定意境，从而使他们获得更多的知识和美的享受。

 案例 3-1

故宫太和殿导游词

这个广场是太和殿广场，面积达3万平方米。整个广场无一草一木，空旷宁静，给人以森严肃穆的感觉……为什么要建这么大的广场呢？那是为了让人们感受到太和殿的雄伟壮观。站在下面向前望去：蓝天之下，黄瓦生辉。层层石台，如同白云，加上香烟缭绕，整个太和殿好像天上仙境一样。举行大典时，殿内的珐琅仙鹤盘上点蜡烛，香亭、香炉烧檀香，露台上的铜炉、龟、鹤燃松柏枝，殿前两侧廊香烟缭绕，全场鸦雀无声。皇帝登上宝座时，鼓乐齐鸣，文武大臣按品级跪伏在广场，仰望着云中楼阁山呼万岁，以显示皇帝的无上权威和尊严。

清朝末代皇帝溥仪1908年年底登基时，年仅3岁，被他父亲摄政王载沣抱扶到宝座上。当大典开始时，突然鼓乐齐鸣，吓得小皇帝哭闹不止，嚷着要回家去。载沣急得满头大汗，只好哄着小皇帝说:"别哭,别哭,快完了,快完了,快完了!"大臣们认为此话不吉祥,说来也巧,3年后清朝果真就灭亡了,我国2000多年的封建统治结束了。

（资料来源:国家旅游局.走遍中国:中国优秀导游词精选·综合篇[M].北京:中国旅游出版社,2000.）

5. 虚实结合法

虚实结合法就是导游在讲解中将典故、传说与景物介绍有机结合,即编织故事情节的导游手法。就是说,导游讲解要故事化,以求产生艺术感染力,努力避免平淡、枯燥乏味、就事论事的讲解方法。

虚实结合法中的"实"是指景观的实体、实物、史实、艺术价值等,而"虚"则是指与景观有关的民间传说、神话故事、趣闻逸事等。"虚"与"实"必须有机结合,但以"实"为主,以"虚"为辅,"虚"为"实"服务,以"虚"烘托情节,以"虚"加深"实"的存在,努力将无情的景物变成有情的导游讲解。

 案例 3-2

杭州西湖断桥的由来

杭州西湖断桥位于杭州市西湖白堤的东端,背靠宝石山,面向杭州城,是外湖和北里湖的分水点。

作为西湖十景之一,断桥在西湖古今诸多大小桥梁中名气最大。如今的断桥,是于1941年改建的,五十年代又经修饰。桥东有"云水光中"水榭和"断桥残雪"碑亭。

伫立桥头,放眼四望,远山近水,尽收眼底,是欣赏西湖雪景之佳地。

伫立雪霁西湖,举目四望,但见断桥残雪似银,冻湖如墨,黑白分明,格外动人心魄。传说白娘子与许仙断桥相会,更为断桥景物增添了浪漫色彩。

其名由来,众说纷纭。唐朝时人张祜《题杭州孤山寺》诗中就有"断桥"一词。有人说起自平湖秋月的白堤至此而断,孤山之路自此而断,故名。也有人说宋代称保俶桥,当冬日雪霁,古石桥上桥阳面冰雪消融,桥阴面依仍玉砌银铺,从葛岭远眺,桥与堤似断非断,南宋王朝偏安一隅,多情的画家取残山剩水之意,于是拟出了桥名和景名,得名"断桥残雪"。又说元代因桥畔住着一对以酿酒为生的段姓夫妇,故又称为段家桥,简称段桥(谐音为断桥)。

（资料来源:百度百科.https://baike.so.com/doc/1338879-1415460.html.）

6. 问答法

问答法就是在讲解时,导游员向游客提问题或启发他们提问题的导游方法。使用问答法的目的是活跃游览气氛,促使游客与导游员之间产生思想交流,便游客获得参与感或自我成就感,也可避免导游员唱独角戏的灌输式讲解。

问答法的形式主要有自问自答法、我问客答法、客问我答法。

（1）自问自答法。导游人员提出问题,并作适当停顿,让游客猜想,但并不期待他们回答,这样做只是为了吸引他们的注意力,促使他们思考,激起他们的兴趣,然后导游人员作简洁明了的回答或生动形象的介绍,还可借题发挥,给游客留下深刻的印象。

（2）我问客答法。由导游人员提问题,但希望游客回答的问题要提得恰当,要估计到他们不会毫无所知,也要估计到会有不同的答案。导游人员要诱导游客回答,但不强迫他们回答,以免使游客感到尴尬。游客的回答不论对错,导游人员都不应打断,更不能笑话,而要给予鼓励。最后由导游人员讲解,并引出更多、更广的话题。

(3) 客问我答法。导游人员要善于调动游客的积极性和他们的想象力,欢迎他们提问题。游客提出问题,证明他们对某一景物产生了兴趣,进入了审美角色。对于他们提出的问题,即使是幼稚可笑的,导游人员也绝不能置若罔闻,千万不能笑话他们,更不能显示出不耐烦,而是要善于有选择地将回答和讲解有机地结合起来。对游客的提问,导游人员既不要他们问什么就回答什么,也不要让游客的提问冲击你的讲解,打乱你的安排,只回答一些与景点有关的问题即可。在导游实践中,导游人员要学会认真倾听游客的提问,善于思考,掌握游客提问的一般规律,并总结出一套相应的"客问我答"的导游技巧,以满足游客的好奇心理。

7. 制造悬念法

制造悬念法是导游人员在导游讲解时引出令人感兴趣的话题,但故意引而不发,激起游客急于知道答案的欲望,在解说中制造悬念的导游讲解方法。制造悬念也被称为"吊胃口""卖关子",通常由导游人员先提起话题或提出问题,激起游客的兴趣,但不告知下文或暂不回答,让他们去思考、去琢磨、去判断,最后才讲出结果,是一种先藏后露、欲扬先抑、引而不发的手法,一旦"发(讲)"出来,会给游客留下特别深刻的印象,而且导游人员可始终处于主导地位,成为游客关注的焦点。

制造悬念的方法,主要有问答法、引而不发法、引人入胜法、分段讲解法等,制造悬念法是导游讲解的重要手法,在活跃气氛、制造意境、激发旅游者游兴、提高导游讲解效果等方面往往能起到重要作用,所以导游人员都比较喜欢这一手法。但是,再好的导游手法都不能滥用,导游人员不能乱造悬念,也不能在旅游者面前摆出一副高深莫测的样子,否则会起反作用。

8. 类比法

类比法是一种以熟喻生、达到类比旁通的导游讲解方法,即用旅游者所熟悉的事物同眼前的景物进行比较,便于游客理解。类比法不仅可在物与物之间比较,还可作时间上或空间上的比较,一般分为同类相似类比和同类相异类比。

同类相似类比,是指将相似的两物进行比较,便于旅游者理解并使其产生亲切感的讲解方法。如讲解三亚时,常将其比作"东方夏威夷";讲解苏州时,可将其称作"东方威尼斯";讲到梁山伯与祝英台的故事时,可称其为"中国的罗密欧和朱丽叶"等。

同类相异类比,是指将两种同类型景物的质量、规模、等级、价值等方面的不同之处进行比较的讲解方法。使用这种类比法还可比出两种景物在风格上乃至文化上的差异。正确、熟练地使用类比法,要求导游人员有丰富的知识,熟悉客源国的基本情况,对相互比较的事物有比较深刻的认识,面对来自不同国家和地区的游客,应将他们知道的景物与眼前的景物进行比较,但切忌作不相适宜的比较。

9. 画龙点睛法

画龙点睛法是指用精练的语句概括所游览景点的独特之处,以便使游客留下游览印象深刻的导游讲解方法。游客在游览过程中听了导游的讲解,通常会你一言我一语地议论,这时,导游人员可及时给予精辟的总结,用简练的语句,甚至寥寥数字,点出景点之精华,帮助游客进一步领略景点深层次的美。

四、景区导游词的创作

无论是导游人员解说,还是智能语音解说,都需要科学的导游词。导游词质量的高低,不仅影响景区旅游信息的传播效果,而且对一个地区旅游形象的树立以及游客满意度的提升至关重要。导游词是导游员讲解的文字依据,但导游员不应一字一句都拘泥于导游词,而要根据实际情况作必要的变通。从文体特点而言,导游词属于说明性文体,但又不同于一般说明文,其应用实际上是导游员与观众交流情感、传递知识的过程。

导游词编写要求把握好以下几个关键点。

1. 突出主题

每一个景点都有主题,导游讲解的内容要始终围绕主题展开。主题的核心思想可以一开始就点明,也可以在结尾时点明。如在讲解古代宫殿建筑时,导游词就要突出建筑形制、风格、布局和功能,使游客认识到封建时代的政治体制、等级观念、建筑文化等。同时,导游词不仅是对景点的客观反映,而且它也带有导游员主观的认识,导游员会通过讲解向游客传达思想、认识,并激发游客对景区、景点或某一知识有深刻的了解,达到传递信息、教育、娱乐的目的。

2. 突出景点特色

旅游景区能吸引游客最主要的原因就是景区的知名度和景区的资源特性。为了让游客满意,满足他们求新、求奇的目的,导游词应突出景区、景点的个性和独特性,深度地挖掘其个性,不能仅仅只是表面特征的描述。以杭州"虎跑梦泉"景点为例,在创作导游词时应该重点强调它是砂岩裂隙水,讲述虎跑泉水的物理和化学特征,而不是简单地描述这里的泉水如何甘甜。

3. 强调知识性,讲求生动性

导游词内容要丰富,不能仅仅是一般知识的介绍,要旁征博引、由点及面、融会贯通,满足游客的求知欲。同时,导游语言要生动形象,富有表达力,要浅显易懂、活泼幽默,要注重口语化,要多用短句,尽量穿插些谚语、顺口溜,增强导游词的艺术感染力。

4. 重视整体性,展示历史性

任何一个具有很强吸引力的景区景点,不论是自然风光还是名胜古迹,都不是孤立存在的,都与周围的事物发生着联系。它们都有着广阔的政治、经济、历史背景和深厚的文化底蕴。因此,景点导游词不能"就事论事""就景写景",要将景点知识与历史、文化、政治、社会、经济、科学等知识有机结合。以中国古代园林导游词为例,其中不仅讲清建筑景观和园林空间本身,而且讲透园林的艺术文化特征,以及与之相联系的历史背景、社会背景、历史人物等。

5. 学会借题发挥

导游在对景点进行讲解时,一般都是按照游客所看到的景观的先后顺序进行讲解的,即按照旅游线路安排讲解内容。所创作的导游词在介绍景观时,不仅仅限于景观的外部特征,在内容上也会有所扩充和展开,在时间上可以谈古论今,在思想上可以旁征博引,以方便游客更深刻地理解。

总结案例

不重复讲解吸引游客反复"打卡"

近日,徐家汇源游客中心迎来了近十名市民游客,他们都已预约了讲解,准备前往土山湾博物馆进行一场海派工艺之旅。徐家汇源的"铁杆粉丝"说:"每次来,景区的讲解活动都不一样。"作为上海首个开放式都市旅游景区,徐家汇源聚集了一片百年文化建筑群,为了让市民游客了解建筑背后的历史文化,景区每天都会提供两场公益讲解。

在徐家汇源游客中心,参观者通过讲解员的介绍,对徐家汇源有了大致了解。400年前,中西文化交流先驱徐光启来到这个多条河流汇聚的地方,从事农耕试验并著书立说。之后,此处成为徐氏家族后裔的聚集地,清康熙年间得名徐家汇。400年来,徐家汇见证了国人"最早看西方",孕育了近现代上海乃至中国科学文明发展。因此,在徐家汇进行一场"寻源之旅"再合适不过。

跟着讲解员从游客中心出发,走过两条马路,就到了位于蒲汇塘路的土山湾博物馆。"1864年至1960年,上海耶稣会在此建立土山湾孤儿院。从此,土山湾成为中国西洋画的摇篮,还开创了工艺史上的诸多第一,徐悲鸿等画家都曾来此学艺。"走进这座由土山湾旧址建成的博物馆,百年前的西洋画、彩绘玻璃、土山湾牌楼等吸引参观者驻足。和一般景区不同,徐家汇源没有围墙,不需门票,游客可预约或自行前往各游览点免费参观。这座开放式都市景区总面积约2.4平方公里,景区内共有15个游览点。其中,历史在百年以上的建筑超过10座,包括"远东第一大教堂"徐家汇天主堂、140年历史的徐家汇观象台旧址、上海现存最早的近代图书馆徐家汇藏书楼、"西学东渐第一校"徐汇公学旧址等。

据悉,景区专门设立讲解团队,保证游客中心每天都有讲解员值班。朱旌华说,要想成为一名合格的讲解员,不仅要在前期进行大量的知识储备,还要在工作中积累新的知识,"这样景区的讲解才不会一成不变,让市民游客愿意多次参观。"景区还与上海图书馆对接,挖掘相关历史文化资料,聘请上海各院校教师对讲解员进行定期培训,提升专业素养。

目前,徐家汇源旅游发展有限公司还与各游览点隶属单位形成"景区联席会议制度",充分依靠政府管理职能和社会资源,实施都市开放式景区综合管理机制。去年,徐家汇源接待游客超过2000万人次。为了让景区讲解覆盖更多游客,徐家汇源还在区文旅局的指导下,推出线上"阅读"方式。

(资料来源:解放日报. https://www.jfdaily.com.)

同步练习

一、单选题

1. 下列讲解方法中属于问答法的讲解方法是(　　　　)。

    A. 自问自答法　　　　　　　　　B. 我问客答法

    C. 客问我答法　　　　　　　　　D. 以上都是

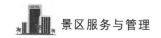

2. 下列讲解方法中属于类比法的是(　　)。

　　A. 同类类似类比　　　　　　　　B. 同类相异类比

　　C. 时代之比　　　　　　　　　　D. 以上都是

二、问答题

1. 景区导游讲解服务应包括哪些主要内容?

2. 景区导游讲解的技巧主要有哪些?

实训项目

实训：导游词案例分析

各位游客,大家好。欢迎光临广州长隆旅游度假区,我是长隆的导游员×××,现在由我带领各位参观游览。

广州长隆旅游度假区,位于广州市番禺区迎宾大道,是国家首批荣获 AAAAA 级景区称号的综合性大型旅游度假区,占地面积 6000 多亩,整个度假区包括长隆野生动物世界、长隆欢乐世界、长隆酒店、长隆国际大马戏、长隆水上乐园、广州鳄鱼公园、香江大酒店,香江酒家等 8 家子公司,是集食、住、行、游、购、娱为一体的大型旅游度假区。年接待游客连续 6 年超过千万人次,位居世界主题景区前列。广州长隆旅游度假区作为国家文化部的"文化产业示范基地"、广东省"科普教育基地"、广州市第一批重点文化产业园业,正致力于打造世界级的民族旅游品牌,加紧筹建世界一流水平的新的旅游项目,建设长隆商贸区和长隆生态居住区,全力把长隆旅游度假区打造成集旅游、商业、居住于一体的世界级生态城、世界级旅游王国。

度假区距离广州市中心 10 公里,周边有地铁三号线、新光快速、华南快线等四通八达的交通网站,快捷便利,是广大市民出行的极佳选择。

(资料来源:广东导游词[M].广州:世界图书出版广东有限公司,2015.)

分析：案例中的这篇导游词完整吗？一篇完整的导游词应该包含哪些内容？

任务二　智能语音讲解服务

任务目标

一个旅游家庭来到景区游客服务中心,要求提供智能语音讲解设备,并指导他们如何使用,让他们在景区内的游览自由顺畅。

任务实施

请每个小组将任务实施的步骤和结果填入表 3-2 任务单中。

表 3-2　任务单

小组成员：		指导教师：
任务名称：	模拟地点：	
工作岗位分工：		
工作场景： （1）景区游客服务中心； （2）旅游家庭； （3）景区接待员		
教学辅助设施	模拟景区游客接待工作环境,配合相关教具	
任务描述	通过提供智能语音讲解服务,让学生认知智能语音讲解系统	
任务资讯重点	主要考查学生对景区智能语音讲解系统认识	
任务能力分解目标	（1）了解景区智能语音讲解系统功能； （2）熟悉景区智能语音讲解设备使用； （3）能够为游客提供智能语音讲解服务	
任务实施步骤	（1）了解景区智能语音讲解系统； （2）熟悉景区智能语音讲解设备的使用； （3）模拟开展智能语音讲解服务	

任务评价考核点

（1）熟悉景区语音讲解系统。

（2）掌握景区语音讲解工作流程。

（3）能够开展景区智能语音讲解服务。

引导案例

在南山景区停车场非法揽客"黑导"被拘留 10 日

在三亚南山景区停车场内招揽游客并收取一定费用后,将游客带往景区附近的沙滩上观看南海观音。近日,三亚市公安局旅游警察支队依法查处一起"黑导"非法揽客违法行为。

三亚旅游警察南山景区巡逻组在南山景区巡逻时接到一游客举报,称其在南山景区遭遇"黑导"非法揽客,这名"黑导"向游客收取 150 元费用后,便带游客从南山景区附近鸭仔塘村小路进入到景区的沙滩上观看南海观音,且游玩、观看、体验效果差。接到举报后,旅游警察立即对投诉情况进行跟踪核实。

经查,南山景区停车场确实存在有"黑导"招揽游客到景区附近沙滩上观看南海观音的违法行为。随后,民警与巡逻队员依法将该名"黑导"当场抓获,并将该违法行为人王某涛依法传唤回旅游警察支队接受调查。

经询问,王某涛如实陈诉了其多次在南山景区停车场内招揽游客并收取一定费用后,带游客从南山景区附近鸭仔塘村小路进入景区的沙滩上观看南海观音、扰乱旅游秩序的违法事实。

目前,三亚市公安局旅游警察支队已根据《中华人民共和国治安管理处罚法》相关规定,依法对王某涛处行政拘留 10 日处罚。

（资料来源:三亚日报. http://epaper. sanyarb. com. cn. ）

思考：景区"黑导"屡禁不止的原因有哪些？智能语音讲解系统能否协助解决这个问题？

智能语音讲解系统主要包括视听解说、便携式语音解说两种类型。

一、视听解说

视听解说是通过影视片、光盘、幻灯片、广播等影像、音像资料来实现宣传景区、传递旅游信息的目的，这种方式形式多样，内容直观，用具携带方便。景区可以将自身有代表性的自然风光、人文景观、人物传记、民俗风情、风物特产等录制成 VCD、DVD、CD 等视听资料，来对景区进行宣传和解说。这些视听资料不仅具有解说、引导、宣传、教育的作用，而且方便游客购买、携带，具有收藏和纪念价值。

二、便携式语音解说

便携式语音解说主要包括录音播放、无线接收、手机接收、MP3 播放、数码播放等方式，是景区服务科技化的主要表现，也是目前景区解说服务的重要和常见形式。

1. 录音解说方式

录音解说方式是将景区的解说内容通过数码录音的方式存放到一个存储量比较大的解说器上，解说器上面有显示屏、数字键以及播放、停止键，就像 MP4 一样。要实现这一服务方式，首先要将与景区相关的解说词以不同的语种储存到解说器中，并且将其以景点为依据分割成不同的文件，即将每个景观的解说词分别归入景点内，景点名显示在显示屏上。

游客拿到解说器后，选择所需要的语种，进入景点解说选择界面，想听哪个景点的解说就按下相应的按键，解说器就会播放景点的基本介绍。这种解说最大的优点是游客可以随意收听自己所需要的内容，解说不受游览线路、游览进度的限制。此外，这种解说器体积小、便于携带，使用方便，收听质量可以得到保证，成本也比较低，若景区要增加或修改某些解说内容，处理起来也非常方便。这种解说方式对于景点多、解说内容多的景区非常适用。

2. 感应式电子导游解说方式

感应式电子导游解说方式具有多语种可供选择。它由两部分组成，一部分是具有解说内容的芯片，另一部分是游客手中的解说器。景区经营者先将解说内容通过语音压缩技术录制在芯片中，然后将它置于需要解说的景点上面。当游客携带解说器到达某一景点时，解说器与之产生感应，就会启动信号，自动地进行解说。这种解说方式同样不受时间、地点和游览线路的限制。

这种解说方式应用起来相当简便，游客除了选择自己所需要的语言、开关机以及调节音量外，基本上不需要其他操作，但是由于技术上的要求，它的成本相对较高。这种电子解说器在我国一些景区已经投入使用，具备智能引导、自动讲解、语言同步乃至电子地图等多种功能。

3. 无线接收解说方式

无线接收解说的设备由多台无线调频发射机和游客接收机构成。这种

知识拓展

电子导游的
优点

解说方式需在景区的各个景点分别放置调频发射机,并把景点的解说内容用多种语言储存在发射机内,当发射机开始工作时,导游解说信号被发射出去,游客便可在景点周围收听到适合自己的解说词,游客手中的接收机和收音机的功能相似。这种无线接收方式的导游解说系统,服务范围比较广,不论有多大的游客量,只要游客手中有接收机,就可以享受导游解说服务。

三、二维码导览系统

游客使用智能手机,打开二维码扫描软件(如手机 QQ 和微信等),指向讲解牌、展品的二维码标签,便可获得关于景点、展品等的详细内容,以图片、文字、多语种语音或视频播放等方式了解景点或展品。这种导览系统讲解形式丰富多样,视音效果好;可用多语种,应对国际化需要,语种切换方便快捷;信息一次录入可长期使用,可实时更新;能节约景区讲解的人力资源;参观者使用自带的手机,简单扫描一下即可,使用方便。

📖 **案例 3-3**

高德"景区随身听"语音导览 名家带你逛景点

在高德地图第三届"十一全民出行节"发布会上,高德地图发布了"景区随身听"语音导览服务,首批覆盖超过 500 家全国热门景区,并宣布著名收藏家、古董鉴赏家、文化学者马未都成为高德地图首席导览官。

此次,马未都将成为高德"景区随身听"名家大咖的一员,从新的角度为用户讲解故宫等热门景点,并与其他众多历史文化大家、专业主播、顶级声优、金牌导游一起,为出游用户带来个性化的景区语音导览服务。

阿里巴巴合伙人、高德集团总裁刘振飞表示,高德"景区随身听"要通过真实的声音、丰富的内容、专业的名家和更智能的体验,重新定义语音导览,让每个人都能来一场深度文化游。

据悉,高德"景区随身听"的语音导览将告别八股文式景点介绍,提供个性化语音讲解。首批上线的语音讲解,既有马未都等文化名人,也有深谙当地文化和景区故事的金牌导游、电台主播、知名声优,以及麦扑等专业语音机构生产的优质语音内容。个性化的语音讲解,将帮助游客了解景点不为人知的一面。

用户可根据自己的偏好购买导览语音包。在景区内,语音随身听将会根据用户选择的导览语音包,自动匹配播放对应的景点介绍,提供"边走边听"的一站式导览体验。用户在景区外时,也可在高德地图搜索景区名,查看景区详情页。

值得一提的是,高德"景区随身听"是一个开放的语音平台,无论是专业达人、民间高手还是专业机构都可以接入,进行导览语音包的录制和上传,并经过高德审核后上线。

(资料来源:中关村在线.www.zol.com.cn.)

✏️ **总结案例**

旅游业装上"智慧芯"

"新基建"为旅游业向数字化、网络化、智能化发展提供了新机遇,5G、人工智能等技术创新正在为旅游业装上高质量发展的"智慧芯"。

武汉国旅三名金牌导游钱文康、张凡、张玲,以四小时接力直播的形式,带领观众游览东湖风景区、黄鹤楼、户部巷等地,共揽楚地春日风光。直播活动吸引了线上观众约 153 万人次。

近期,各地博物馆推出 2000 余项网上展览。众多景区开辟了线上游览功能。清明节期间,故宫举办了三场直播,由故宫专业研究馆员担任讲解员,带领观众云游故宫,直播关注量达到 2.4 亿次。

4 月 15 日至 30 日,去哪儿网在百里杜鹃、婺源江岭、西溪湿地等 11 个景区,打造了无人机航拍创意视频,游客可跟随无人机穿越花海,享受"隔屏犹闻香"的视觉体验。

云旅游直播不仅是对目的地的"抵达",更是对目的地的深度探索,为观众传达旅行故事和独特体验。马蜂窝已进行了千余场直播,内容涵盖户外、博物馆、经典景区、当地生活深度体验等。2 月以来,飞猪已推出 1.5 万余场直播,观看人次超 4000 万,直播内容覆盖全球30 多个国家和地区。飞猪副总裁黄宇舟说:"面向未来的旅行,一定是商家把体验展现给消费者。我们要把最打动人的内容带给消费者。"

云旅游从图文信息、VR 赏景、实景直播到主播讲解、视频直播、互动讲座和售卖特产等,在短短的两个多月,异军突起,发展迅猛,逆势上扬。云旅游正逐渐成为人们青睐的休闲方式,也成为旅游转型升级的突破口。

(资料来源:人民日报网.www.people.com.cn.)

同步练习

一、单选题

1. 下列解说方式( )是便携式语音解说。

A. 录音解说方式　　　　　　　　B. 感应式电子导游解说方式

C. 无线接收解说方式　　　　　　D. 以上都是

2. 下列选项中( )是视听解说形式。

A. VCD　　　　B. DVD　　　　C. CD　　　　D. 以上都是

二、问答题

1. 景区智能语音讲解形式主要有哪些?

2. 试分析景区智能语音讲解系统的优点和缺点。

实训项目

实训:案例分析

新冠肺炎疫情的冲击,大量景区面临短期的经营困境,为保持关注度、拓展收入来源,国内不少景区纷纷上线"云旅游"项目,来应对特殊时期的经营难题。

据不完全统计,国内已有 1000 多家景区开通了线上游览服务。景区、展馆与在线旅游平台、科技企业合作,采用 VR 推出全景虚拟旅游项目,部分景区还配有语音讲解服务。除了介绍景点,一些景区还玩起了体验式"云旅游",网络主播带着网友"云看戏""云坐船",甚至在直播中带货,推广当地特产。

实际上,此前我国接连掀起多轮重点景区降价潮,已经将过度依赖门票收入的传统景区推到转型发展的岔路口。景区经营者另辟蹊径,寻找新的卖点,"云旅游"项目是一种新的尝试。疫情令旅游业遭受冲击,加速"云旅游"等新业态发展,并与网络直播、动漫、文创等深度融合,给人们带来酷炫新体验,释放数字文旅消费新需求。

(资料来源:安徽日报.http://www.anhuinews.com/.)

试分析新冠肺炎疫情出现后,智能语音讲解系统的使用会为景区带来哪些机遇和挑战。

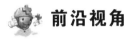 **前沿视角**

博物馆关上了门又打开了窗

因为新冠肺炎疫情闭馆 70 多天之后,故宫博物院的大门再次对游客"敞开"了,只是隔着屏幕。4 月 5 日至 4 月 6 日,一场名为"安静的故宫,春日的美好"的网络直播活动,被称为故宫"600 年来的直播首秀"。6 位主播都是故宫工作人员,新手上路,有一本正经的,有紧张到笑不出来的。主播问网友是否听到了鸟鸣,留言里飞速刷过回应,好像"听到了乌鸦叫"。主播立刻解释,这"不是幻听",故宫里乌鸦的确多,随即向大家科普,满族人相信,乌鸦能保佑日夜平安。2020 年,这座古老宫殿群 600 岁。一位网友看完直播后留言:"故宫中华文化气息,驱散了我几个月疫情的阴霾。"

疫情期间,国内文博单位大都采取了闭馆措施。疫情凸显了线上平台的重要性。国家文物局发布了 6 期展览内容,包含了超过 300 个网上展览。从 2 月 11 日开始,140 余家国内及海外文博机构开启线上抗疫,历时 35 天,利用数字资源推出"云展览"。来自浙江、湖北、河南、山西、四川等地的博物馆,连续 355 次接力,制作出跪射俑、金漆彩绘蝠寿纹镂空八方盒、太阳神鸟金饰、朱红菱纹罗丝绵袍等 400 余幅精美主题海报。

(资料来源:https://www.sohu.com/a/390036345_267106.)

 项目小结

解说服务是游客获取和体验景区各种资源信息的一种重要途径,是景区对外服务的"窗口",是提高景区服务水平和管理水平、满足游客旅游体验要求、增强游客满意度的重要手段。本项目重点介绍了导游人员讲解服务和智能语音讲解服务。

导游人员讲解服务主要介绍了景区导游讲解的流程、导游讲解技巧以及导游词写作的基本要求。

智能语音讲解服务的内容包括视听解说、便携式语音解说和手机二维码导览系统。重点介绍了现代社会中几种常用的便携式语音解说方式,主要有录音解说方式、感应式电子导游解说方式、无线接收解说方式等。

 综合训练

1．实训项目

考察当地景区,了解其导游讲解以及景区智能语音讲解的服务方式。

2．实训目标

培养学生资料搜集以及运用所学知识分析实际问题的能力,通过项目让学生更好地熟悉旅游景区讲解服务的方式。

3．实训指导

（1）指导学生掌握旅游景区讲解服务的相关知识。

（2）给学生提供必要参考资料。

4．实训组织

（1）把班级学生分成小组，每组6人，确定组长，实行组长负责制。

（2）每个小组考察本地区一个景区讲解服务的形式与过程，并将考察到的内容做成报告书和PPT进行汇报。

5．实训考核

（1）根据每组考察的旅游景区讲解服务PPT汇报，由主讲教师进行评分和点评，分数占50％。

（2）根据每组的旅游景区讲解服务报告书，由主讲教师进行评分和点评，分数占30％。

（3）每个小组互评，各给出一个成绩，取其平均分，分数占20％。

项目四

景区配套综合服务

📍 学习目标

知识目标

1. 熟悉景区交通服务的方式和要求。
2. 熟悉景区娱乐服务的内容和要求。
3. 了解景区餐饮服务的内容和要求。
4. 了解景区购物服务的内容和要求。
5. 了解景区住宿服务的内容和要求。

能力目标

1. 能够制定景区交通服务规范,为游客提供有序的交通服务。
2. 能够制定景区娱乐服务规范,为游客提供满意的娱乐服务。
3. 能够制定景区餐饮服务规范,为游客提供安全的餐饮服务。
4. 能够制定景区购物服务规范,为游客提供开心的购物服务。
5. 能够制定景区住宿服务规范,为游客提供特色的住宿服务。

素质目标

1. 具有服务意识和责任心。
2. 具有分析及解决问题的能力、灵活应变能力。
3. 具有团队合作精神和创新意识。
4. 具有良好的服务意识和奉献精神。
5. 爱岗敬业、勇于担当的责任感。
6. 诚实守信、开拓进取的品质。

学习指南

学习方法

1. 讲授学习法。通过聆听教师讲授,理解和掌握景区综合服务知识。

2. 讨论学习法。通过小组讨论,深化对所学知识的理解和运用。

3. 案例学习法。通过案例分析,总结经验,强化知识运用。

4. 项目学习法。通过完成具体项目,解决实际问题,提升专业技能。

学习资源

1. 参考书目

郭亚军. 旅游景区管理[M]. 3 版. 北京:高等教育出版社,2019.

2. 网络资源

(1) 中华人民共和国文化和旅游部:https://www.mct.gov.cn

(2) 中国旅游网:http://www.cntour.cn

(3) 中国旅游集团:http://www.ctg.cn

学习建议

线上线下相结合进行学习。

1. 课前:通过课程信息化资源、网络慕课资源提前预习相关知识。

2. 课中:主动配合授课教师,积极参与线上、线下互动,领会并掌握各任务所需知识和技能。

3. 课后:完成课后同步练习、实训项目,巩固所学知识和技能。

任务一 景区交通服务

任务目标

作为景区工作人员,必须要保证游客能够安全、有序地进得来、散得开、出得去。这就要求制定详细的交通服务规范以及景区交通运营管理方案。

任务实施

请每个小组将任务实施的步骤和结果填入表 4-1 任务单中。

表 4-1 任务单

小组成员:		指导教师:
任务名称:	模拟地点:	
工作岗位分工:		
工作场景: (1) 景区游客转运点; (2) 游客; (3) 景区调度员		

续表

教学辅助设施	模拟旅游接待工作环境,配合相关教具
任务描述	确定景区内的交通服务方式,制定景区交通服务规范,组织调度景区交通服务,同时熟悉景区交通安全要点
任务资讯重点	主要考查学生对景区交通服务和交通安全管理的认识
任务能力分解目标	(1) 了解景区交通服务方式; (2) 熟悉景区交通服务管理规范; (3) 掌握景区交通调度技能
任务实施步骤	(1) 熟悉景区交通的方式与特点; (2) 熟悉景区交通服务管理规范及安全要点; (3) 模拟开展景区游客疏导

任务评价考核点

(1) 熟悉景区交通的方式与特点。

(2) 熟悉景区交通服务管理规范。

(3) 能够开展景区的交通疏导。

引导案例

游客景区内乘坐观光车发生交通事故

2019 年 2 月 20 日,游客赵某与四川 S 旅行社签订团队境内旅游合同,参加 2019 年 3 月 12 日出发、2019 年 3 月 19 日返程的"昆明、普洱、西双版纳双卧 8 日游"。2019 年 3 月 14 日,行程中的第三天,赵某在游览国家 AAA 级景区墨江北回归线公园乘坐景区观光车时,由于景区驾驶员操作不当,不慎撞向山体,导致游客赵某受伤。

(资料来源:四川康辉国际旅行社. http://www.shutours.com/news/289/.)

思考:景区交通服务如何做到安全、规范、有序?

一、景区交通服务方式

景区的交通服务方式主要有陆路交通服务、空中交通服务和水上交通服务,交通服务方式与相应的交通设施设备见表 4-2。

表 4-2 旅游景区交通服务方式与交通设施设备

交通服务方式	交通设施设备
陆路交通服务	停车场、交通标志、步行道、景区客车(图 4-1)、电瓶车、小火车(图 4-2)、"老爷车"、自行车、马车、人工抬轿等
空中交通服务	高架观光游览干线、高空索道(图 4-3)、热气球、直升机等
水上交通服务	游船(图 4-4)、游艇、橡皮筏、羊皮筏等

图 4-1　景区客车

图 4-2　小火车

图 4-3　高空索道

图 4-4　游船

　　有些景区的内部交通工具可以免费搭乘,有些则需额外收费,如按时间收费、按线路长短收费。景区应对内部交通合理定价、有效进行监管,真正以服务游客为目的,提供适应游客需要的交通服务。景区内部交通服务是景区服务的重要组成部分,交通服务的好坏,直接影响游客的满意度。因此,景区内交通服务是景区服务管理中不可忽视的环节。

 案例 4-1

响沙湾景区内交通

　　AAAAA 级景区响沙湾提供以下景区内交通服务:

一粒沙度假村 ←→ 响沙湾港(1、2 号索道);

游客中心 ←→ 福沙度假岛(3 号索道);

响沙湾港 ←→ 仙沙休闲岛(沙漠冲浪车);

响沙湾港 ←→ 悦沙休闲岛(沙漠观光火车或沙漠冲浪车);

响沙湾港 ←→ 福沙度假岛(沙漠冲浪车);

仙沙休闲岛 ←→ 悦沙休闲岛(骆驼);

福沙度假岛 ←→ 悦沙休闲岛(沙漠冲浪车);

福沙度假岛 ←→ 仙沙休闲岛(沙漠冲浪车);

福沙度假岛(3 号索道终点站) ←→ 福沙度假岛客房区域(沙漠观光车)。

(资料来源:http://www.xiangsw.com/xsw/about/about-150.html.)

二、旅游景区交通的特点

1. 基础性

景区内交通设施是景区设施设备的重要组成部分,是景区正常运营的保证,也直接影响游客对景区服务的印象和评价。景区必须重视景区内部交通设施的设计、建设和维护、更新,满足游客的需要。

2. 娱乐性

乘坐景区内交通工具欣赏沿路美景是许多游客首选的观光方式,景区内交通服务往往也是景区内娱乐产品的重要组成部分,是吸引游客的因素之一。质量高、趣味浓和形式新颖的景区内部交通项目,可以有效提升景区产品的品位和娱乐性,给游客带来更多乐趣。

3. 营利性

大部分景区的内部交通服务项目另设收费,短短的交通距离费用却不低,具有独特性、娱乐性、参与性的内部交通服务会使游客争相消费,是景区诸多盈利项目中不可轻视的部分。

4. 服务性

景区内交通项目和设施的基础性、娱乐性、参与性和营利性,要求景区内交通项目必须提供优质的服务。

三、景区交通服务基本要求

1. 景区停车场及相关服务设施的建设要求

景区停车场是游客上下车、车辆周转、临时停放车辆的地方。景区的配套设施,尤其是停车场的环境、车位数量在很大程度上影响着景区的整体景观和游客的心理感受。

景区停车场的规划建设应符合以下要求和原则。

(1) 强调自然与协调

景区停车场规划建设的基本要求是自然,包括场地本身的自然及场地与周围景观衔接的协调自然。景区停车场是景区景观审美中重要的构成要素,切忌建成城市停车场方方正正、中规中矩的形式,否则将失去景区停车场的特点,破坏景区的自然品质。景区停车场最好是借用自然的地形,依势建造,如果沙砾地面与周围环境本身相协调,就尽量不要硬化地面。此外,停车场内大客车与小汽车要分区停放,用绿化及道路划分出各自的停放空间,小汽车停车场常常结合场地地形及建筑物分布情况灵活分散成几个片区。

(2) 尽量留地于人

如果条件允许,应尽量将停车场建在地下。景区内土地资源非常宝贵,应尽力节省地面空间,用于建游园、搞绿化,或扩大水面。建在地下的停车场要综合研究,科学设计,其内部设施要现代化。

(3) 配备服务设施

在停车场的合适位置应当分散布置一些休闲设施等,以方便游客使用。大型旅游景区还可在停车场旁设立一个汽车维修、保养点,是为到景区的旅游汽车提供汽车维修及保养服务,并在维修点设立汽车清洗项目,为自驾到旅游景区旅游的游客提供免费清洗汽车服务。

(4)设置临时停车场

有些景区的旅游季节性非常明显,旺季停车位严重不足,淡季又全部闲置,建立固定停车场往往造成浪费。为避免破坏环境,这些不适合再修建新停车场的景区可考虑建造临时停车场。目前有一种新产品叫草坪格,它是一种环保型产品,既可解决停车问题,又能美化环境。与混凝土网砖相比,它的绿化率大大提高,其绿化率高达 90%,承重负载可达 20 吨/平方米。同时,它还具有安装快速、简便、便于移动、耐高压、抗紫外线、对环境无污染等优点,可广泛应用于临时停车场、步道的建造。旅游季节性强的景区可使用草坪格来修建临时停车场,缓解景区旺季停车压力,既环保又实用。

案例 4-2

华山风景区和西市场商圈 1262 个停车位五一正式启用

4 月 30 日上午,由济南静态交通集团管理运营的华山景区停车场项目和经二纬八停车场正式改造完成,5 月 1 日正式向社会公众开放。

据了解,华山景区停车场项目共有 5 个停车场,共计 1137 个停车泊位。为切实做好重要景区内停车管理工作,满足五一期间华山景区的停车需求,同时提升景区综合环境,给广大游客提供一个和谐、安全、有序、畅通的停车秩序和游玩环境,济南静态交通集团在取得该停车场的运营管理权后,精心安排部署停车场的改造建设工作,并组织培训停车诱导队伍进行车辆的及时疏导和引导工作,仅用 8 天时间就将停车场全部改造完成并投入使用,全力做好“五一”假期华山景区的停车管理及交通安保工作。集团还为前来景区游玩的游客梳理了行驶路线,极大方便了游客停车,节省了停车时间,提高了通行效率。

济南静态交通经二纬八停车场项目,包括地上地下两部分,共计 125 个停车泊位。该停车场作为济南静态交通集团解决济南市重要商圈停车难的突破口,通过实地勘查,对该项目的地上地下资源进行整合,提升了现有泊位的使用率和地上地下空间的使用率,对解决周边人流集中区域无处停车、无序停车、占道停车起到了促进作用,方便了周围群众。

济南静态交通集团党委书记、董事长、总经理李培刚表示,为积极推进济南静态交通集团“1+356”工作体系,力争全方位、多角度解决重要商超、景区等地的停车难问题,通过努力争取,济南静态交通集团在取得华山景区停车场项目和经二纬八停车场项目的运营管理权后,立即启动建设改造工作,项目组全体人员分解任务、划零为整、划难为易,在保证工程安全、质量条件下,抢工期、抓进度,并充分发挥党员先锋模范作用,发扬“白加黑”的苦干实干精神,加班加点,战胜多种困难,保证这两个区停车场“五一”假期正式对公众开放。五一期间济南静态交通集团将派出 100 位道路交通引导员配合济南市交警支队和历城区交通大队进行停车疏导,确保该区域的停车安全。

(资料来源:https://news.e23.cn/jnyc/2020-04-30/2020043000467.html.)

2. 景区内部交通道路及服务设施建设要求

景区的道路一般分为景区主干道和步行游览道,以下分别阐述这两方面的建设要求和服务设施配置。

（1）景区主干道的建设要求及服务设施配置

① 景区主干道的建设要求。景区主干道主要用于景点间的游客运输和物资运输，这种道路必须建设平整，宽度、坡度等符合行车安全要求。

② 景区主干道的服务设施配置。景区主干道的服务设施主要包括各景点设立的供游客上、下车的站牌及车站，根据道路情况设立的交通标志等，应配置完备。

（2）景区内步行游览道的建设要求及服务设施配置

① 景区内步行游览道的建设要求。景区内游览道路一般以步行为主，这种游览道路的建设有以下要求。

一是渐入佳境。游览线路规划建设要做到有引景、有展开、有高潮、有回味。引景要新奇，引人入胜；展开即在景观特征、景观类型、游览方式和活动类型上不断变换，跌宕起伏，使游客流连忘返；高潮是使游客在游览中感受景区最集中、最突出、最具特色的景观，让游客充分体验，并达到游览高潮；在游览结束时，游客回味无穷。

二是多角度体验。游览线路的规划中，对反映景区主题的景物应多设计一些观景点，多角度观赏，以强化游客的感受。游览线路应选择最佳的观赏点，从而有最佳的视角和距离。

三是曲径通幽。游览线路宜曲不宜直，宜险不宜坦。根据景观的自然特点，保持自然风貌，使游人在时高时低、时平时险、弯弯曲曲的游览线路上穿行游览，不断变换空间和视线，体会曲径通幽的乐趣。

四是动静结合。根据游览线路的长度和地势的高度，适时设立休息点，使游客灵活行止，动静自如。休息点可设立观景亭、观景台及木椅、石凳等设施。

五是形成环线。景观的游览线路尽量建成环形，不让游客走重复路、回头路，使游客始终有新鲜感、新奇感。每个景点的游览线路需设有进口和出口，以便于游客疏散。

② 景区内步行游览道的服务设施配置。景区内游览道路两旁每隔一段距离需设置与景观相协调的垃圾箱，并有明显的标志；在游览线路旁还应建设数量适当且造型、色彩、格调与环境相协调的公共厕所，并设立醒目的引导标志；根据游览线路情况设置标识牌等引导游览标志，引导游览标志上的文字须有中英文对照，图形、符号符合通用的国际规范，引导游览标志最好与景观环境相协调，建议使用当地的生态材料制作，如图4-5所示。

图4-5　景区步行游览道

四、景区交通服务的调度管理

景区内部的交通调度管理要确保进出车辆行驶规范、安全有序,工作的重点是景区路段、运营车辆、运营人员以及交通标志等是否符合要求,具体的管理内容包括以下三个方面。

1. 停车场管理

停车场是景区必须拥有的基础设施。停车场可以根据景区的交通状况来选址设立,在景区里可以建设不同类别的停车场,用来停靠不同的游览车辆,如大型旅游车停车场以及小型私家车停车场等,以方便停车场的管理。

停车场的服务应当符合景区的统一要求,如停车场的协管人员应着统一服装、礼貌待客、服务周到,并具有一定的交通指挥知识和技能,有安全意识,维护好停车场的游客、车辆以及自身的安全。此外,停车场的收费也应当规范、合理,不能乱收费,以免影响游客前来景区游览的兴致,可以实行"游览景区,免费停车"的政策,以吸引更多游客前来景区消费。

2. 交通管制

在必要时,景区可对特定车辆实行交通管制,如只能在规定的时间和路段内进入,或者在旅游旺季、节假日出行高峰期的时候,在特定路段实行交通管理,有计划进行分流,以免造成交通堵塞,引起交通事故等。景区在进行交通管理时,也可请当地交警部门进行协助,以起到更好的管理作用。景区内单位和个人车辆的通行和停放,必须遵守景区交通管理部门和景区管理委员会的规定。

 案例 4-3

关于对峨洪路景区段实施限时交通管制的通告

因峨眉山景区道路通行容量有限,为缓解旅游旺季景区交通通行压力,确保景区汛期旅游安全和交通通行安全,依据《中华人民共和国公路法》《中华人民共和国道路交通安全法》和《四川省风景名胜区条例》等法律法规的相关规定,决定对峨洪路景区段(黄湾门禁至小桥头桥)实施限时交通管制,现将交通管制有关事项通告如下。

一、交通管制路段

X151 线:K3 至 K33+666 段(峨洪路黄湾门禁至小桥头桥)。

二、交通管制时间

从 2018 年 7 月 14 日起,每周五至周日期间实施限时交通管制。

1. 5:00—9:00 为景区村民生活用车通行时段。

2. 5:00—18:00 根据景区道路车流量及景区内停车场容量,对自驾车辆适时进行管制。

3. 18:00—22:00 为机动车辆正常通行时段。

4. 22:00—次日 5:00 为道路维修时间段,所有机动车辆禁止通行。

5. 解除交通管制日期另行通告。

三、交通管制要求

1. 除抢险车、应急救援车、应急工程车和景区工作车外,所有机动车辆在管制时间段内禁止通行,货运车辆在管制期间全天禁止通行。

2. 极端天气情况下，禁止所有机动车辆通行。

3. 所有机动车辆必须严格遵守交通管制通告要求，自觉服从交通管制人员指挥。

4. 对违反规定者，将依照相关法律、法规进行处理。

5. 请各位游客和村民合理安排交通出行时间。

四、其他事项

管制期间，景区将在高铁站、黄川路段安排免费摆渡车辆至黄湾客运车站，游客（含景区内农家乐度假人员）在黄湾客运车站购票乘坐观光车（发车时间 6:00—16:00）、班线车（发班时间 9:00—16:00）进入景区。

特此通告。

峨眉山风景名胜区管理委员会交通运输局

乐山市公安局交通警察支队峨眉山景区大队

2018 年 7 月 12 日

（资料来源：http://www.ems517.com/article/12/10350.html.）

3. 交通事故的防范

景区应着力防范游客乘坐景区内交通工具进行游览时的交通事故，景区管理人员要注意危险路段、交通要道及景区游客密集的公共场所的交通秩序。针对景区有些道路坡度比较大、拐弯处比较急、道路狭窄、路况复杂等情况，必须聘用有丰富驾驶经验、娴熟驾驶技术的驾驶人员驾驶旅游车。此外，景区须采取有效措施，避免交通事故的发生，如制定严格的工作制度、设立警示牌、对员工进行安全培训和教育、对游客进行安全宣传、旅游旺季加强监管和交通疏导等，如图 4-6 和图 4-7 所示。

图 4-6　景区警示牌

图 4-7　景区安全宣传

总结案例

"景区＋交通"如何发展？这家企业给出了完美的答案！

7 月 5 日，宇通客车第四届山岳类景区运营经验交流会在贵州黄果树景区召开。本次会议以"交旅融合　促景区新发展"为主题，来自全国范围内 AAAA 级及以上山岳类景区车运营单位代表参加了会议，积极探讨了交旅融合背景下，景区车辆运营公司发展的新需求与新机遇,并分享了景区内车辆运营管理经验,为行业发展注入了正能量。

在全域旅游发展思路的带动下,我国旅游正逐步从"景点旅游"向"全域旅游"转变,以旅游业为带动,促进了各行业的系统化发展,将形成一个能够全面动员资源、全面创新产品、全面满足需求的旅游形式。

在本届景区运营经验交流会上,景区车运营单位代表也积极分享了成熟的运营管理经验。其中,"东道主"黄果树景区的智慧运营模式赢得了赞许,为全域旅游的发展和完善提供了参考"样本",其将"互联网+旅游"贯彻到景区运营的理念中,坚持智慧运营之道,取得了显著成效。

黄果树生态观光车有限公司总经理宗永东介绍:"为了方便旅客,黄果树景区配有84辆观光车,全部车辆均选自国内领军品牌宇通客车,这批车不单承载运输工作,还是根据客流信息实现科学管理、调节客流的重要载体。这批车不仅动力足、安全性好,其中25辆车辆为一级踏步、双开车门,确保了客流量大时也可以实现迅速上下车。"

"从2012年开始,我们投入使用了智慧运营管理系统,在购票、检票、景区内各景点的监控、高速入口监控等方面,通过互联网实现大数据统计和分析,来指导我们对景区实现更科学的运营管理。通过智慧运营管理系统,监控室可以实时查看车辆位置、观光车情况等信息,可以及时解决突发问题。"宗永东说。黄果树景区观光车班线并不按照固定路线,而是通过各个景点的客流量来实时调节观光车线路和停靠站点。通过这一模式,既可以避免景区拥堵,也可以提升游客的体验度。

(资料来源:https://baijiahao.baidu.com/s?id=1605504594083815834&wfr=spider&for=pc.)

同步练习

一、单选题

1. 羊皮筏属于(　　)。
    A. 陆路交通服务　　　　　　　　　　B. 空中交通服务
    C. 水路交通服务　　　　　　　　　　D. 都不是
2. 不属于景区交通特点的是(　　)。
    A. 基础性　　　　　　　　　　　　　B. 娱乐参与性
    C. 服务性　　　　　　　　　　　　　D. 非营利性

二、简答题

1. 简述景区停车场及相关服务设施的建设要求。
2. 简述景区内部交通道路及服务设施建设要求。
3. 简述景区交通服务管理的内容。

实训项目

选取本地两家旅游景区,分别对其提供的交通服务进行调查分析,包括交通服务方式、停车场管理、景区内交通道路及服务设施建设等,总结这两家景区交通服务的优劣。4~6位同学为一组,分组提交成果。

任务二 景区娱乐服务

任务目标

新景区即将对外迎客,作为景区娱乐项目主管,应了解景区的娱乐设施,制定详细的景区娱乐服务规范及流程,并对娱乐接待员进行培训。

任务实施

请每个小组将任务实施的步骤和结果填入表 4-3 任务单中。

表 4-3 任务单

小组成员:		指导教师:
任务名称:	模拟地点:	
工作岗位分工:		
工作场景: (1) 新景区对外营业; (2) 景区娱乐项目主管制定景区娱乐服务规范及流程; (3) 培训员工		
教学辅助设施	模拟旅游景区真实工作环境,配合相关教具	
任务描述	通过了解景区的娱乐设施类型,制定详细的景区娱乐服务流程,让学生认知景区娱乐服务	
任务资讯重点	主要考查学生对景区娱乐服务的认识	
任务能力分解目标	(1) 了解景区娱乐设施类型; (2) 熟悉景区娱乐服务流程; (3) 掌握景区娱乐服务的运营管理	
任务实施步骤	(1) 了解景区娱乐设施的类型; (2) 熟悉景区娱乐服务流程; (3) 模拟进行景区娱乐项目服务	

任务评价考核点

(1) 了解景区娱乐设施的类型。
(2) 熟悉景区娱乐服务流程。
(3) 掌握景区娱乐服务的运营管理。

引导案例

惨烈!印度摩天轮翻覆:多人从高处跌落,一人死亡

中国日报网 5 月 29 日电,据新加坡《联合早报》报道,印度阿纳恩塔普尔市游乐场摩天轮翻覆,造成 1 死 6 伤。

据印度媒体报道，当地时间 27 日晚，印度阿纳恩塔普尔市一家游乐园摩天轮车厢在高空中翻覆，多人从高处跌落。初步消息显示，事故因车厢固定不牢引发。事故造成 1 名 10 岁女孩死亡，另有 6 人受重伤，包括 3 名儿童。

（资料来源：中华网. https://news.china.com/socialgd/10000169/20180529/32460941_all.html.）

思考：该如何严格景区娱乐服务规范，预防事故发生？

一、景区娱乐项目的分类

景区娱乐是景区工作人员借助景区活动设施向游客提供表演欣赏项目和参与性活动，使游客得到视听享受，感受身心愉悦。景区娱乐按活动场所，可分为舞台类、广场类、村寨类、街头类、流动类及特有类；按活动规模及频率分，可分为小型常规娱乐和大型主题娱乐。

1. 小型常规娱乐项目

小型常规娱乐是指景区长期提供的、分散的、小规模的娱乐设施及活动，如图 4-8 和图 4-9 所示。这类娱乐项目占用员工少、规模小，游客每次体验到的娱乐时间也不长。其形式大体分为三大类及若干小类，详见表 4-4。

图 4-8　襄阳唐城景区内杂技表演　　图 4-9　广州岭南印象园水乡捕鱼节

表 4-4　旅游景区小型常规娱乐项目分类

大类	小类	娱乐项目	
表演演示型	地方艺术类	吉卜赛歌舞、法国驯蟒舞女、日本茶道、风筝	
	古代艺术类	唐乐舞、祭天乐阵、楚国编钟乐器演奏	
	民族风情类	绣楼招亲、对歌求偶、土家族摆手舞	
	动物活动类	赛马、斗牛、动物算题	
游戏游艺型	游戏类	节日街头（广场）舞蹈、秧歌、竹竿舞	
	游艺类	单足赛跑、猜谜语	
参与健身型	人与机器	人机一体	操纵式：滑翔、赛车、热气球
			受控式：过山车、疯狂老鼠、摩天轮
		人机分离	亲和式：翻斗乐
			对抗式：八卦冲霄楼

续表

大类	小类		娱乐项目
参与健身型	人与自然	健身型	钓虾、钓鱼、骑马
		体验型	观光茶园、农家乐、狩猎
		亲和型	滑草、温泉疗养、潜水
		征服型	攀岩、原木劳动、迷宫
	人与人	健身型	高尔夫球、网球、保龄球
		娱乐型	烧烤、手工艺品制作、陶吧

 案例 4-4

新疆天山天池举办多项活动吸引游客

清明小长假，新疆天山天池景区联合乌鲁木齐市风筝协会举办了"纵情山水·逐梦飞扬"天山天池风筝季活动，并邀请专业风筝放手持续三天在天池湖畔进行专业风筝放飞展示。同时，昌吉回族自治州摄影家协会还在天池景区进行了"冰雪融化·遇见天池"主题摄影创作活动。

天山天池景区管委会宣传教育处处长刘文艺说，景区举办系列活动，旨在多角度、立体化宣传天山天池景区。据统计，清明节假期，天池景区共接待游客 4446 人次。

（资料来源：http://www.ctnews.com.cn/jqdj/content/2020-04-08/content_72313.html.）

2. 大型主题娱乐项目

大型主题娱乐是旅游景区经过精心筹划，组织大量员工参与，动用多种设备推出的大型娱乐活动。景区一般会在推出前进行高频率的市场宣传，营造特定氛围，吸引游客前来。按活动方式不同，大型主题娱乐可分为以下三种类型。

（1）舞台豪华型

舞台豪华型娱乐以深圳"世界之窗"每晚在景区"世界广场"推出的大型晚会为代表，该晚会采用先进的舞台技术，并释放焰火、礼炮等配合演出。在表演中，演员服饰追求华丽、夸张、怪诞，节目强调时代感与快节奏，集杂技、小品、歌舞、哑剧、服饰表演、游戏娱乐于一体，极具娱乐性，以新、奇、乐取悦观众。如图 4-10 和图 4-11 所示，大型桂林山水实景演出《印象·刘三姐》、嵩山《禅宗少林·音乐大典》等均属此类，都取得了不错的反响。

图 4-10　印象·刘三姐

图 4-11　禅宗少林·音乐大典

（2）花会队列型

花会队列型娱乐以深圳中国民俗文化村的"民族大游行"为代表,是一种队列行进式娱乐表演,集舞蹈、服饰、人物表演、彩车于一体,一般在广场或景区主干道上进行,或以民族民俗为主题,或以神话传说为主题,或以童话故事为主题,场面热烈、服饰夸张、娱乐性强。

（3）分散荟萃型

分散荟萃型娱乐以一定的节庆、活动为契机,围绕一个主题,在旅游景区内多个地点同时推出的众多小规模表演型或参与型娱乐活动。

目前大型主题娱乐常将舞台豪华型、花会队列型和分散荟萃型配合推出,大量运用声光电等现代高科技手段,使活动更丰富、更热烈、更精彩,也更具娱乐性和观赏性。

二、景区娱乐项目的管理

1. 应推陈出新,具有时代性

娱乐项目已成为旅游景区的标配,游客可以欣赏到各式各样的精彩演出。随着生活质量的提高,游客对娱乐项目的要求也越来越高,对旅游娱乐的期望值不断攀升。因此,景区内的娱乐项目需要与时俱进,不断创新,满足游客的新需求。

📖 **案例 4-5**

景区里的"演出"是不是都看烦了？旅游演艺该多些新口味！

在文化和旅游融合发展的背景下,旅游演艺几乎成为旅游景区和旅游目的地的标配。

在中国社会科学院旅游研究中心主任宋瑞看来,形式多样、不断创新的旅游演艺为丰富游客生活、传播地方文化提供了多元渠道,但如果缺乏对产业发展的有效引导,各种发展冲动可能会使其落入低水平重复和恶性竞争的漩涡。

就在清明假期前,文化和旅游部印发了《关于促进旅游演艺发展的指导意见》（以下简称《意见》）。这是首个促进旅游演艺发展的文件,将对旅游演艺这一业态的科学发展做出全面系统引导。

品牌频出业态多样

我国旅游演艺的起步,可以追溯到 1982 年。当年陕西省歌舞剧院古典艺术团在西安推出了《仿唐乐舞》,此后,旅游演艺风声渐起。2004 年,结合景点特色和地域文化的大型实景演出《印象·刘三姐》在广西亮相并大获成功,一时间成为广西一张亮丽的旅游名片。有统计显示,《印象·刘三姐》在 2004 年下半年就获得了 7900 万元票房收入,接待游客 30 万人次,2015 年接待游客 150 万人次。在《印象·刘三姐》的成功示范之下,国内形成了一股旅游演艺的投资热潮。对游客来说,虽说不一定都亲眼看过这些演出,但至少听说过"印象"系列、"千古情"系列、"又见"系列等标志性的旅游演艺品牌。

经过多年发展,旅游演艺市场日渐丰富。中国社会科学院旅游研究中心发布的《旅游绿皮书》研究显示,按照旅游演艺演出场所的类型,我国已经形成了主题公园演出——为配合主题公园而开发,只在主题公园内演出的各种演艺；实景演出——把旅游目的地真实的自然环境转变成巨型演出舞台,以当地居民和居民的日常生活、风土民情、风俗习惯等转化成艺术素材的各种演艺；独立剧场演出——在旅游目的地的专业剧场和演艺餐厅、茶馆内针对旅游人群打造的旅游演出产品,以展示当地文化特色的歌舞、戏剧、曲艺、杂技等演出形式为主的综合演艺。

旅游演艺兼具文化属性和旅游特征,广受消费者欢迎,在旅游消费中成为日益重要的组成部分。

文化和旅游部政策法规司副巡视员周久财表示,与我国丰富的文化资源相比,旅游演艺的规模种类还不够多;与蓬勃发展的文化和旅游产业相比,旅游演艺的潜力还需进一步挖掘;与日益提升的文化和旅游消费需求相比,旅游演艺水平还需要不断提高。

粗制滥造观众不买账

"现在的旅游演艺哪儿都有,有的一个地方就有好几处,可问题是,好的不多,有的甚至可以说是粗制滥造。"一位网友的吐槽在网上引发了众人纷纷回帖赞同。

《旅游绿皮书》也显示,知名旅游景区的旅游演艺剧目数量剧增,"以张家界为例,大型旅游演艺就有8台剧目,其他小型旅游演艺不计其数,高质量的演出仅是少数,而票房收入上亿元的仅1台。"

宋瑞表示,在一些热点旅游城市,确实出现市场过热、投资过度、项目雷同、重复建设的问题。不少旅游演艺项目一味追求声光电等高科技手段所带来的震撼感,而缺乏在文化内涵上的深入挖掘,既难以真正打动人心,也无法有效传播当地文化。

"早期旅游演艺尚未发展起来时,游客较少看过旅游演艺产品,初次观看受视觉冲击力影响较大,对内容要求不高。"《旅游绿皮书》指出,在散客化时代,大多数游客将感官刺激需求让位给文化精神需求。

提升旅游演艺的创作生产水平显得尤为迫切。《意见》中提出,要加强对文化遗产保护传承等相关题材创作的扶持,引导旅游演艺经营主体充分挖掘中华优秀传统文化中的核心思想理念、中华传统美德、中华人文精神,运用丰富多彩的艺术形式进行当代表达,推出一批底蕴深厚、特色鲜明、涵育人心的优秀作品。

对于一些旅游演艺节目存在的品质不高,甚至低俗等问题,周久财则表示,由于旅游演艺的跨界性特点,对其管理在一定程度上存在边界模糊、责任不清、监管不够的问题。《意见》强调,各级文化和旅游行政部门要按照属地原则,切实履行好旅游演艺的监管责任,加强对辖区内旅游演艺活动的监管和节目内容审核,督促指导辖区内旅游演艺经营单位建立和完善节目内容自审制度。

新型业态更受鼓励

"目前,国内旅游演艺市场的一大特色是,大投入、大规模的大型旅游演艺项目主导市场,政策和资源都偏向这类大型旅游演艺项目,因为能为当地树立招牌带来吸引力。"《旅游绿皮书》指出,大型旅游演艺项目投入大,回本周期长,风险高。相对的,小型旅游演艺项目则面临找投资难、市场推广难等问题。

周久财认为,《意见》中特别明确,要推进业态模式的创新,强调要鼓励发展中小型、主题性、特色类、定制类旅游演艺项目,形成多层次、多元化供给体系。支持各类经营主体利用室外广场、商业综合体、老厂房、产业园区等拓展中小型旅游演艺空间。

现在一些地方开始了有益的探索,其中,比较有代表性的是沉浸式演出形式的创新,融合当前的 AR/VR 等技术,打造虚拟与现实相结合的场景,让观众沉浸其中,观众不再是被动的旁观者,而是可以随着自己的步调穿梭在剧情中,选择自己的所到之处和所见之景,获得独一无二的观剧体验。

例如,湖北上演的《知音号》已成为武汉城市文化旅游的新名片。导演团队在武汉市两江四岸核心区打造了一艘具有20世纪20至30年代风格的蒸汽轮船及一座大汉口码头,船和码头即剧场,再现大武汉当年文化。《知音号》上不分观众区和表演区,船上的每个角落都是故事发生、演绎的"舞台",旅程中演员们各自表演,观众们观看追随,两者融为一体。体验过的游客纷纷表示这样的体验更为新奇,更受感染。

"在旅游演艺领域,这些年不少企业大胆尝试,积累了很多经验和模式。但对于旅游演艺业的发展来讲,不是说已有的模式就够了,只有在不断契合市场需求的前提下,在挖掘文化内涵、创新表现形式、做好科学规划运营等方面展开更多的探索和创新,才能实现持续健康发展。"周久财说。

(资料来源：https://www.sohu.com/a/306462420_118392?_f=index_chan29news_20.)

2. 验收合格后方可开业

景区内所设滑道、滑索、人工湖、游艇、船舶、人工抬轿、漂流、滑草场等娱乐项目必须经质量技术监督局、安全生产监督局及相关部门验收合格后方可开业。

3. 设置安全警示标志

各项目区域内如有危险地段,必须设置安全警示标志。警示标志必须醒目规范,语言需中英文对照;对特别危险的地段还要安装防护栏、防护网;此外,提醒游客注意旅游安全的广播要定时播放。

4. 设置游客须知

在项目区入口处的醒目位置,必须设置"游客须知""操作规程"等。

5. 进行日常监督管理

景区要设有指定部门对各游乐项目进行监督管理,发现问题认真解决。对存在安全隐患的设施设备,要及时上报景区相关部门,责令该娱乐项目停止营业,限期整改。

6. 必须配备消防设备

各娱乐项目区应配备必要的消防设备,做好消防安全工作。

7. 营运按照规章操作

各游乐项目区的操作人员要严格遵守操作规程,不得违章作业。工作人员应随时提醒游客注意旅游安全,避免事故发生。

三、景区娱乐服务的要求

1. 景区娱乐服务的基本要求

景区娱乐项目种类多,更新快,工作环节和程序复杂。这就要求景区服务人员在提供娱乐服务时要认真仔细,热情周到,为游客提供满意的娱乐服务,基本要求如下。

（1）确保娱乐设施设备处于完好状态

上岗前,服务人员要认真检查设施、设备,并加强对设施、设备的维护和保养,保证设施、设备处于良好的运行状态,保障游客及自身表演的安全性。

（2）注重服务人员综合职业素质的培养

娱乐服务人员应具备良好的职业道德、娴熟的专业技能和较强的心理承受能力。娱乐项目服务岗位工作时间一般较长，工作内容单调，容易产生厌倦心理，这就要求服务人员不仅要专业素质好，还要心理素质好。

（3）切实做好娱乐项目的综合配套服务

很多娱乐项目在进行时，需要提供配套服务，如观看 4D 电影时需提供专用眼镜，漂流时需提供救生衣等。服务人员应提供并耐心细致地指导游客使用这些配套用具，还要事先提醒游客相关注意事项。

2. 景区娱乐服务的工作流程

为了保证景区娱乐服务的服务质量，必须制定相应的规章制度来规范服务人员的工作。娱乐项目类型多种多样，不同的娱乐项目，服务流程也不尽相同，下面以最常见的游艺类娱乐项目为例，介绍具体的工作流程。

（1）准备阶段

① 提前到岗，考勤签到，穿好工作服，戴好服务证章。

② 如果有交接班，需要与上一班工作人员办理好交接班手续。

③ 检查各项设备及系统是否运行正常，每日运营前的例行安全检查要认真细致，建立安全检查记录制度，确认一切正常后才能开始营业。

④ 备好票据、零款等，挂好各种牌示，按时营业。

（2）服务阶段

① 服务人员应该熟悉本游乐园（场）规定的各种票券使用方法，能够迅速、准确地验收票券，做到不错、不漏，主动、正确地引导游客有秩序进场。

② 若需要现场售票的，服务人员需要准时售票，唱收唱付，迅速准确。

③ 引导游客正确入座，系好安全带；严禁超员，不偏载。

④ 向乘客耐心介绍并严格执行游乐规则及注意事项，对于不符合乘坐条件的游客，谢绝其参与该项娱乐活动，并协助其办理退票手续。

⑤ 开机前先鸣铃提示，再三确认一切符合条件后才可开机。

⑥ 游艺机器在运行中，服务人员禁止擅自离岗，要随时检查设备运行情况，集中精力，注意观察，发现异常及时采取措施。

⑦ 维持好游艺场所秩序，严禁无关人员进入运营场地，密切注意游客动态，及时制止个别游客的不安全行为，妥善处理好各种问题，重大问题及时上报。

⑧ 如在运行过程中发生安全事故，应按规定程序采取救援措施，认真、负责地做好善后工作。

⑨ 设备运行结束后，服务人员应主动为游客解开安全装置，引导游客离场，为游客提供需要的帮助。

（3）收尾阶段

① 细心检查设备状况，切断电源，填写记录，关好操作室门窗，确保无安全隐患。

② 票款日清日结。

③ 搞好区域卫生，办理交接手续。

✏️ 总结案例

景区＋演出：这对"搭档"能走更远

逛景区，看演出，这样的"标配"，眼下在旅游界很是流行。从襄阳古隆中到恩施大峡谷，从利川的腾龙洞到江汉平原的荆州古城，这样的文旅融合产品是否能成为留住旅客脚步、拉长旅游产品线的利器？

景区为何热衷打造演出

一处景区，一场演出，这样的"搭档"模式，最早出现在 2002 年。

当年，著名导演张艺谋在广西桂林导演并制作了我国首部山水实景演出《印象·刘三姐》，开创一个全新的文旅经济模式，一时声名鹊起，游客蜂拥而至。

"景区＋演出"，这样的"标配"迅即在全国克隆。在湖北省，大型实景演出除了武汉《知音号》（长江首部漂移式多维体验剧），还有恩施大峡谷的实景演出《龙船调》、襄阳古隆中的实景话剧《草庐·诸葛亮》、襄阳唐城的《大唐倚梦》、荆州古城的《入城仪式》，小型演出更是遍地开花。

在武汉，大手笔投入的《知音号》《汉秀》已成为吸引海内外游客的拿手好戏，演出本身也变成"景点"。道略咨询 11 月发布的《2017—2018 年度中国旅游演艺行业研究报告》（以下简称《报告》）显示，《汉秀》成为 2017 年中国旅游演出剧场类剧目票房排行榜十强。

同样入围此榜单的《知音号》，预计 2018 年将接待游客超过 22 万人，同比增加 69%。

该《报告》称，2017 年我国旅游演出市场火爆，共演出剧目 268 台，同比增长 5.5%；演出场次达 85753 场，同比增长 19%；票房收入 51 亿元，增长 20%；观众达 6821.2 万人次，同比增长 26.5%。

景区为何热衷打造演出？业内人士称，行业里有"1：7"的说法，即游客看演艺买门票的钱每 1 元会带动交通、住宿、餐饮、购物等相关产业 7 元的消费。

今年 7 月，襄阳唐城投资 2.5 亿元的《大唐倚梦》上演，近 400 名专业演员以 40 万平方米的仿唐建筑群为舞台，演绎盛唐画卷。这一演出让原本冷清的唐城夜晚热闹起来。据统计，该演出带动唐城旅游人数增加 50%，仅"十一"7 天就接待游客 23.7 万人次。

粗劣演出反而有伤景区

然而，湖北省起步较晚的旅游演出市场眼下良莠不齐，靠演出而火爆或提高收益的景区只是少数。

"有些演出粗制滥造。露天舞台，周边村民穿上古装，随便跑跑跳跳，要视觉效果没视觉效果，要情节没情节，要美感没美感，音响效果也很差，这也算演出？还敢卖票？花这个钱和时间，不如回酒店睡觉！"一位游客说起在某景区看演出的经历，不停地吐槽。

"湖北省旅游演出市场起步较晚，存在同质化、低成本、低艺术性的粗制滥造，演出仅靠声光电支撑，产业链不完善等问题。"湖北省文化和旅游厅相关负责人分析说。

湖北大学中国旅游案例教学与研究中心主任、教授熊剑平认为，景区纷纷打造演出，说明景区正在有意识地摆脱门票经济，打造产业链，这是好事情；但景区要根据市场需求，结合当地地域文化特色，打造高品质演出，这样才能吸引游客。

与大多数以歌舞、特效演出不同的是，襄阳古隆中景区的《草庐·诸葛亮》是一场实景话剧，这在景区中并不多见。今年，该景区旅游人数达 28.8 万人次，营业收入达 960 万元，各数据同比增长 30%。而该演出场共接待游客 9.6 万人，带动作用不可小觑。

还有一些演出正在探索怎样延伸景区产业链。"如果要长久发展,单就演出门票收入是行不通的,所以我们正在打造和完善产业链。"《知音号》相关负责人说。

（资料来源：http://www.ctnews.com.cn/art/2018/12/24/art_349_31166.html.）

同步练习

一、单选题

1. 中国民俗文化村的"民族大游行"属于（　　）娱乐。

　　A. 舞台豪华型　　　B. 花会队列型　　　C. 分散荟萃型　　　D. 以上都不是

2. 设备运行结束后,服务人员应主动为游客解开安全装置,引导游客离场,这是旅游景区娱乐服务的（　　）。

　　A. 准备阶段　　　B. 开始阶段　　　C. 收尾阶段　　　D. 服务阶段

二、简答题

1. 列举小型常规娱乐有哪些形式。

2. 简述景区娱乐服务的基本要求。

3. 简述景区娱乐项目的管理内容。

实训项目

选取本地两家旅游景区,分别对其娱乐服务情况进行调查分析,包括娱乐项目类型、娱乐项目服务质量、娱乐项目管理等,总结这两家景区娱乐服务的优劣。4～6 位同学为一组,分组提交调研报告。

任务三　景区餐饮服务

任务目标

餐饮服务是大型景区为游客提供的服务内容之一,作为景区管理人员,需要熟悉景区餐饮的类型、餐饮场所的选址、餐饮服务的要求和工作流程。

任务实施

请每个小组将任务实施的步骤和结果填入表 4-5 任务单中。

表 4-5　任务单

小组成员：		指导教师：
任务名称：	模拟地点：	
工作岗位分工：		
工作场景：		
（1）景区餐厅；		
（2）景区餐厅经理业务指导；		
（3）餐厅服务员		

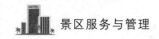

续表

教学辅助设施	模拟旅游景区餐厅工作环境,配合相关教具
任务描述	通过了解景区餐饮的类型、餐厅的选址,熟悉景区餐饮服务要求和工作流程,让学生认知景区餐饮服务
任务资讯重点	主要考查学生对景区餐饮服务的认识
任务能力分解目标	(1)了解景区餐厅的选址; (2)了解景区餐饮的类型; (3)熟悉景区餐饮服务要求和工作流程
任务实施步骤	(1)了解景区餐厅的选址; (2)知晓景区餐饮的类型; (3)模拟景区餐饮服务

任务评价考核点

(1)了解景区餐饮的类型。

(2)了解景区餐厅的选址。

(3)熟悉景区餐饮服务要求和工作流程。

引导案例

这家饭店为何被查

2019年8月3日消息,日前,广东省惠州市惠东县巽寮湾双月湾一景区饭店,被曝"天价收费",遭到客户举报,这到底是怎么一回事?

据悉,涉事网友向相关部门举报,他们一行8人在该饭店就餐,付钱时被告知消费了3670元,其中盐焗花螺6.7斤,700元;螃蟹两只,920元;白灼鱿鱼,602元;不知名鱼,546元;花甲汤,255元;当地市场监督管理局迅速介入调查,并责令该饭店停业整顿,并称"商家要有良心,这个价钱很离谱"! 目前,饭店已向投诉网友返还了2000元。

(资料来源:新浪网.http://k.sina.com.cn/article_3164957712_bca56c1002000uzv6.html.)

思考:如何规范景区餐饮服务?

一、景区餐饮服务的类型

景区餐饮服务有自身的特点,多数情况下承担的是团队餐,但也有部分旅游团对风味餐情有独钟,快餐是景区餐饮中的常见类型。有些景区还设有高级餐饮,以满足不同游客的需求。以游客类型为出发点,通过综合各类型游客的消费金额、停留时间、核心需求等内容,一般将景区餐饮分为团队餐、风味餐、快餐和高级餐饮。

1. 团队餐

景区常常会接待众多的旅游团队就餐。对同一个旅游团来说,其用餐的特点是餐标相同、时间统一。旅行社安排的团队餐(正餐)基本上是"八菜一汤"或"十菜一汤"的围餐,有时也安排自助餐。这就要求景区具备接待团队用餐的场地、设施设备、服务人员以及在短时间内提供大量优质餐饮产品的生产能力。

景区接待团队用餐的服务存在不少难点：一是游客人数多，用餐时间集中，短时间内供求矛盾突出；二是大量游客集体用餐，餐具卫生消毒难度大，饮食安全保障压力大。

每到旅游旺季，景区内的饭店、餐厅应接不暇，为了确保游客的用餐卫生和身体健康，景区饭店、餐厅应加强餐具的卫生消毒工作，同时在游客就餐时主动提供公筷，以有效预防疾病的传播。

2. 风味餐

游客在景区就餐，不仅仅是为了解决"温饱问题"，品尝具有地方特色的风味餐饮，也是游客体验活动的重要内容之一。这就要求景区餐饮在做到卫生、可口的同时，还要体现地方特色。风味餐饮一方面体现在食物本身的特色上，另一方面体现在就餐的环境氛围等整体饮食文化上。如果一个景区在餐饮上能创出特色，其本身就是一个亮点，能够吸引广大游客前来景区游览。

3. 快餐

由于游览行程、时间安排等原因，部分游客为了保证有更充足的游览时间，往往选择快餐，部分游客在旅游旺季游人较多的时候，因景区不能为所有游客提供就餐桌椅而选择外卖服务。景区可设立专门的外卖点提供外卖服务，一方面能方便游客，让游客有更多的游览时间，另一方面可以为景区餐厅省出一部分就餐空间。外卖服务要求速度快、易携带、方便、卫生，同时也要求口味好、有特色。

4. 高级餐饮

高级餐饮消费形式主要是包间消费，这类客人对产品安全、质量、特色等具有较高要求。同时，该市场客源构成主要是少量的游客和当地与景区联系紧密的企事业单位，需要极大地依赖景区公共关系，这对餐厅的顾客关系管理提出了更高的要求。

二、景区餐饮经营的特点

1. 客源多样性

景区餐饮客源以游客为主，周边居民消费较少，且游客多来自全国各地，甚至世界各地，具有不同的消费习惯和消费水平，因此，景区餐饮在客源构成上具有多样性。

2. 管理复杂性

客源的多样性决定了景区餐饮在市场营销和产品创新上不能像社会餐饮一样集中选择某个目标市场，而是需要更加灵活的经营管理思路才能满足不同地域、不同层次游客的消费需求，这使得景区餐饮管理存在着极大的复杂性。

3. 整体关联性

景区餐饮是景区系统的重要组成部分之一，与景区其他组成部分存在十分紧密的联系。对于很多景区的餐厅而言，景区餐厅从财务上看是独立经营、自负盈亏，但其在市场营销、人力资源、设备管理等方面都对景区整体具有明显的依赖性，其各项业务都需要与整个景区相关联。

4. 管理主体多元性

景区餐饮的关联性决定了经营管理主体的多元性。景区餐饮管理不完全隶属于某个部门,而是由多个部门共同管理。餐饮部虽然是景区餐饮的核心部分,但景区餐饮中的人力资源管理、市场营销等工作却被分摊到景区的其他部门。

三、景区餐饮场所选址规划

1. 景区餐饮场所的选址

景区内的餐饮场所包括中餐厅、西餐厅、果汁店、茶室、酒吧、冷饮店等,经营场所的选址要注意以下四个方面。

(1)交通便利

景区餐饮场所要方便与外部连通,一般要允许车辆直达;游客用餐完后,还应能较为便捷地前往下一景点。因此,为满足交通的要求,餐饮单位一般要设于交通枢纽。

(2)不破坏景观

景区是游客游玩赏景的地方,优美和谐的环境是吸引游客的主要因素,餐饮场所的选址和建设不能破坏景观的美感,其建筑风格不能与周围环境相冲突,应该避开景观优美、环境脆弱的地方。

(3)不污染环境

餐饮场所的废弃物会给景区带来一定的环境污染,应该尽量减少废弃物,并将其带出景区进行无害化处理。因此,餐饮单位的规模应该受到限制,且应以快餐式服务为主,根据游客消费量提供服务,在减少餐饮所占用的游览时间的同时,也可以减少对景区环境造成的影响。

(4)设置在人流较密集的位置

在满足以上三个条件基础上,景区的餐饮单位应设置在景区人流相对较多的地方,例如景区的出入口,景区内游客集中休憩的区域,或者景区内娱乐活动区域。

2. 景区餐饮建筑物的设计

景区内餐厅、饮品店的设计应该符合景区的主题,其建筑风格和材质应该与景区环境协调一致,不能造成视觉污染,应该为景区锦上添花。

(1)外观设计

景区餐饮单位的外观设计应该与周围的景区环境相协调,不能影响景区的美感。有部分餐饮单位是室外或者露天用餐,其在桌椅等布置上既要与周围空间大小相符合,为游客提供舒适的用餐环境,又要能体现该餐饮单位的特色。此外,餐饮建筑物在色调和材质的选择上要极其慎重,要做到既不会影响景观,又能够使其自身的结构、造型与周围的景观有机地融合在一起。

(2)内部环境

用餐场所内部在设计与布局上应根据餐厅的空间大小确定,既要考虑顾客的舒适、安全、便利以及便于服务员操作,又要注意餐厅内的和谐、匀称,通过装修、配饰、色彩等体现该餐饮单位的风情格调,突出景区的特色。在门窗设计方面,应尽量使游客在就餐时能够欣赏到外面优美的风景,将用餐与欣赏美景结合在一起。

3. 景区餐饮菜单的设计

菜单是景区餐饮单位提供的餐饮产品目录,主要包括餐饮产品的品种、说明和价格,可分为固定菜单、循环菜单、即时菜单等多种类型。菜单是景区餐饮单位对外沟通的窗口,具有展示餐厅的经营理念、反映餐饮的特色和水平、沟通游客等多重功能,对景区餐饮单位的销售和管理具有重要意义。景区菜单的设计包括菜品选择、价格制定和设计制作三方面的内容。

（1）菜品选择

菜品选择要以顾客需求为导向,根据当地的饮食特点、地方特产、景区的特色和餐饮单位的经营定位、经营理念以及餐饮单位厨师的技能特点,确定菜单的菜肴类型,打造"拿手好菜"和"拳头产品",并把它们放在菜单的醒目位置,形成特色。此外,菜品还应不断推陈出新,以适应新的社会环境下顾客的饮食需求。

（2）价格制定

菜品定价要合理,要在诚信经营、服务游客的基础上盈利。菜单要标明菜肴的价格和分量,杜绝欺客、宰客现象。

 案例 4-6

AAAA 级以上景区全面实行餐饮标价"最严标准"

记者了解到,2018 年 5 月,特色街区餐饮门店精细化管理率先在太古里、宽窄巷子、锦里三条特色街区开展示范工作。按餐饮类别的不同,从中餐、火锅、小吃、饮品和服务五大方面,细化操作要求,编制标识示例,规范了菜单标识的方法。同时,明确要求餐饮门店重新制作并统一使用菜单价目表,规范公示菜品的名称、价格、计价单位、主要原材料分量等内容,有条件的餐饮门店应使用中英文双语菜单价目表。市商务委相关负责人介绍,目前,3 条示范街区标识规范工作已全面完成。太古里 64 家、宽窄巷子 61 家、锦里 69 家餐饮商户全部完成了更换标识工作,统一使用了规范的新菜单、新标牌,其中,翠园、锦泰丰、新元素等品牌主题餐厅使用了中英文双语菜单,提升了餐厅的品牌形象。同时,特色街区管理机构还进一步建立完善了消费应急投诉反应机制。

在成都太古里、宽窄巷子、锦里三条特色街区开展餐饮标识精细化示范工作的基础上,决定加快在全市重点景区推广复制餐饮标识规范化、精细化管理示范经验,提升餐饮行业明码标价水平。首先,推广范围上进一步扩大,青城山—都江堰旅游景区、成都大熊猫繁育研究基地、成都武侯祠博物馆等首批旅游知名度高、客流量大的重点 AAAA 级及以上景区为主要推广点。

据市商务委相关负责人介绍,截至 9 月 30 日,已完成青城山—都江堰旅游景区 118 家、大熊猫繁育研究基地 7 家、武侯祠博物馆 57 家、杜甫草堂博物馆 29 家、金沙遗址博物馆 13 家、欢乐谷 5 家、海昌极地海洋世界 12 家、黄龙溪古镇 300 家、洛带古镇 167 家、街子古镇 150 家餐饮门店的推进工作。

另外,在餐饮行业规范方面,成都于上月正式出台的《成都市餐饮业明码标价行业规范》(以下简称《规范》),堪称餐饮业明码标价迎来"最严标准"。据悉,这是国内首个餐饮业明码标价行业规范,同时也是成都在推动全国消费转型升级中的创新之举。

《规范》在价格行为规范上要求,餐饮服务经营者应当依据经营成本和市场供求状况,遵循公平、合法和诚实信用原则自主制定价格。其中指出,餐饮业经营者销售各种菜品、主食、小吃、饮品、预包装食品等以及提供服务时,必须实行明码标价。同时在提供其他相关有偿商品和服务时,应主动告知消费者商品价格和收费标准,并事先征得消费者同意。同时,在明码标价的相关规定上,《规范》根据不同场景进行了详细阐述和规定。例如,餐饮业经营者不得有下列行为:对同一商品或者服务,在同一交易场所同时使用两套菜单,以低价招徕顾客并以高价进行结算;通过第三方网络交易平台提供餐饮服务的企业,在电子终端商品主页和单品详情页面对同一商品所标示价格不一致等。

(资料来源:https://new.qq.com/omn/20181011/20181011A0G7D8.html.)

（3）菜单设计制作

菜单的设计制作要美观大方,其式样、大小、颜色、字体、纸质、版面安排需要与餐厅的等级和氛围相协调,与餐厅的陈设、布置、服务人员的服装相适应。另外,菜的文字、图片要与景区内其他标志风格一致,形成协调的识别系统。

4. 景区餐饮产品的开发

旅游景区餐饮单位要针对游客的需求,重点开发以下三种餐饮产品。

（1）大众型餐饮产品

大多数游客在景区用餐只是为了解决基本饮食的需要,寻求快速、方便的大众型餐饮产品。中式快餐适合中国人的饮食习惯,并且方便、快捷,在景区中是很多中国游客的选择。一些洋快餐,如麦当劳、肯德基等,也出现在了国内景区中,深受国内外游客的欢迎。

（2）特色型餐饮产品

特色型餐饮产品是满足游客求新、求奇的消费心理需求,也是弘扬地方特色餐饮、特色小吃、底蕴深厚的餐饮文化的需要。景区餐饮业在保证景区环境不受到破坏的前提下,把当地特色小吃、特色饮品、特色菜式引进景区,让游客在景区感受风景和文化的同时,也能品尝到当地的特色餐饮。

（3）高档型餐饮产品

高端型餐饮产品主要是为了满足高端游客的需要,具有体现身份和地位的特殊需求。但是,景区高档型餐饮产品的消费者不一定是景区的游客,也有部分餐客被景区高档型餐饮的产品所吸引,特意前来消费。

 案例 4-7

不断创新,促进景区餐饮转型发展

为全面提升景区民族餐饮管理水平和服务质量,挖掘民族饮食文化内涵,促进县域旅游产业与地方特色餐饮文化的有机结合和健康发展,打造旅游饮食文化的新亮点,提高景区餐饮业专业化水平和旅游从业人员的综合素质,马蹄寺景区组织景区内所有餐饮业服务从业人员通过培训、座谈研讨,引导餐饮业主创新发展,使景区餐饮业从业人员了解餐饮业前沿的新理念和新知识,转换视角,拓展思维,提高创新能力。

(资料来源:https://www.sohu.com/a/303234747_222162.)

四、景区餐饮服务的要求

1. 景区餐饮服务的基本要求

针对景区餐饮服务的特点,在服务工作中必须努力做到以下五个方面。

（1）卫生洁净

餐饮安全对游客的游览能否安全、顺利具有直接的影响，必须保证景区不出现饮食安全事故。只有在清洁卫生的环境中就餐，游客才能产生安全感和舒适感，才能心情愉快。游客对餐饮服务的要求体现在食品、餐具和环境三个方面，即希望在餐厅吃的食物是新鲜、卫生的；餐具是消过毒、干净的；餐厅的环境是清洁、雅静的。

（2）服务迅速

游客到餐厅就餐总是希望餐厅能提供快速的服务，而不是长时间的等待。为此，景区餐饮服务应注意做好四个方面的工作：首先是要常备一些方便的快餐食品，为那些赶时间和急于就餐的游客迅速提供就餐服务；其次是游客一进入餐厅，就要及时安排好就餐座位，先上茶水或其他免费的小吃安顿好游客；再次是游客就座后，应及时递上菜单，在客人下单后，尽快上菜；最后是游客用餐结束后，账单要及时送到，不能让游客等待付账。

（3）价格公道

质价相符、价格公道、平等待客，是景区餐饮服务时应该做到的。服务人员切记不可"以衣取人""以貌取人"，不可因消费金额的多少而厚此薄彼，而是要一视同仁，真诚侍客。

（4）尊重游客

尊重游客体现在提供用餐服务的各个环节，如微笑迎送客人、恰当领座、尊重客人的饮食习惯等。游客在景区就餐，不仅仅是填饱肚子，还希望得到良好的服务，受到应有的尊重，吃得开心、顺心。

（5）营造氛围

餐厅的饮食特色、服务特色和环境特色，在景区餐饮服务中也十分重要，这不仅要求餐厅清洁卫生，还要营造氛围、营造特色、营造文化品位。

2. 景区餐饮服务的工作流程

在景区里，餐饮服务的工作流程如下。

（1）准备工作

① 准时签到或打卡上班，整理好仪容仪表，按规定着装，佩戴工作牌，女士化妆得体；

② 参加班前例会，了解当日接待任务及工作分工；

③ 查看餐厅门窗、保险柜、验钞机等设备及餐厅内桌椅是否正常；检查餐桌上是否有足够的餐具、纸巾等；如果有特殊接待任务，需要落实用餐客人菜单、酒水品种及到位情况，了解服务要求，并根据菜单、酒水做好相应准备；

④ 做好餐厅内外的清洁卫生工作；

⑤ 检查支付设备，如微信支付、支付宝支付等是否正常；根据需要到财务部兑换钱币，保证每日所需的现金。

（2）服务工作

① 做好预订工作；

② 热情周到地接待客人，礼貌迎客，引导客人就座；若遇上景区游览旺季，餐座不够时，应为客人设置等候位置，并为客人提供叫号服务，使其有秩序等待用餐；

③ 礼貌询问，递上茶水；

④ 递上菜单，如果客人有需要，及时向客人介绍菜式及特色；

⑤ 接受点菜，开单下厨；

⑥ 补撤餐具,根据客人需要,送上酒水,在服务过程中保持三轻(走路轻、说话轻、操作轻);

⑦ 按序上菜,为客人介绍菜点,尤其是当地或本餐厅的特色菜,上菜时应给客人进行简单介绍;

⑧ 餐间热情周到,及时关注顾客的需求并提供个性化服务;

⑨ 客人若要结账,应迅速办理;

⑩ 客人离店,应礼貌送别,做好送客服务,及时检查是否有客人遗漏的物品。

(3) 餐后工作

① 立刻收拾餐桌,收台摆台,将餐具配备齐全,做到轻拿轻放,动作利索,保证卫生到位;

② 临近下班但仍有客人时,不能清扫地面、整理柜台,以免使游客产生被驱逐的感觉;

③ 做好每日、每月盘点工作,保证账、款相符,做到准确无误,并根据要求,认真填写报表;

④ 结束营业后,将当日报表及钱款交财务部门;

⑤ 做好工作日志,打扫卫生,下班前检查水电、门窗、保险箱等是否关闭;

⑥ 签退或打卡下班。

总结案例

景区餐饮服务要改变"卖方思维"

自实行黄金周休假制度以来,节假日旅游已成为大部分国人追求品质生活的一种方式。然而,随着旅游热的兴起,与旅游相关的各种消费也是水涨船高,支出负担越来越重。支出负担增加,带薪休假落实不力,景区服务品质不尽如人意,使得普通百姓的旅游消费意愿难以再度提升。

其中必须说一说的是相当多景区的餐饮服务的确是不太好。目前,绝大部分老百姓去旅游还需要自带食品解决午餐问题。因为午餐服务供应不足,很多人只能选择半日游。餐饮本应是旅游消费中的重要组成部分,然而,依然有不少景区的餐饮服务供应存在价格高、服务差、口味差、卫生差、接待能力不足、地方特色不突出等问题。

笔者认为,景区餐饮服务不尽如人意的原因是没有从根本上改变"卖方思维"。具体来说,一方面是景区重收益、轻服务的习惯没有转变,景区餐饮市场开放程度不足,习惯于宰客的"一次性生意";另一方面,黄金周休假安排加剧了景区餐饮业者的"卖方优势",景区要在短短几天时间内满足数量是平时几倍、几十倍的消费需求,确实会存在供应短缺的情况。假日期间巨大的人流量带来庞大的消费需求,餐饮从业者只要没有接到投诉就可以一直经营下去,较少考虑商业信誉。

河南老君山景区在今年国庆假期推出了"一元午餐"。这肯定是赔本的买卖。但是否因为低价就受欢迎?我看未必,因为它的品质必然不太高。既然要促进旅游消费,不如搞成"十元午餐",既顾及成本,又能够让大部分游客享用到价格、品质都比方便面略高的午餐,肯定会大受欢迎。其实,无论一元还是十元,都涉及景区餐饮服务供给的机制问题。因为大部分景区门票只能进出一次,限制了游客在景区外选择餐饮的可能。景区提供必要的餐饮服务也自然是一种责任。

完善景区餐饮服务,需从两方面进行。第一,健全市场开放机制,根据景区人流量、服务点区位设置向社会开放餐饮服务,景区尽量减免进驻费、场地租金,吸引餐饮企业进驻景区,提供与景区外价格相差不大的餐饮服务。同时也需要考虑消费层次,引进不同消费层次的企业进驻,满足不同消费层次游客需求。建立服务评价与市场进出相关联的管理机制,在卫生状况、服务品质等方面评价不高的餐饮企业坚决清出。第二,加强监管,景区严格管理餐饮卫生状况与服务价格,严禁餐饮企业欺客宰客。

(资料来源：http://www.cnfood.cn/shendubaodao130764.html.)

同步练习

一、单选题

1. 不属于景区餐饮类型的是(　　　)。
   - A. 风味餐
   - B. 团队餐
   - C. 快餐
   - D. 个性化用餐

2. 景区需要重点开发的餐饮产品不包括(　　　)。
   - A. 大众型餐饮产品
   - B. 特色型餐饮产品
   - C. 西式餐饮产品
   - D. 高档型餐饮产品

二、简答题

1. 分析景区餐饮经营的特点。
2. 简述景区餐饮服务的基本要求。
3. 简述景区餐饮服务的工作流程。

实训项目

选取本地两家旅游景区,分别对其餐饮服务情况进行分析,包括景区餐饮场所的选址、餐饮类型、餐饮产品的开发、服务人员的服务质量等,总结这两家景区餐饮服务的优劣。4～6位同学为一组,分组提交报告。

任务四　景区购物服务

任务目标

为更好满足游客购物的需要,景区管理人员需要解决好在哪儿卖(景区购物商店的选址)、卖什么(销售旅游商品的类别)、如何卖(景区购物服务要求和流程)的问题。

任务实施

请每个小组将任务实施的步骤和结果填入表4-6任务单中。

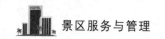

表4-6 任务单

小组成员：		指导教师：
任务名称：	模拟地点：	
工作岗位分工：		
工作场景： （1）景区购物商店； （2）景区旅游商品对客销售； （3）旅游购物商店员工和游客		
教学辅助设施	模拟旅游购物真实工作环境，配合相关教具	
任务描述	通过确定景区购物商店的选址、销售旅游商品类型，并制定详细的景区购物服务的要求和流程，让学生认知景区购物服务	
任务资讯重点	主要考查学生对景区购物服务的认识	
任务能力分解目标	（1）理解景区购物商店的选址依据； （2）了解销售旅游商品类型； （3）掌握景区购物服务的技能	
任务实施步骤	（1）了解景区购物商店的选址依据； （2）熟悉销售旅游商品的类型； （3）熟知景区购物服务的要求和流程	

任务评价考核点

（1）了解景区购物商店选址的依据。

（2）了解销售旅游商品的类别。

（3）能够对客进行购物服务。

引导案例

遍地购物店，还有违规食品出售……景点的"诱惑消费"，你都看清了吗？

2019年7月31日，中华人民共和国文化和旅游部在网站上发布的一则公告引起了人们的关注：根据AAAAA级旅游景区年度复核结果，给予山西省晋中市乔家大院景区取消旅游景区质量等级处理。

一个曾经红极一时的知名景区为何突然间被摘掉了AAAAA级旅游景区的牌子？乔家大院到底发生了什么事？这一事件对山西的旅游会带来怎样的影响？

乔家大院位于山西省晋中市祁县乔家堡村，建于1755年，是著名晋商乔致庸的宅院，1986年11月1日正式对外开放。景区陈展5000多件珍贵文物，集中反映了以山西晋中一带为主的民情风俗，是全国第一家开馆的大院文化。素有"皇家有故宫，民居看乔家"之说。

乔家大院原本只有在中堂一个大院落，2001年被国务院命名为全国重点文物保护单位。2007年，在反复论证、研讨、审批后，祁县人民政府开始在原乔家德兴堂、保元堂、宁守堂大院遗址上复建"三堂一园"，并于2013年12月竣工。乔家大院从此又重归"四堂一园"格局。

乔家大院四堂一园整体都是AAAAA级景区，在中堂的门票价格是每张72元，其他园区的门票售价是每张76元，合并售价为138元一张票。乔家大院的门票价格一直在上涨，然而景区价值和服务却并没能跟得上。

乔家大院在运营过程中先后经过多次改制,还吸收了民营资本参与景区的运营管理。据公开资料显示,乔家大院在改制过程中一度出现六家运营主体共管的局面。管理混乱和非专业化运营等因素叠加在一起导致2019年7月31日被摘牌。

国家文旅部的报告显示,乔家大院景区存在六方面问题:旅游产品类型单一;过度商业化;交通游览方面存在不足;安全卫生投入不够;景区综合管理有待提高;资源保护有缺陷。针对这六大问题,祁县县委、县政府于8月3日印发了《关于乔家大院景区再创AAAAA景区整改提升工作方案》,细化出33条具体问题和整改方案。

从8月6日起,乔家大院景区暂停运营10天,闭园整改。8月17日,景区重新营业后,门票价格也随之进行了调整:成人票价格从138元下调为115元。乔家大院被摘牌前,商业化比较严重,景区内购物场所数量较多、面积较大。如今,这些购物场所都已被清理。

按照祁县县委、县政府于8月3日印发的《关于乔家大院景区再创AAAAA景区整改提升工作方案》,文旅部提出的六个方面的问题应该在9月底前整改结束。

(资料来源:https://new.qq.com/omn/20191126/20191126A0JTYU00.)

思考:景区该如何提供良好的购物服务?

一、景区旅游商品

1. 景区旅游商品的特性

景区的旅游商品多种多样,总体来说,旅游商品有以下特性。

(1)地方性

旅游商品的最本质特征是地方性。旅游景区内销售的旅游商品必须具有地方特色,与本景区的景观、文化相协调。当旅游商品能够成为旅游目的地特色的物质载体,甚至成为某个旅游目的地的标志,使游客看到它就能回想起某段旅游经历,才是有价值的旅游商品,如仿秦俑、埃菲尔铁塔模型等。旅游商品还应具有专有性,即本景区所销售的旅游纪念品只在此销售,在其他景区是购买不到的。

(2)纪念性

旅游商品最基本、最重要的价值在于纪念意义,纪念性是旅游商品的基本属性。对游客来说,一次旅游就是一次难得的经历,除了欣赏异域风光、感受风土人情外,很多人都希望能够带回当地一些有特色的旅游商品,用以纪念自己的旅游经历,随时唤起对旅游生活的美好回忆,如景德镇陶瓷、西湖龙井、云南玉石等,是很多游客的选择。

(3)艺术性

旅游商品也应具有艺术性,应在艺术上高于一般的生活消费品。旅游商品设计是一个地区或旅游景区的艺术形象在产品中的实现,是艺术与产品的结合,是旅游商品创意与美的体现。旅游者购买旅游商品时,无论是自己留作纪念还是赠送亲友,都会考虑到商品的艺术性,旅游商品具有艺术性,才会有特殊的欣赏价值和收藏价值,如丽江东巴文字木刻画、洛阳的唐三彩等。

(4)实用性

旅游商品的实用性是指旅游商品具有一定的实用价值,能够在日常生活中使用。一些游客喜欢购买实用的旅游商品,既能够满足生活中的需求,又具有纪念意义,如杭州丝绸、法国香水、东北三宝、青海的冬虫夏草等。

（5）创新性

近年来,随着文化创意(简称"文创")产品的发展和流行,旅游商品的创新性日显突出。很多游客不满足于以往旅游商品的设计,追求创新设计,追求传统文化与现代生活的巧妙结合。旅游商品的创新点有很多,如江苏省用盛开的茉莉花概念制作的茶具,甘肃省用博物馆文物概念制作的各种纪念文件夹,吉林省用扎染和朝鲜族染织工艺结合制作的金达莱花抱枕等都让人眼前一亮。

案例 4-8

故宫文创这样造品牌,多种方式传播优秀传统文化

故宫的雪、故宫的猫、故宫文创、故宫展览,如今,故宫已不再仅仅是一座博物馆,更是利用文化创意产品走进百姓生活的一个样板。

作为一个拥有近 600 年历史的文化符号,故宫拥有众多皇家建筑群、文物古迹,是中国传统文化的典型象征。近年来,在文创产业带动下,故宫化身成为"网红"。据介绍,到 2018 年12 月,故宫文化创意产品研发超 1.1 万件,文创产品收入在 2017 年达 15 亿元。

每年接待 1700 万人次观众,每天面对着数万观众,故宫这座世界著名的综合博物馆和世界文化遗产,如何让收藏在禁宫的文物、陈列的遗产、书写在古籍里的文字活起来?

转变源自 2013 年。当时,台北故宫推出一种创意纸胶带,在网络爆红。这让故宫博物院看到文创产品的庞大市场。

其实,这并非故宫首次关注文创市场。过去故宫也做文化产品,但都是将书画、瓷器等进行简单复制,很少有人买。2008 年,故宫淘宝就已上线,因价格高昂、质量一般,消费者并不买账。如何有针对性地研发出不同结构、不同层次、不同表达的文化创意产品?受到台北故宫启发,故宫博物院开始了新尝试。

让文物藏品更好地融入人们日常生活中,发挥其文化价值,这是故宫追求的目标。由此,故宫开始举办故宫文化创意产品比赛,以此拓宽研发思路。2013 年 8 月,故宫第一次面向公众征集文化产品创意,举办以"把故宫文化带回家"为主题的文创设计大赛。此后,"奉旨旅行"行李牌、"朕就是这样汉子"折扇等各路萌系产品问世,使故宫变得年轻起来。

除了实体的文创产品,故宫在网络上也打开"宫门",故宫文化创意产品从"馆舍天地"走向"大千世界"。

目前,故宫博物院拥有 4 家文创网络经营主体:2018 年年底正式运营的"故宫博物院文化创意馆",售卖创意生活用品的故宫博物院文创旗舰店,主打年轻化的故宫淘宝店,以及更趋于大众化的故宫商城。4 家经营主体面向社会不同人群,产品风格各有特色,实现差异化经营,共同塑造故宫文创的整体形象。

其中,故宫博物院文创旗舰店配合故宫博物院展览,做主题性的文化挖掘,研发了千里江山系列、清明上河图系列等产品,已积累 193 万多粉丝;故宫淘宝产品萌趣而不失雅致,致力于以轻松时尚方式展现故宫文物、推广故宫文化,推出故宫娃娃、折扇团扇、文具用品等产品,目前拥有 400 万粉丝。

"故宫的藏品是一个取之不尽的宝藏,在这方面我们优势非常明显,能够不断挖掘,不断

进行创意,不断创造一些人们喜欢的文化创意产品,这是我们的绝对优势。"故宫博物院院长单霁翔说。

（资料来源：http://guoqing.china.com.cn/2019-03/01/content_74519706.htm.）

2. 景区旅游商品类别

旅游商品的种类繁多,根据不同的分类标准,可划分出不同的类别。其中,根据旅游者购买的实际用途状况进行分类,可分为以下几种。

（1）工艺美术品

旅游工艺美术品是以美术工艺制成的各种具有较好欣赏价值的旅游商品,一般使用当地特色材料制作,具有独特的工艺和新颖的设计。这类旅游商品包括陶瓷工艺品、雕塑工艺品、玉器、织锦、刺绣、印染手工艺品、花边、编织工艺品、漆器、金属工艺品、工艺画、首饰、皮雕画等。

（2）文物古玩及其仿制品

文物古玩及其仿制品主要指国家允许出口的文房四宝、古玩、仿制古字画、仿古模型、出土文物复制品等。这类旅游商品真品价格相对昂贵,一般游客难以接受,而仿制品则价格适宜,深受很多游客欢迎。

（3）土特产品

土特产品类的旅游商品极其丰富,具有鲜明的地方特色,很多地区或者景区都生产各自的土特产品。土特产品价格相对优惠且便于携带,深受旅游者的喜爱,是很多旅游者选择的旅游商品。

（4）日用产品

旅游日用产品指旅游者在旅途中购买的生活日用品,包括鞋帽、箱包、地图指南、化妆品、防寒防暑用品等。这类商品能够满足游客旅途中或旅游结束后日常生活所需,具有很强的实用性。

3. 景区旅游商品的设计原则

景区旅游商品的设计应该遵循以下原则。

（1）"特"

"特"指的是景区旅游商品的开发要具有特色。每个景区都有自己的特点,在开发和设计旅游商品时,需要紧紧围绕景区的特色展开,把景区的特色融入旅游商品的设计中。游客一般希望能买到反映景区特色的旅游商品作为纪念,为此,"特"是景区旅游商品开发的首要原则。

（2）"便"

"便"指的是景区开发的旅游商品要方便携带。旅游活动是异地性、暂时性的活动,很多游客都来自距离遥远的国家或地区,如果旅游商品不便于携带,即使游客非常喜欢,也不一定会购买。

（3）"质"

"质"指的是旅游商品的开发要注重质量。随着人们生活水平的提高,游客对旅游商品质量的要求也越来越高,质量低下、粗制滥造的商品难以吸引顾客,只有工艺精细、质量稳定的产品才能提高景区旅游商品的销售量。

（4）"新"

"新"指设计思维、设计方法的创新。景区旅游商品的设计开发要注重创新性，提高技术含量，让竞争对手难以复制和模仿。创新在旅游商品设计过程中极其重要，具有创新性的旅游商品能够给游客带来耳目一新的感觉，不仅能够提升游客视觉的享受，而且可以为景区带来良好的口碑，对景区的推广和宣传有着重要作用。

案例 4-9

旅游商品：与其在纪念性上做文章，不如在产品创新上下功夫

在广义上，任何可以长期保存的物品均可能成为旅游纪念品。在狭义上，作为商品的旅游纪念品需要具备几个特征：一是具有纪念意义；二是可以长期保存；三是一般旅游纪念品价格相对低廉。由于多数食品、化妆品等不能长期保存，即使包装再漂亮，也不属于旅游纪念品。多数服装、鞋帽、箱包、电子产品等具有一定的消耗性，也不适宜长期保存，故不属于旅游纪念品。

在发展旅游购物和开发旅游商品时，总会听到有人在讲要重视开发旅游纪念品。但出境旅游的旅游者很少买旅游纪念品，钱大多用于买化妆品、服装、鞋帽、箱包和食品等。在国内旅游的人也很少购买旅游纪念品。

旅游纪念品的购买人群逐渐缩小为初次到某地观光游览的游客，以及以观光游览为目的的老年游客。以公务商务、会议会展、短期研学等为目的的访客则很少购买，多次前往的访客更是极少购买。

旅游纪念品在旅游商品中占比越来越小，受多个因素影响。

首先，城市和景区旅游纪念品的纪念价值减弱。在交通不便、通信不便、住宿不便的年代，到某地旅游是人生中的一件大事。买几件旅游纪念品带回家，为的是向家人、朋友炫耀，或回味那次难忘的旅程，旅游纪念品的纪念价值远超购买时的价格。如今，对大多数人来说，在国内旅游早已不再是人生大事、新鲜事。于是一般城市和景区旅游纪念品的纪念价值越来越低，销售总量降低也在所难免。

其次，事件旅游纪念品价值与事件的影响力正相关。奥运会等重大事件每次都得到全世界的关注。到达重大事件现场的旅游人数有限，在现场购买的旅游纪念品，其纪念价值就凸显出来了。但那些因主办方自以为是重大事件而开发的旅游纪念品，由于事件本身的影响力不够大，旅游纪念品的纪念价值也随之降低。

最后，牵强附会的旅游纪念品逐渐被冷淡。一段时间以来，有些人把明明是不能长期保存的食品、化妆品、护肤品等硬加上所谓文化符号，并将其称之为旅游纪念品。面对越来越精明的旅游者，不具有纪念价值而想靠牵强附会成为旅游纪念品的做法实在幼稚。有人提出把包装物设计成旅游纪念品，让旅游者收藏包装物，但在物质越来越丰富的时代，收藏包装物的人实在不多。

旅游纪念品虽然不温不火，但在将来的很长一段时间还会存在，只是随着科技进步和经济发展，伴着出行的通达性和旅游便捷性的进一步提高，重复旅游的人群越来越多，多数旅游纪念品的纪念价值将进一步降低。与其在纪念性上做文章，不如在产品创新上下功夫。人们需要生活，需要美好的生活，需要让生活更美好的旅游商品。

（资料来源：http://zqb.cyol.com/html/2018-12/06/nw.D110000zgqnb_20181206_2-08.htm.）

二、旅游购物设施选址

在景区的规划中,购物设施是一个重要的构成要素。购物场所的建筑物风格应与景区的主体建筑相协调,与景区的整体形象和文化气质相符合,与周围的自然环境和文化环境融为一体。

景区内旅游购物场所的选址非常讲究。旅游购物场所应当选在景区风景线的必经之路上,这样才能保证最大的客流量,同时也能确保有购物需求的游客不会错失购买的机会。

在景区中,有两个购物场所的位置是最佳的,一个是景区的前入口处,一个是景区的前出口处,这两个位置都是游客进出景区的必经之地。前入口处就是景区检票入口处附近的位置,前出口处就是景区验票出口附近的位置。

前入口处和前出口处的位置不同,适宜销售的旅游商品也不一样。对于游览过程中一定会用到的旅游商品或者有可能使用到的旅游商品应当选择在前入口处出售。土特产品或者旅游纪念品的销售应设在景区游览的最后一段,也就是景区出口前最为合理,当游客即将离开景区时,为落实出发前的购物计划,或者实现游览过程中产生的购物欲望,此时购买欲望是十分强烈的。

部分游客在游览过程中还会产生情景式的即时消费。这种消费机会的突然出现,会给游客带来意料之外的消费。游客为了让自己在景区里有更多体验,满足突然产生的购买欲望,往往会当即做出购买决策。如一些景区在某个物体上悬挂连心锁,以此寓意有情人心心相印,这类商品的销售理应布局在现场。

此外,山岳、水体等自然观光类景区往往出口和入口相隔较近,甚至合二为一,因此这类景区的旅游购物场所应主要布局在入口(出口)的两侧,并在风景线上辅助插点布局;以古建筑、园林、民俗、表演等人文景观为主的景区,购物场所应布局在前出口处,因为游客只有在参观完这些人文景观、对当地的文化有了较为深入了解后,才敢大胆进行消费;以朝圣为主的宗教类景区,则更适合选择前入口处作为旅游购物场所,因为游客需要在进这些宗教类景区前购买各种所需的用品;主题公园更适宜插点式布局,因为主题公园里可能又分为多个小园,每个园的主题不尽相同,需要销售不同的旅游商品;博物馆、展览馆、工业旅游、农业旅游等观光类旅游适宜把前出口处作为购物场所,因为游客参观完这些景区后,会产生购买相关商品的愿望,如游客进行农业观光,参观完后可能会购买农业产品;对于城市旅游,可在主要旅游吸引物附近或商业中心建立旅游商品购物中心或旅游购物一条街。

三、游客购物动机与心理分析

1. 游客购物动机

游客购物动机可分为感情的动机和理性的动机。

(1)感情的动机

感情的动机指游客对某种商品未慎重考虑是否有购买的必要,一时感情冲动就产生了购买行为。商品店诱人的广告、精美的陈设等,往往使容易感情冲动的游客不由自主地产生购买欲望和购买行为。引发冲动购买行为的感情有自尊心、幻想心、好奇心、追求潮流、追求与众不同等。

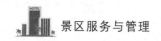

（2）理性的动机

理性的动机指游客对某种商品的购买充分考虑其必要性。如景区的旅游纪念品在广告中宣传其实用性、艺术性、独特性、收藏性等，往往能引导理性的游客购买。理性的动机考虑的方面有商品的实用性、经济性，质量的稳定性以及服务的便利性。

2. 游客购物心理

游客的购物心理主要有以下几种。

（1）求纪念心理

求纪念心理具有普遍性。游客们希望将当地有纪念价值的旅游商品带回家，一方面，带回的是一份对家人和亲朋的关爱和思念之情；另一方面，在时过境迁后，通过睹物思情能唤起对旅游经历的美好回忆。

（2）讲实用心理

讲实用心理即游客购买商品时注重的是商品的实用性、实惠性，而对商品的外观、包装等并不十分在意的一种购物心理。对中低收入阶层的游客来说，在旅游过程中购买所需的旅游商品时，更是注重商品的质量和用途，要求所购商品经济实用、经久耐用。

（3）追名牌心理

追名牌心理即追求品牌商品的一种购物心理。名牌商品、可抬高身价的商品，都会使这类游客产生购买欲。对于这些游客而言，他们往往不在意商品的用途和价格，而是注重商品的品牌和象征意义。

（4）求时尚心理

求时尚心理即追求商品新颖、时尚的购物心理。游客在购物过程中，容易受好奇心的驱使而产生购买行为。商品新的颜色、新的材料、新的式样，可以使游客在旅游地看到一些平时生活中看不到的商品时，产生好奇心和购买欲。

（5）讲趣味心理

在旅游活动中，游客一般会购买自己感兴趣的商品，以及跟自己的情趣、爱好等相关联的商品。

（6）求新奇心理

随着生活水平的提高，越来越多的游客好奇心增强，喜欢标新立异，追求自我价值。新颖或独特的商品最能满足他们追新猎奇和追求个性的心理。这类游客不太重视商品的实用性和价格高低，而是更多地关注商品的色彩、式样、外观等。他们受广告宣传和社会潮流的影响较大，易受情绪的支配。

（7）求尊重心理

求尊重心理即游客在购物过程中希望人格上受到尊重。这种需要表现在很多方面，如希望售货员能热情服务，笑脸相迎，接受询问时有耐心，尊重游客的个人爱好、民族习俗、生活习惯等。

景区在设计开发旅游商品时，要充分考虑游客心理的多样性和层次性，即使同一游客，其购物动机也不是只有一种心理，而是多重心理并存的。

3. 不同旅游者的购物行为

（1）青年旅游者的购物行为

青年旅游者主要是指 18 岁到 35 岁的旅游者，这是旅游市场上最活跃的消费者群体，他们对事物有很强的敏感性,对新鲜事物有强烈的好奇心,追求个性化消费,希望以独特的方式来显示自己的成熟和与众不同。他们追求时尚,追赶消费风潮,在购物决策中带有较强的冲动性,容易受环境因素的影响。

(2)老年旅游者的购物行为

老年旅游者一般指 60 岁以上的旅游者,他们极少发生冲动性购物行为,把旅游商品的实用性作为购买商品的第一要素。他们强调经济实用、舒适安全、质量可靠、使用方便,至于商品的款式、颜色、包装等是次要的。

(3)女性旅游者的购物行为

女性旅游者的购买行为具有较大的主动性,而男性旅游者的购买行为常常是被动的,比如受他人之托。另外,女性的心理特征之一就是感情丰富,心境变化快,富于联想。因而,她们的购买行为带有强烈的感情色彩。

(4)知识分子旅游者的购物行为

知识分子旅游者对文化气息较浓的旅游商品更感兴趣,尤其注重旅游商品的艺术性和保存价值。知识分子旅游者在购买旅游商品时的自主性较强,大多愿意自己挑选喜欢的商品,对于服务人员的介绍和推荐抱有一定的戒备心理,对于广告一类的宣传也有很强的评价能力。另外,他们在购买行为中表现出较高的理性思考能力,受社会流行和时尚等因素的影响较小。

(5)高收入白领阶层的购物行为

高收入白领阶层在购买旅游商品时,追求商品的高档化,对名牌商品和名贵商品比较感兴趣。他们的收入较高,购买力较强,新风格、新式样的旅游商品容易在他们中推广。

四、景区旅游商品的销售流程及服务技巧

景区旅游商品的销售服务包括多个环节,每个环节都需要体现一定的服务技巧。

1. 接待

购物服务人员每天都要接待各种各样的顾客,针对不同的顾客,服务人员应采用灵活多样的接待技巧,使顾客感到满意。

(1)接待性子急或有急事的顾客,动作要迅速快捷,不要耽搁顾客的事情。

(2)接待精明的顾客,要有耐心,不要显出厌烦的情绪。

(3)接待女性顾客,要推荐新颖、漂亮的商品,满足女性爱美、求新的心态。

(4)接待年长的顾客,要推荐方便和实用的商品,让老人感到销售公道、实在。

(5)接待需要参谋的顾客,要当好顾客的参谋,不要敷衍了事。

(6)接待自有主张的顾客,要让顾客自由地挑选,不要打扰顾客。

(7)游客离店时,无论是否购物,服务人员都要向游客热情告别,欢迎再来。

2. 商品销售

服务人员在销售商品时既要突出商品的优点,又要让顾客感到舒服。

(1)语言有逻辑性,层次清楚,表达明白。

(2)话语突出重点和要点,避免无谓的铺垫。

（3）不夸大其词，不欺瞒哄骗。

（4）不污辱、挖苦、讽刺顾客。

（5）不与顾客发生争论。

（6）对商品的说明方式要灵活，因人而异。

（7）不使用粗陋的话语，避免方言土语。

（8）介绍商品时注意细节，如使用恰当的称呼等。

3. 退换服务

设立退换服务可以增加顾客购买商品的信心，对于提高商店和商品的信誉、吸引顾客上门惠顾有很大的作用。事实上，真正无故退换的顾客并不多见。

在退换服务中，服务人员应当做到以下几点。

（1）端正认识，明白处理好顾客退换货的业务是体现商店诚意的最好途径。

（2）要意识到顾客的信赖和喜爱是千金不换的财富。

（3）要耐心对待顾客，不怕麻烦，不推诿，急顾客之所急，迅速地帮顾客处理好退换货。

（4）在商品质量或服务出现问题时，要向顾客诚心地道歉，并保证不发生类似事情。如果在一段时期内，同一商品有数起顾客退换事件，那么商品质量很可能确实有问题，服务人员要停止销售，并及时地向上级反映。

总结案例

景区创意产品要走出景区

景区门票降价已是大势所趋。随着景区门票价格的下降，长期支撑景区收入的主力——景区门票收入随之减少，使得一些景区出现大力发展景区内商业、扩展景区二次消费以增加收入的做法，且有愈演愈烈之势。这就出现了一个悖论：景区管理方希望景区内商业越多越好；旅游者希望景区内的商业越少越好。

其一，景区商业少影响景区收入，而多数景区需要稳定的收入才能支撑其生存。其二，景区内商业多影响旅游者的观光、游览、休闲舒适度，会使旅游者不愿意游览并降低复游率。其三，景区旅游商品的同质化现象严重的问题早已成为痼疾，景区开发创意产品是大势所趋。但由于景区的人流数量限制，景区回头客少，在景区购物出现问题难以解决，景区旅游商品价高质次的观念已在旅游者心中根深蒂固等原因，景区现已投入巨资开发的旅游创意产品在景区内的销售普遍不理想。

既要让旅游者满意，又要增加景区商业收入，最根本的办法是将大多数景区改为无门票的、开放的旅游区。这一模式在国外已经很普遍，在国内，诸如杭州西湖等景区也早已获得成功，但由于各种原因，大多数景区在短时间内不可能实现向无门票开放式旅游区的转型。因而最可行办法是"创意进景区，创意产品走出景区"。

要树立景区创意产品向全社会销售的理念

旅游者不喜欢在景区内购物已成铁律，但景区创意产品也不必局限于景区内销售。景区创意产品完全可以大大方方地走出景区向全社会销售，故宫博物院的口红等创意产品已成功走出"宫门"，其社会市场销量远超在景区内销量。

景区创意产品走出景区销售必然会遇到很多现有景区经营中不曾遇到的问题，尤其是管理机制、体制等方面的问题。最关键的还是理念问题，即景区经营中是不是有实事求是的理念,是不是有敢于改革的理念,是不是有景区创意产品走出景区销售的理念。理念问题关系到景区创意产品能否顺利发展。

要开发能在景区外热销的创意产品

一是在景区外热销的创意产品不仅是旅游纪念品。在景区内的旅游者由于受到景区环境的影响,还会关注景区创意产品中的旅游纪念品。但在景区外,购买景区创意产品的人已不是旅游者,而是社会人群,人们首先关注创意产品的实用性,然后才是创意产品的景区特色。

二是不同类型、不同规模的景区要挖掘自身的文化内涵,结合现代生活开发不同文化内涵的各种类型创意产品,如故宫、颐和园等开发口红比较合适,雍和宫就不适宜开发口红,雍和宫已开发的高品质香就很受人们喜爱,金属博物馆、兵器博物馆等开发菜刀比较合适,丝绸博物馆、动物园等开发菜刀就太牵强了。景区文化内涵和现代生活结合的创意产品是否成功,衡量标准是销售收入,景区单类创意产品在景区外的年销售能否过千万是关键的门槛。

三是景区要结合景区文化内涵,利用当地特色物产进行深度开发。很多景区的所在地都有丰富的特色物产,这些特色物产本身就有一定的知名度,但普遍存在着当地特色物产只是初级加工品,缺少深度开发的现象。景区创意产品需要结合景区文化内涵,利用当地特色物产进行深度开发,这样既有利于景区创意产品的发展,又有利于带动当地就业和当地的经济发展。

四是景区要打造自己的商业品牌。景区商业品牌包括注册相关类别的商标,对景区各种 IP 进行保护,设定景区的视觉传达系统(景区特定的颜色很重要),建立景区品牌的授权管理体系等。

要建立景区外的创意产品销售渠道

随着互联网购物的不断发展,在景区外仅仅依靠传统商业渠道销售景区创意产品已经落伍,需要针对不同的消费人群,采取不同的销售渠道展开销售。充分利用景区独有的形象资源、文化资源优势,结合各种新媒体进行宣传和销售,在销售景区创意产品的同时,把景区宣传出去。

(资料来源:http://news.cyol.com/app/2019-09/24/content_18170455.htm.)

同步练习

一、单选题

1. 不属于景区旅游商品特性的是(　　　)。
   A. 地方性　　　　　　　　　　B. 纪念性
   C. 娱乐性　　　　　　　　　　D. 艺术性
2. 不属于景区旅游商品设计应该遵循的原则是(　　　)。
   A. 特　　　　　　　　　　　　B. 便
   C. 新　　　　　　　　　　　　D. 奇

二、简答题

1. 简述景区旅游商品的分类。
2. 简述旅游购物场所的选址策略。

3. 简述游客的购物心理。

4. 简述景区旅游商品的销售流程及服务技巧

实训项目

选取本地一家旅游景区,对其购物服务情况,包括旅游商品种类、购物场所的选址、旅游商品的设计、购物服务人员的服务质量等进行分析。4~6 位同学为一组,分组提交报告。

任务五　景区住宿服务

任务目标

景区住宿主管应该明确景区住宿类型,并制定详细的景区住宿服务要求和服务流程,并对相关服务人员进行培训。

任务实施

请每个小组将任务实施的步骤和结果填入表 4-7 任务单中。

表 4-7　任务单

小组成员:		指导教师:
任务名称:	模拟地点:	
工作岗位分工:		
工作场景: (1) 景区酒店; (2) 员工培训; (3) 景区住宿主管		
教学辅助设施	模拟旅游景区酒店真实工作环境,配合相关教具	
任务描述	通过明确景区的住宿类型,制定详细的景区住宿服务要求和流程,让学生认知景区住宿服务	
任务资讯重点	主要考查学生对景区住宿服务的认识	
任务能力分解目标	(1) 了解景区的住宿类型; (2) 熟悉景区住宿服务要求和流程	
任务实施步骤	(1) 了解旅游景区的住宿类型; (2) 熟悉景区的住宿服务要求和流程	

任务评价考核点

(1) 了解景区住宿的类型。

(2) 熟悉景区住宿的服务要求和服务流程。

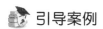 **引导案例**

云南普者黑景区餐饮住宿等服务业拟停业整治

据云南省丘北县委宣传部消息,丘北县政府法制办日前发布了《关于普者黑景区餐饮住宿等服务业专项整治的通告(征求意见稿)》(以下简称《通告意见稿》),拟对普者黑景区餐饮住宿等服务业进行停业专项整治,并出台办法对景区内餐饮住宿进行规范管理。

普者黑景区是国家级风景名胜区,以"水上田园、湖泊峰林、彝家水乡、岩溶湿地、荷花世界、候鸟天堂"六大景观而著称。近年来景区游客出现井喷态势,大规模的客栈建设如火如荼,景区承载力和污染防治等方面面临较大压力。

根据《通告意见稿》,整治范围为普者黑景区核心区内的所有临时摊点、餐饮、客栈、宾馆、酒店服务业。通告发布之日起10日内,整治范围内所有餐饮、客栈、宾馆、酒店、娱乐等经营户需主动停业接受核查,限期内未主动停业的将由景区委会、县环保局、市监局、公安局等部门依法查处、予以停业整治。同时,整治范围内的所有临时摊点主动拆除,未主动拆除的将由景区管委会依法予以拆除。

专项整治实行分类整治。从事经营的建筑,要按照批准图纸进行复核,出现超范围、超规划建设等情形的,由所在乡(镇)人民政府联合职能部门依法处置违法建筑,房屋建设手续不合法的,不得用于开展经营活动。餐饮服务业法定必备证照为营业执照、污染防治设施审查合格意见书、消防安全检查合格证、食品经营许可证。住宿服务业法定必备证照为营业执照、污染防治设施审查合格意见书、消防安全检查合格证、卫生许可证、特种行业许可证。

房屋建设手续合法且法定必备证照齐全的餐饮、住宿经营户,必须建设污染防治设施,餐饮经营户还须安装隔油池及油烟净化装置,经县环保部门审核通过方可营业,拒不整改的不予办理证照,有证的依法吊销证照。必备证照不齐全的餐饮、住宿等服务业经营户,将按照整治要求重新复核,符合条件的依法办齐所有法定必备证照后方可继续经营。

《通告意见稿》强调,停业整治期间,所有经营户必须停止一切经营活动,包括网络经营活动,整改合格一户,经营一户。擅自开展经营活动的经营户,将依法查处、予以停业整治。

(资料来源:http://www.ynta.gov.cn/Item/40524.aspx.)

思考:该如何规范景区住宿服务?

规模较大的景区都建有配套的住宿设施,一般设在景区附近,也有少量设在景区内,景区的住宿服务应纳入景区的统一管理。

一、景区住宿服务类别

按照景区住宿接待设施的档次和运作模式,可分为标准酒店、经济酒店、自助式或家庭旅馆以及民居特色住宿。

1. 标准酒店

对于规模较大的旅游景区和一些高端旅游度假区,其配套住宿接待一般都有高档次的星级酒店,严格执行标准化服务。这些标准类酒店可为游客提供较为舒适的旅行体验,也需要支付较高的住宿费用。这一类酒店住宿设施通常具有较大的建筑体量,并且对周围环境影响较为明显,如图 4-12 所示为广州长隆酒店。

图 4-12　广州长隆旅游度假区内的长隆酒店

 案例 4-10

长 隆 酒 店

长隆酒店是长隆集团倾力打造的生态主题及会展酒店,坐拥数千亩的森林和绿地,远离都市的喧闹,完全融入生态的自然环境之中,给您高贵而私密的放松感觉;它地处长隆旅游度假区的中心地段,毗邻长隆欢乐世界、长隆水上乐园、长隆国际大马戏和长隆野生动物世界等主题乐园。酒店拥有 1500 间生态主题客房,环绕着中庭动物岛,雪虎、仙鹤等珍稀动物与您共眠。走进房间即走进了热带雨林,满目青葱。推开窗,即现全球 360 种欢乐,笑声欢颜与您共分享;关上窗,静音系统为您服务,让您枕着安宁静谧入梦乡。

(资料来源：https://www.chimelong.com/gz/chimelonghotel/.)

2. 经济酒店

经济酒店类住宿接待设施不参与国内酒店的星级评定,在景区中规模较小,设施有限且价格便宜,主要为住客提供整洁而简单的入住环境,设施、环境质量以及服务标准较星级饭店弱,但设施、设备和服务仍具有标准化的特点。景区经济酒店具有以下特点。

(1) 投入和运营成本低

经济酒店的设计相对较为简单,重视基础设施的实用性,需要的公共区域的面积不大,所以和标准酒店类相比,景区经济酒店的投入资金较少,设施建设和设备维护也是以少投入为主。

(2) 功能简单

景区经济酒店主要是提供干净、舒服、便宜、方便、安全的住宿,基础设施比较简单,这也是经济酒店和标准酒店的主要区别。

(3) 经济实惠

经济酒店价格实惠、薄利多销、服务优质,是普通薪资旅游人群较为合适的选择。

(4) 管理精简

经济酒店人员分配较为精简,多是按一人多岗、多人轮岗的方法来经营酒店。

3. 自助式或家庭旅馆

在景区中,自助式或家庭旅馆类住宿接待设施和环境质量以及服务标准都较弱,但价格便宜,旅游者可在此获得住宿基本服务,而其他方面如整理房间等则需要旅游者自己动手。此类接待设施在为旅游者提供住宿空间、设施和简单服务的同时,可以帮助旅游者节省开支,体验当地生活,还可以帮助解决旺季酒店床位不足的问题。例如,将厦门鼓浪屿景区内的单体独栋私家老别墅改建成家庭旅馆,这些家庭旅馆与鼓浪屿风景完全融合,相比大酒店,更具当地人文气息。

4. 特色民宿

民宿类住宿接待系统是根据景区的自然和人文环境加以设计的住宿设施,能反映当地的风土人情、历史文化特色,能够满足游客对典雅古朴的休闲游憩体验的需要,如吊脚楼、小竹屋、小木屋、小石屋等。该类住宿接待系统在为旅游者提供住宿服务的同时,也构成了景区中极具特色的风景,让旅游者感受景区内特有的自然和文化氛围。随着民宿的快速发展,民宿的配套设施也逐步完善,如图 4-13 和图 4-14 所示的广州首个特色小镇——莲麻特色小镇景区的华夏莲舍共有客房 25 间,43 个床位,内设有餐厅、会议室、KTV,可同时容纳游客70 人左右,适合亲朋聚会、商务洽谈、团队会议等,盐蒸房、麻将房、茶室等也一应俱全。

图 4-13　民宿——广州莲麻小镇华夏莲舍

图 4-14　华夏莲舍客房

 案例 4-11

"景区＋民宿"激发全域旅游新活力

沥沥秋雨,给荷塘笼上了一层雅韵。来自上海的张先生一家游走在新晋"网红打卡地"——如皋经济技术开发区平园池村,但见绿树掩映,白墙灰瓦错落有致,一朵朵荷花彩绘于农舍之上。63 岁的平园池村村民陆春安将自家闲置的农房装修一番,打造成了具有浓厚乡土气息的民宿,满足游客的吃住需求。

近年来,如皋市在全域旅游示范区创建中不断探索创新,以构建高品质旅游服务链为着力点,围绕把生态资源、环境资源转化为发展优势、经济优势、富民优势的目标定位,奋力打造"景区＋民宿"为特色的全域旅游发展新格局。该市重新修订完善《如皋市促进旅游民宿发展的意见(试行)》,在政策上向具有人文内涵、个性特色鲜明和服务质量较好的旅游民宿倾斜,扶持推动高质量旅游民宿的发展。加强对已经建成的旅游民宿服务人员的培训,提升现有旅游民宿的服务水平和服务质量。积极引进知名民宿品牌,探索推行品牌化管理、连锁化经营,打造成极具地方特色的游憩品牌。目前,如皋市已建和在建特色旅游民宿项目16 个,客房总数约 1000 间。其中,经济技术开发区平园池江海荷香民宿、长江镇香隐民宿等

7家旅游民宿已建成并对外营业,被南通市认定为"新开工亿元项目"。

(资料来源:https://www.quanyulv.com/global/global_headlines/1351.html.)

二、景区住宿设施规划

在景区住宿设施的规划方面,主要包括以下三个方面的规划。

1. 选址规划

景区住宿的选址应当从整个景区范围甚至是景区所在的区域范围进行全面考虑,并确定建筑面积大小。规划时应注意酒店房间的朝向,尽可能做到通过酒店的窗户就能欣赏到景区的风景,把住宿与景区景色融为一体,提高住宿的吸引力。如图4-15所示为广州长隆度假酒店的选址示意图。

1. 长隆地铁广场　2. 长隆野生动物世界西门　3. 熊猫酒店　4. 长隆国际大马戏
5. 长隆酒店　6. 长隆野生动物世界西门　7. 长隆地铁广场

图4-15　广州长隆度假区酒店的选址

2. 档次规划

档次规划包括住宿设施的等级定位和住宿服务的档次定位。住宿设施方面,景区应对规模进行控制,尽量少建甚至不建超豪华型的景区酒店,以接近当地自然和文化环境的普通型住宿设施为主。住宿服务方面,应不断改善和提高服务质量,注重特色。在景区里,高质量的住宿服务能够给景区带来好的口碑,低质量的服务则会影响景区的形象,带来不良的社会影响。

3. 规模规划

进行规模规划需要对床位数和住宿直接服务人员数量进行预测。

床位预测是住宿设施规划的重要方面,直接影响着景区日后的发展。因而,务必严格限定其规模和标准,对床位规模进行定性、定量、定位的预测,以确保预测的科学性和可操作性。床位的预测需根据景区游客规模进行预测,并通过以下数学模型进行计算。

游客度假接待床位数的计算公式

$$C = R \cdot N / T \cdot K$$

其中,C为床位数,R为年接待人数,N为游客平均住宿天数,T为全年可游天数(取280天),

K 为床位平均利用率。

公式中各项指标值的选取需要考虑到以下两个因素：①景区不同,各取值不同；②规划时段不同,取值不同。计算时,将各数值代入上述计算公式,即可得到景区各阶段旅游住宿床位的规模。

除了预测床位数外,还需要对住宿直接服务人员数量进行估算。直接服务人员的估算是以床位数为基础,根据景区的实际情况选取相应的比例系数进行测算。估算的公式为

$$直接服务人员＝床位数×直接服务人员与床位数的比例$$

在以上公式中,直接服务人员与床位数的比例也是关键。在国际上,这个比例一般为1∶1左右；在中国一般从1∶2到1∶10不等。直接服务人员与床位数的比例还会受景区等级以及景区设施档次的影响,景区的等级越高,其比例越高；景区设施档次等级越高,比例也越高。

三、景区住宿服务的要求

1. 景区住宿服务的基本要求

住宿服务以客房服务为重点,客房服务要做到主动、热情、礼貌、耐心、周到。

(1) 主动

主动就是服务于客人开口之前,这是客房服务员服务意识强烈的集中表现。其具体要求是主动迎送,帮提行李；主动与客人打招呼,语言亲切；主动介绍服务项目；主动为重要客人引路开门；主动叫电梯,迎送客人；主动为新到的客人带路到其他的服务区域；主动照顾老弱病残客人；主动征求客人和陪同人员的意见。

(2) 热情

热情即在客房服务过程中态度诚恳、举止大方、面带微笑,在仪容仪表上着装整洁、精神饱满、仪表端庄,在语言上清楚、准确,语调亲切、柔和,在行为举止上乐于助人、乐于为客人排忧解难,恰当运用肢体语言。

(3) 礼貌

礼貌就是要有礼节、有修养,尊重客人心理。既不妄自菲薄、见利忘义、在客人面前低三下四,丧失人格和国格,又不自高自大、盛气凌人。反对以貌取人的思想和行为,应继承和发扬中华民族热情好客的传统美德。

(4) 耐心

耐心就是不烦不厌,根据不同类型客人的具体要求提供优质服务。工作繁忙时不急躁,对爱挑剔的客人不厌烦,对老弱病残的客人照顾细致周到,客人有意见时耐心听取,客人表扬时不骄傲自满。

(5) 周到

周到就是要把客房服务做得细致入微,周详具体。要了解不同客人的生活喜好,掌握客人的生活起居规律,了解客人的特殊要求,有的放矢地采用不同的服务方法,提高服务质量,并且做到善始善终,表里如一。

2. 景区住宿服务的基本流程

客房的优质服务以客人来、住、走的活动规律为主线,服务流程中主要是贯彻执行"迎、

问、勤、洁、静、灵、听、送"八字工作法。

（1）迎——礼貌大方，热情迎客

客人来到宾馆时，主动迎接，这既是对客人礼貌和敬意的表示，又能给客人留下良好的第一印象。热情迎客，一要举止大方，衣着整洁，精神饱满；二要态度和蔼，语言亲切，动作准确、适当；三要区别不同的对象，针对不同的客人，采取不同的迎接方式。

（2）问——热情好客，主动问好

客人住店过程中，服务员要关心爱护客人，体现主人翁责任感。要主动向客人问好，适当关心他们的生活起居、生活感受，主动询问他们的要求，满足他们的爱好。

（3）勤——工作勤快，敏捷稳妥

勤是服务员事业心和责任感的重要体现，要做到手勤、眼勤、嘴勤、腿勤。手勤就是要及时准确地完成工作任务；眼勤就是要注意观察客人的需求反应，有针对性地为客人提供随机性服务；嘴勤就是要见了客人主动打招呼，主动询问需求，切不可遇到客人不言不语，低头而过；腿勤就是要行动敏捷，不怕麻烦，提高服务效率。

（4）洁——保持清洁，确保干净

客房服务过程中，清洁卫生是客人的基本要求之一。每次整理客房、卫生间、会客室、书房，都要严格消毒，消除被使用过的痕迹，保证各种设备、用具和生活用品清洁、美观、舒适。

（5）静——动作轻稳，保持肃静

客房是客人休息或办公的场所，保持安静也是优质服务的基本要求。服务人员在准备用品、打扫卫生时要做到敲门轻、说话轻、走路轻。服务过程中，不得大声喧哗、吵闹。随时保持客房和楼道的安静，以体现客房服务的文明程度。

（6）灵——灵活机动，应变力强

服务过程中，服务人员必须具有较强的应变能力，必须根据客人的心理特点、特殊爱好，采用灵活多样的方法，如对动作迟缓、有残疾的客人应给予适当的照顾，对性格开朗的客人说话可以随和一些等。

（7）听——眼观六路，耳听八方

服务人员要随时留心观察客人的情况，征求客人的意见，随时发现服务过程中的问题和不足之处，并及时改进和弥补。

（8）送——送别客人，善始善终

客人离店既是客房服务的结束，又是下一轮服务工作的开始。为使服务工作圆满完成，给客人留下美好的回忆，同时也为争取回头客，服务人员应礼貌向客人道别，欢迎再度光临。

上述八字工作法，形成一个完整的服务过程，是客房服务质量标准化的重要表现。

四、景区住宿服务管理的内容

景区住宿服务管理内容较多，其中最重要的两个方面是服务质量管理和安全管理。

1. 服务质量管理

景区住宿服务质量管理是由景区内住宿部门对为游客提供的住宿服务及相关方面服务的质量管理，主要包括以下几个方面。

（1）通过利用和开发旅游景区良好的环境资源和现有的设施设备，为游客提供高质量的住宿服务。

（2）通过市场调研与预测，结合景区特色，不断开发符合市场需求的产品，满足游客的需要。

（3）通过广告、宣传，以及改善住宿的设施设备和提升服务质量，提高景区住宿的口碑和声誉，从而吸引更多客源。

（4）通过岗位培训和专业教育，提高住宿服务部门各级管理人员和服务人员的服务水平和专业知识水平。

（5）通过提高人力、财力以及物力等各方面的决策、计划、组织、协调、监督等管理工作，提高景区住宿的管理效率。

2．安全管理

景区安全管理是景区住宿单位为了保障游客、服务人员的人身、财产安全以及住宿服务单位自身的财产安全而进行的计划、组织、协调与管理活动。景区住宿单位需要根据实际情况，制定科学、有效的安全管理措施与制度，主要包括以下几个方面。

（1）犯罪与盗窃的防范与管理

首先是加强游客的生命、财产的安全管理，包括加强出入口、楼道以及游客财务和保管箱的安全管理；其次是加强住宿单位员工的安全控制与管理，包括制定岗位工作的安全要求、对员工进行安全培训、加强员工饮食安全控制等；最后是加强对住宿单位财产的安全控制与管理，包括防范和控制员工的偷盗行为、游客的偷盗行为和外来人员偷盗行为。

（2）火灾的预防和火灾应急预案的制定

住宿单位应当制定火灾的预防计划和紧急预案，并对员工进行火灾安全培训，组织员工进行火灾救援演练。在日常工作中，住宿单位应注重预防火灾的发生，保障住客以及员工的人身和财产安全。发生火灾时，管理人员以及其他服务人员应当按照火灾紧急预案迅速作出反应，把损失降到最低。

（3）其他安全事故的防范计划与管理措施

在住宿过程中，还可能会出现其他的安全事故，如住客在住宿单位内由于地滑摔倒等，因此住宿单位务必把本单位中各种可能存在的安全隐患进行排查，并采取措施进行预防控制，尽可能防止事故的发生；一旦发生安全事故，住宿单位服务人员应当及时采取措施，进行恰当处理。

总结案例

"酒店＋旅游"成新业态，三亚酒店"景区化"引领新潮流

住在三亚的度假酒店，面朝大海，春暖花开。住在三亚的乡间民宿，望见山水，心旷神怡。近年来，三亚在给游客提供业态丰富、品牌聚集的旅游产品的同时，不断创新推出旅游新业态、新热点。连日来，三亚日报记者走访三亚多个湾区的度假型酒店、乡村民宿时发现，三亚的酒店、民宿在以往"住"的功能基础上，融入"娱乐""美食"等旅游新业态。酒店"景区化"成为时尚新潮流，"亲子乐园"更是成为越来越多酒店的"标配"。"酒店＋旅游""名宿＋乡游"逐渐成为三亚酒店业、民宿业的新业态。

"酒店＋旅游"引潮流

"从房间望出去就是海景，早上起来还可以看海上日出，尤其是包含了水世界、水族馆无

限次进入,小朋友可以待在水世界里玩一整天。值得一提的是,在这里还可以品尝来自世界各地的美食。"11 月 3 日,来自天津的马女士和丈夫带着 8 岁的孩子到三亚·亚特兰蒂斯"打卡"。

三亚·亚特兰蒂斯相关负责人介绍,作为一站式娱乐休闲及综合旅游度假目的地,从开业至今一直都是三亚热门"打卡地"之一,引领三亚休闲度假旅游,单酒店业态成为海南省接待境外游客数量排名第一的高端酒店。"三亚·亚特兰蒂斯将不断提升旅游国际化服务水平,推动海南向具有世界影响力的国际旅游消费中心迈进。"

"儿童拖鞋、小书桌椅、儿童帐篷、可爱的卡通床上用品等充满童趣的设计元素处处彰显天真烂漫的气息。泡在浴缸里与小黄鸭一起嬉戏更是孩子们爱上洗澡的不二法宝。"入住三亚海棠湾喜来登度假酒店的客人这样评价。

作为一家以亲子为主的综合型度假酒店,三亚海棠湾喜来登度假酒店推出的家庭客房套餐更是大多数亲子家庭下榻酒店选择的热卖产品。

"近期,酒店又新增了卡丁车、DT 亲子车、自助童车等设施,促进孩子们多元化健康成长。除此之外,酒店专门为小朋友定制了每日游玩行程,既能解放父母的双手,又能让小朋友们窝在酒店也不会感到无聊,享受丰富的假期活动。"三亚海棠湾喜来登度假酒店公关部相关负责人说。

在三亚海棠湾君悦酒店,住店的客人则可带孩子感受古朴渔村的海滨风光;入住三亚澳卓雅酒店公寓,可让游客"在城市中央看海";位于大东海的三亚银泰阳光度假酒店不仅是俄罗斯游客在三亚的一个"家",更是众多家庭的一个"亲子乐园",目前,该酒店冬季以"亲子"内容预订的用户较去年同期增长了一倍多。

数据显示,近年来,三亚不断丰富亲子旅游产品,提升亲子旅游基础设施的国际化水平,亲子旅游全域布局。目前有 60 家以上的星级酒店配备了亲子游玩设施,推出了海洋型、营地型、教育型的多层次亲子旅游产品。

(资料来源:http://www.hi.chinanews.com/hnnew/2019-11-06/505726.html.)

🔘 同步练习

一、选择题

1. 景区住宿服务的分类不包括(　　　)。

    A. 豪华酒店类　　　　　　　　　B. 标准酒店类

    C. 经济酒店类　　　　　　　　　D. 民宿类

2. 影响游客度假接待床位数的因素包括(　　　)。

    A. 年接待人数　　　　　　　　　B. 全年可游天数

    C. 住宿天数　　　　　　　　　　D. 床位平均利用率

二、简答题

1. 简述景区经济型酒店的特点。

2. 简述景区住宿服务的基本要求。

3. 简述景区住宿服务管理的内容。

实训项目

选取本地两家旅游景区,分别对其住宿服务情况,包括住宿服务所属的类别、住宿规模、选址特点、住宿服务人员的服务质量等进行调查分析,对比这两个景区住宿服务的特点。4~6位同学为一组,分组提交调研报告。

前沿视角

如何提升景区服务质量? 大数据来支招

随着热衷外出旅游的国人愈来愈多,国内各景区服务质量的优劣,正日渐成为全国人民普遍关注的旅游话题。此前曾出现过的夜爬泰山无人疏导、恩施大峡谷景区工作人员粗暴面对游客等新闻事件,一经曝出便引起了网民们的广泛关注与讨论。

当下,我国旅游行业的发展正迈向优质旅游发展的新时代。如何保障并提升全国各地景区的服务质量,帮助景区与游客形成良性互动,进而促进国内旅游产业的健康发展,已经成为中国旅游业正在面临的实际问题之一。

针对这个话题,国内多位旅游专家都曾说出自己的看法,并不约而同地指出了旅游景区和产品"服务质量"的重要性。

中国人民大学经济学博导王琪延教授曾公开表示:旅游品牌是榜样,而榜样的力量是无穷的。从供给侧的角度来讲,优质旅游品牌必须得有品质和产品质量的保证,也就是说,供给侧要提高产品的生产质量和服务质量;从消费指导的角度来讲,只有提供出好的旅游产品和服务质量,消费者才会满意。这是与党的十九大所提出"不断满足人民日益增长的物质文化需求"高度契合的。

2018中国品牌旅游景区评选,将坚持科学、全面的专业评审机制,综合口碑数据、人民舆情数据、专家意见,以及大众评审投票及问卷调查数据,坚持以人为本,着重考察景区的管理服务质量与游客体验,着力打造出"人民喜爱的旅游景区"概念并最终形成TOP20榜单。

其中,口碑数据评审将结合起评价数据和校验数据两大类数据,而评价数据的获取与分析将在"服务质量""门票物价""卫生环境""文化特色""景区管理"等9大维度上展开。

各地景区的"服务质量",是本次评选活动的重要评审指标之一。依据来自12301国家智慧旅游公共服务平台数据分析模型,评审过程将利用具有客观性、真实性和指导意义的大量级评审数据,评选出真正拥有高水准服务质量的优质景区。

首先,对景区服务质量的评审,将依托庞大的数据量级来完成。以浙江省为例,超过250万条游客自发评价将成为该省份景区参选的评审数据来源。

其次,针对景区服务质量的大量级口碑数据,具备言语化和图像化的表达特点,能够反映出来自游客的真实消费体验。

再次,通过关键词提取的方式,将游客对景区的自主评价形成"观点",再对"观点"进行分析整合,最终实现大数据分析,这样就达到了客观反映出大众对景区的态度与评价的目标。

最后,"服务质量"口碑数据还具备直观鲜明的对比效果。无论是总体平均值对比单一景区数据,还是各独立景区之间横向对比,这种数据呈现特点对于评审结果和景区的自我升

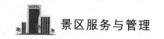

级都将带来很好的指导意义。

（资料来源：http://travel.people.com.cn/n1/2018/0928/c41570-30318931.html.）

 项目小结

景区配套服务是保证景区旅游正常进行的基础要素，是发展旅游业不可缺少的一部分，正在受到越来越多的关注。景区配套服务的优劣直接影响景区的经济效益，对景区的发展有着重要影响。本项目介绍了景区交通服务、娱乐服务、餐饮服务、购物服务和住宿服务的相关内容，明确了各项服务的要求和规范。

 综合训练

1. 实训项目

景区配套综合服务技能实训。

2. 实训目标

培养学生运用所学知识分析和解决实际问题的能力，通过项目让学生更好地掌握景区配套服务技能。

3. 实训指导

（1）指导学生掌握景区配套综合服务技能的知识。

（2）给学生提供必要参考资料。

4. 实训组织

（1）把所在班级学生分成小组，每组4～6人，确定组长，实行组长负责制。

（2）每个小组的学生分别扮演景区各个服务过程中的不同角色，包括购物服务中的商店售货员、导游、游客等，餐饮服务中的服务人员、导游、游客等，住宿服务中的服务人员、导游、游客等，娱乐服务中的工作人员、导游、游客等，交通服务中的司机、停车场管理员、景区经理、游客等，模拟景区各种服务的服务过程。

（3）每个小组进行景区服务类型的抽签，抽到哪个服务类型，便在课堂上进行模拟表演。

5. 实训考核

（1）根据每组模拟的服务过程情况，由主讲教师进行点评，分数占70%。

（2）各小组模拟表演完后，每个小组互评，各给出一个成绩，取其平均分，分数占30%。

项目五

景区安全管理

🚩 **学习目标**

知识目标

1. 了解景区安全事故的表现形态、发生原因。

2. 熟悉景区安全事故预防控制措施。

3. 掌握景区各类安全事故应急处置措施。

能力目标

1. 能够对景区安全事故的预防采取有效措施。

2. 能够对景区发生的各类安全事故进行应急处置。

素质目标

1. 具有较强的安全意识和责任心。

2. 具备应变能力和应急处置能力。

3. 具有以人为本、安全至上、敬畏生命的理念。

4. 具有爱岗敬业、勇于担当的责任感。

学习指南

学习方法

1. 讲授学习法。通过聆听教师讲授，理解和掌握知识。

2. 讨论学习法。通过小组讨论，深化对所学知识的理解和运用。

3. 案例学习法。通过案例分析，总结经验，强化知识运用。

4. 任务驱动法。通过完成具体任务，解决实际问题，提升专业技能。

学习资源

1. 参考书目

张河清. 旅游景区管理[M]. 重庆：重庆大学出版社，2018.

2. 网络资源

(1) 中华人民共和国文化和旅游部：https://www.mct.gov.cn

(2) 中国旅游网：http://www.cntour.cn

(3) 中国安全生产网：http://www.aqsc.cn/index.html

(4) 安全管理网：http://www.safehoo.com

学习建议

线上线下相结合进行学习。

1. 课前：通过课程信息化资源、网络慕课资源等提前预习相关知识。

2. 课中：主动配合授课教师，积极参与线上、线下互动，领会知识，掌握技能。

3. 课后：完成课后同步练习、实训项目，巩固所学知识和技能。

任务一　景区安全事故预防控制

任务目标

景区安全员需要明确景区安全管理的任务，熟悉景区安全事故的表现形态与产生原因，掌握景区各类安全事故预防措施与应急处置措施。

任务实施

请每个小组将任务实施的步骤和结果填入表 5-1 任务单中。

表 5-1　任务单

小组成员：		指导教师：
任务名称：	模拟地点：	
工作岗位分工：		
工作场景： (1) 大型旅游景区； (2) 景区安全员； (3) 景区游客		

教学辅助设施	模拟景区工作环境,配合相关教具
任务描述	通过熟悉景区安全事故预防措施,让学生认知如何预防景区安全事故的发生
任务资讯重点	主要考查学生对景区安全事故预防与控制管理的认识
任务能力分解目标	(1) 了解景区安全事故的表现形态、发生原因; (2) 熟悉景区安全事故预防控制措施; (3) 掌握景区各类安全事故应急处置措施
任务实施步骤	(1) 学习了解景区安全事故的表现形态及其发生原因; (2) 熟悉景区安全事故预防控制的措施; (3) 掌握景区各类安全事故应急处置措施

任务评价考核点

(1) 了解景区安全事故的表现形态、发生原因。

(2) 熟悉景区安全事故预防控制措施。

(3) 掌握景区各类安全事故应急处置措施。

引导案例

巴黎圣母院火灾事故

巴黎当地时间 2019 年 4 月 15 日下午 6:50,正搭起脚手架进行维修工程的巴黎圣母院遭遇大火,滚滚浓烟遮蔽了塞纳河畔的天空。巴黎圣母院遭遇到有史以来最严重的一次火灾,整座建筑损毁严重,着火位置位于顶部塔楼,大火迅速将塔楼的尖顶吞噬,尖顶如被拦腰折断一般倒下,留下石质的残垣断壁让人唏嘘。

根据法国消防队员称,巴黎圣母院主体结构被"拯救",主结构整体保存完整。

火灾发生后,巴黎市检察机关在第一时间宣布启动调查,调查方向初步定为"过失引发火灾导致损毁",检方已经排除了纵火的可能性,也不认为此事和恐怖主义有关。法国媒体援引巴黎消防队的说法称,火灾与耗资 600 万欧元的翻新工程有"潜在联系"。

(资料来源:http://hb.sina.com.cn/zt_d/paris0416/.)

思考:该如何预防景区安全事故的发生?

一、景区安全管理

景区的安全管理是指为了达到安全的目的,景区经营管理者有意识、有计划地对景区旅游活动中各种安全现象进行安全教育、防范与控制活动。这些活动包括对员工、游客的安全宣传与教育,教育内容包括安全管理方针、政策、法规、条例的制定与实施。

1. 景区安全管理的特点

景区安全管理具有以下三个明显特点。

(1) 影响因素众多

景区安全管理涉及游客在旅游活动过程中的食、住、行、游、购、娱等各个环节,每个环节

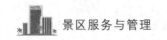

的安全状况又会受到自然因素、人为因素、设施设备状况因素等多种因素的影响。

（2）范围广、难度大

景区安全管理既包括对游客的安全管理，也包括对景区自身的安全管理。游客在景区内进行游览的过程中流动性较强，景区自身的设施设备分布分散且范围广，安全管理难度大。另外，景区安全事故的表现形态多样，安全事故的控制、管理、处置的时效性要求较强，也加大了景区安全管理的难度。

（3）管理责任重大

景区是一个地区、甚至一个国家的对外窗口，景区安全控制与管理的好坏，不仅直接影响游客的人身与财产安全、旅游景区的形象和经济效益，还会影响一个地区甚至一个国家的形象和经济发展。

2. 景区安全管理的任务

景区安全管理的任务是研究景区服务与管理工作中的安全规律和特点，事先预防、及时发现和积极控制安全隐患和安全事故，确保景区自身安全和游客人身财产安全，具体任务包括以下内容：

（1）建立健全安全管理组织和管理制度；

（2）加强设施设备的安全管理，制定安全操作规程；

（3）加强对景区员工的安全培训与管理，树立安全意识，落实安全责任；

（4）加强对游客游览活动的引导和控制，提醒游客注意旅游安全；

（5）配备安全设施设备，完善警示标志，对游览区域实施监控；

（6）预防、控制和处理景区安全事故。

二、景区安全事故的表现形态与产生原因

1. 景区安全事故的表现形态

在景区内部，安全事故主要有以下几种表现形态。

（1）自然灾害安全事故

自然灾害是景区安全事故中较常见的表现形态，它不以人的意志为转移，具有突发性、不确定性，对游客生命财产和景区的设施设备及资源具有较大的威胁。

（2）旅游设施安全事故

景区的设施包括基础设施及康乐设施等。景区最常见的设施安全事故主要涉及索道、缆车、游船、护栏等游览设施，如果不注意对这些设施进行维护和日常安全检查，极易导致安全事故的发生，而且危害性极大。

（3）人为安全事故

这类安全事故又分为三种情形：一是犯罪形式的安全事故，如盗窃、抢劫、人身攻击、恐怖活动等；二是相关人员疏忽大意、行为失当引发的安全事故；三是设施设备操作人员责任心不强、操作技术不熟练引发的安全事故。

（4）游客身体因素导致的安全事故

由于游客对景区的地域环境和自然条件等不适应，容易引发疾病，导致安全事故，如旅游者在高海拔景区常会出现缺氧和高原反应，严重时还会休克甚至死亡。

（5）其他意外安全事故

其他意外安全事故指在景区游览过程中由其他不可控、不可预知的意外因素引发的安全事故。

2. 景区安全事故产生的原因

景区发生安全事故的原因极其复杂，一般可归纳为以下四个方面。

（1）自然环境方面的因素

自然环境方面的因素包括地震、火山爆发、滑坡、泥石流、暴雨、洪水、海啸、沙尘暴、有毒气体、部分凶猛野生动物、有毒植物等。

（2）社会方面的因素

社会方面的因素主要包括战争、恐怖主义、社会动乱、犯罪活动、火灾等。此外，社会管理机制不健全、相关法规不配套、旅游安全管理执法不力等，也容易导致景区安全事故的发生。

（3）旅游者方面的因素

旅游者方面的因素有两个方面。其一，旅游者安全意识薄弱，不遵守安全行为规范，如旅游者随意扔弃烟头、野外烧烤引发山林大火等。其二，游客盲目追求个性体验，刻意追求高风险旅游活动，且易处于过于放松状态，这些时候也容易发生安全事故。

（4）景区管理方面的因素

景区管理方面的因素有很多，如景区管理人员不足、景区安全体系不完整、景区管理手段落后等。

三、景区安全事故的预防措施

在景区中，为了避免和减少安全事故的发生，景区需要采取有力的预防措施，预防措施主要包括以下八个方面。

1. 建立景区安全机构与安保制度

景区应建立以法人代表为总负责人，各主要部门负责人共同参加的安全机构，全面领导景区的安全管理工作。法人代表对本单位的安全工作负总责；分管负责人协助主要负责人履行本单位的安全生产职责；其他分管领导负责带领分管部门贯彻落实有关安全生产的各项规定。景区应设置专人、专门机构，负责安全保卫工作，配备的安全保卫人员应与景区的规模、性质相适应。

另外，景区应按有关法律法规建立健全各项安全保卫规章制度，至少包括以下内容：

（1）各类安全组织工作条例和例会制度；

（2）各部门、各班组、各岗位的安全责任制度；

（3）安全教育培训制度；

（4）治安保卫制度；

（5）重点文物或重要景观保管或保护制度；

（6）值班、值勤制度；

（7）安全奖惩制度；

（8）出租、承包、合资、合作经营场所安全管理制度；

（9）施工现场安全管理制度；

（10）消防安全管理制度；

（11）事故报告制度；

（12）动火、明火审批报告制度；

（13）安全生产检查制度；

（14）设施维护保养制度；

（15）景区安全行车制度。

此外，景区还应设立和完善景区内的安全监督机构、快速营救机制、医疗救护机构等。

2. 增强景区从业者的安全意识

景区应加强对景区从业人员安全意识的宣传和教育，景区安全宣传和教育机构包括安全意识教育机构、技能培训机构等。2016年实施的《旅游安全管理办法》规定"旅游经营者应当对从业人员进行安全生产教育和培训，保证从业人员掌握必要的安全生产知识、规章制度、操作规程、岗位技能和应急处理措施。"

员工安全意识的培训应包括以下几个方面的内容，一是帮助员工树立旅游安全至上的意识；二是让员工建立严格遵守安全操作规章制度的意识；三是使员工掌握使用和维护各种安全设施设备的实用技能；四是培养员工事故应急处理的技能；五是培养员工安全责任追究意识；六是，对员工进行安全知识自学能力的培养。员工安全意识培训可以采用以下几种方法：基本安全知识集中讲授；安全技能模拟训练；板报、专栏和内部刊物宣传；岗位安全责任书；检查、考核、比赛等。

3. 定期排查景区安全隐患

安全隐患的排查能够对景区容易发生事故的部位、设施进行整改，景区应对各区域、设施明确责任人员，制定并落实防范和应急措施，加强日常和定期的安全巡查，做好对安全隐患问题的全面细致排查，完成如表5-2所示的安全隐患自查表对发现的问题及时整改到位，有效防止旅游安全事故的发生。

表5-2　景区安全隐患自查表

被查位置		组织者		检查时间	年　月　日
参加检查人员					
存在事故隐患					
整改措施和要求					
	整改落实人签名：		检查负责人签字：	年　月　日	
复查记录			复查负责人签名：	年　月　日	

案例 5-1

排查景区安全隐患，确保市民耍得"放心"

"要加大对游乐设施的检查力度，做好日常检修巡查。"2月5日，市西山风景区管理局工作人员在万卷楼景区开展安全大检查，重点对游乐设施的运行记录、操作规程、安保制度、保险带（栓）等进行检查，并对存在的问题提出了整改意见。

记者在游乐场看到，海盗船、溜索、滑冰场等娱乐设施正在运行，另一边，3名维修人员正在对"激流勇进"游乐设施进行检查。"我们正在检修轴承。"维修人员告诉记者，他们会定期对游乐设施进行安全检查，尤其是节假日前会提高检查频次，一旦发现问题立即停运维修。

记者跟随检查组来到"遨游太空"游乐设施前，工作人员要求游乐园负责人出示相关规章制度、日检记录、维修内容等资料，并重点对游乐设施合格标志、警示标志、安全装置、运行检修记录作了核验。经查，该游乐项目均处于检验有效期内，现场作业人员均持证上岗，日检维修内容均按时记录在册。

随后，检查组一行对景区灯会布展、标识标牌以及索道等进行了检查。在经过沙石挖掘机游乐项目时，检查组发现有商家存在使用明火取暖现象，立即要求商家停止营业，扑灭明火，清理现场，并现场对商家处以200元罚款。

"春节即将来临，景区游客流量也将随之增加，我们已加大监管力度，每天安排工作小组对景区内的环境卫生、游乐设施等，尤其是特种设备进行检查，切实做好各项安全生产工作，向广大游客提供安全、祥和、整洁的旅游环境。"市西山风景区管理局副局长袁鹏飞说。

（资料来源：http://www.shunqing.gov.cn/t/59985.html.）

4. 发布景区安全信息

发布景区安全信息主要通过景区安全标识系统和景区安全预警系统两个方面进行。

（1）景区安全标识系统

在游客集散地、景区主要干道、危险地带等区域，按照国家规范的安全标志符号设置安全标识系统，用以正确引导和约束景区内游客的游览行为。安全标志是用于表达特定安全信息的标志，由图形符号、安全色、几何形状或文字组成。景区内安全标志大致分为以下四类。

① 禁止型标志。用于提醒人们不安全行为的图形标志，包括禁止吸烟、禁止烟火、禁带火种、禁止触摸、禁止攀登、禁止跨越、禁止跳下、禁止入内、禁止停留、禁止通行、禁止靠近、禁止乘人、禁止抛物等标志，见图5-1和图5-2。

图5-1 禁止型标志（1）

图5-2 禁止型标志（2）

② 警告型标志。用于提醒人们注意周围环境、避免发生危险的图形标志,包括注意安全、当心火灾、当心电缆、当心落物、当心坑洞、当心塌方、当心车辆、当心滑跌等标志,见图5-3和图5-4。

图 5-3　警告型标志(1)　　　　　图 5-4　警告型标志(2)

③ 指令型标志。用于强制人们必须做出某种动作或采用防范措施的图形标志,包括必须戴防护眼镜、必须戴安全帽、必须穿救生衣等标志。

④ 提示型标志。用于向人们提供某种信息(指明安全设施或场所)的图形标志,包括紧急出口、避险处等标志。

景区在建立健全的安全标识系统时需注意,一是所有标志要按照国际规范制作和悬挂,这样不仅有利于推广,还能让所有游客都能看得懂;二是标志不仅要配有中文文字,还要配有英文文字;三是标志牌要置于明显位置和明亮的环境中,不可有障碍物遮挡视线,不可放置在移动的物体上;四是标志牌的材质除要求坚固耐用外,还要尽可能就地取材,并与旅游景区的环境相协调;五是旅游景区的各种标志牌必须制作精良,它是景区形象的构成要素;六是安全标志牌至少半年全面检查一次,对不符合要求的破损牌子应及时更换或维修,以避免产生误导和纠纷。

(2) 景区安全预警系统

建立景区事故及灾害安全预警系统,可以对可能发生事故及灾害的区域提前发出预测和预警信息,减少或避免人员伤亡与财产损失。景区应与地震局、气象局、防汛抗旱指挥办公室等相关灾害发布机构合作,随时获取当地未来 48 小时内的天气变化情况和灾害预警信息。对已经发生的事故,景区也应及时发布报警信息,减少事故损失,保卫景区内人员生命财产安全,控制其发展。景区安全预警可通过媒体向旅游者做出公开、真实的说明和明确的警示,也可在景区内部通过景区解说系统等进行预警信息的发布。

此外,还应建立景区环境容量预警。景区旅游环境容量是指景区环境各要素在特定时期内所能承受的旅游者人数和旅游活动强度。环境容量预警旨在提醒旅游者合理选择旅游景区游览时间段,避免游客过分集中而对旅游者、旅游地生态环境和人文环境造成损害与破坏。景区应该建立环境容量预警系统,将游客量控制在旅游景区所能承受的范围之内,以减轻旅游景区的环境保护和安全保障压力。

5. 加强景区设施设备的安全管理

为避免因设施问题而造成的旅游安全事故,应加强和落实景区安全设施设备的管理,以及景区娱乐设施设备的安全使用管理。

(1) 景区安全设施设备的管理

在例行工作中,要加强对安全设施设备的维护和管理,确保真正起到安全防护的作用。

景区安全设施设备主要包括以下几类。

① 危险地带的安全防护设施,如安全护栏、水上拉网等。

② 消防、防火等设施。消防、防火等设施包括火灾自动报警系统、自动喷水灭火系统、消火栓系统、防烟排烟系统、防火分隔系统、应急广播和应急照明设施、安全疏散设施等。

③ 监控设施。监控设施包括闭路监控系统或瞭望塔等,根据景区类型与环境、空间范围大小、安全管理目标、环境管理目标的不同而具有各自的功能。

④ 特殊娱乐项目的安全配套设施,如速降、蹦极、潜水、漂流等特殊旅游项目的安全防护设施。

（2）景区娱乐设施设备的安全使用管理

在景区娱乐设备的使用过程中,应有正确的使用方法、合理的工作规范和良好的设备维护,这对于景区安全事故的预防控制有着重要作用,主要包括以下几个方面。

① 对设施设备的使用进行规范管理。景区需要对运行操作人员进行规范化管理,对服务人员进行规范化要求,运行操作人员和服务人员在上岗前必须学习和掌握安全操作和服务知识,有明确的岗位责任规范。

② 制定设施设备使用管理规章制度。设施设备使用管理的规章制度包括运行操作规程、维护规程、设施设备运行人员岗位制度和设施设备管理规则等。

③ 制定设施设备使用的基本要求。要做好设施设备的使用管理,就要推行设施设备全员管理制度,要做到谁使用,谁就要维护好。要达到这个目的,必须抓好设施设备操作基本技能和操作纪律的培训。

📖 案例 5-2

保障景区游乐设施安全,日照16家旅游景区向社会做出承诺

记者从日照市市场监管局了解到,确保景区大型游乐设施、客运索道、旅游观光车、电梯等特种设备的安全,是日照市市场监管局开展旅游市场整治的重点之一。近日,日照市16家旅游景区特种设备使用单位在市市场监管局的见证下,向社会公开作出承诺。

旅游景区（公园、景点等）特种设备安全运行承诺书

一、严格执行《中华人民共和国特种设备安全法》《特种设备安全监察条例》《特种设备使用管理规则》《大型游乐设施安全监察规定》《客运索道安全监督管理规定》《客运架空索道安全规范》《非公路用旅游观光车安全运行与管理规范》等有关安全法律法规和技术规范,保证本单位特种设备的安全使用。

二、全面落实安全主体责任,本单位的主要负责人对本单位的特种设备安全全面负责。依法依规设置特种设备安全管理机构或者配备专职的特种设备安全管理员。

三、建立健全特种设备安全技术档案、使用安全管理制度和岗位安全责任制度,使用符合安全技术规范要求的特种设备,保证在用设备依法登记、检验合格。

四、对设备进行经常性维护保养,定期安全检查,消除安全隐患,确保设备始终处于正常使用状态,确保设备安全附件及安全保护装置灵敏、可靠。对于存在安全隐患的设备坚决予以停止使用。

五、客运索道、大型游乐设施在每日投入使用前,运营使用单位务必进行试运行检查和例行安全检查,对安全附件和安全保护装置进行检查确认,并作出记录。

六、特种设备作业人员须取得国家统一制式的特种设备作业人员证书,加强对特种设备作业人员的安全教育和培训,确保其持证上岗、按规程操作,正确履行职责。

七、大型游乐设施、客运索道、电梯的运营使用单位应当将安全使用说明、安全注意事项和安全警示标志置于易于引起乘客注意的位置。

八、制定切实可行的特种设备应急预案,并适时进行演练、做好演练记录。重大活动保障期间,应急装备、应急人员现场值守到位,发生故障或者异常情况迅速做出反应。

九、旅游旺季、节假日期间,加强对在用特种设备的巡查、维护和应急值守,做好相应的安全保障工作,如遇特种设备突发事件要立即报告。

十、建立完善游客投诉处理机制,第一时间妥善有效的处理游客投诉;自觉接受政府部门依法开展的监督管理;积极接受社会各界监督。

(资料来源:https://new.qq.com/omn/20190521/20190521A0JJLC.html?pc.)

6. 制定景区安全事故应急预案,并进行预案演练

景区应制定景区内可能发生的各类安全事故的应急预案,当安全事故发生时,能够立即采取必要的救助和处置措施,把损失降到最低。按照制定的应急预案,景区应根据需要,定期组织应急救援演练,提高应急能力,同时根据预案实施和演练评估情况,定期修改完善该景区的安全事故应急预案,提高应急预案的科学性、合理性和可操作性。

案例 5-3

黄山风景区举办消防应急演练

7月9日,由黄山风景区管委会主办,黄山风景区安委办、消防大队、汤泉大酒店承办,黄山旅游集团有限公司、黄山旅游发展股份有限公司协办的黄山风景区2019年消防应急疏散救援联合演练在汤泉大酒店举行。

本次演练模拟场景为汤泉大酒店8202房间游客吸烟不慎发生火灾,酒店立即开展初起火灾扑救,后因火势较大,且有人员被困,有蔓延成山火的趋势,立即请求消防、医疗及森林防火等其他应急救援大队增援,最终将火灾扑灭,救出被困人员。

黄山风景区党工委委员、管委会副主任、安委会常务副主任宋生钰担任本次演练的总指挥,管委会经济发展局、园林局、综合执法局主要负责同志担任本次演练的副总指挥。景区12支专兼职救援队伍,管委会各处、室、局,集团公司、股份公司,驻山单位分管安全负责人、安全联络员、安全员,消防安全知识技能竞赛入围选手,共180余人参加了应急演练和观摩。

(资料来源:http://www.huangshan.gov.cn/News/show/2673246.html.)

7. 完善景区应急救援系统

景区应急救援系统包括核心机构、救援机构、外围机构,是由旅游接待单位、旅游救援中心、保险、医疗、公安、武警、消防、通信、交通等多部门、多人员参与的社会联动系统。景区应加强与这些部门和机构的沟通和合作,在安全事故发生时,根据需要迅速集结救援力量。

案例 5-4

张家界蓝天救援队开展志愿服务活动,助力景区开放

2月29日至3月1日,张家界市蓝天救援队28名志愿者在张家界武陵源景区袁家界开

展为期两天的应急救援培训活动。

在袁家界景区管委会的支持下,志愿者利用绳索升降、生命救援和人道救助等专业技术给袁家界景区管委会和景区环保客运工作人员现场进行了专业培训。志愿者们还携带索降装备"飞檐走壁"行走在悬崖上,清除了游览线沿线悬崖峭壁上多年无法清理的各种垃圾。

武陵源区委副书记、张家界武陵源风景名胜区和国家森林公园管理局常务副局长向绪杰表示,张家界蓝天救援队是一支具有较高专业素养的应急救援队伍,他们的参与对支持核心景区恢复正常旅游接待,提升景区服务管理品质具有重要意义。今后,将进一步加强与蓝天救援队合作,借助专业队伍力量,定期开展景区从业人员应急救援培训,协助景区实施突发事件应急救援,逐步完善景区救援体系。

(资料来源:https://tour.rednet.cn/content/2020/03/02/6826121.html.)

景区还应根据实际需要,建立各种不脱产的专业救援队伍,包括抢险抢救队、医疗救护队、义务消防队、通信保障队、治安队等。救援队伍是应急救援的骨干力量,担任负责景区各类重大事故的处置工作。要加强各救援队伍的日常培训,一旦发生事故,各救援队伍应能根据各自任务及时有效地排除险情、控制并消灭事故、抢救伤员,做好应急救援工作。

 案例 5-5

公司召开景区应急救援队成立动员大会

2019 年 4 月 15 日,长白山旅游股份有限公司在皇冠假日酒店召开景区应急救援队成立动员大会,宣布成立长白山景区应急救援队,专职负责应对长白山景区内的森林火灾、自然灾害及其他各类事故的应急救援任务,并对参会的 100 名应急救援队员作出动员。

长白山景区应急救援队严格按照专业救援队要求组建,队伍编制 100 人,设总队长 1 名,大队长 2 名,副队长 2 名,中队长 4 名,覆盖长白山北、西景区。队员经过严格筛选,层层选拔,均为 20 周岁至 39 周岁的男性青年,具有良好的身体素质和业务能力,为日后开展统一的救援培训和体能训练打下了良好基础。

会上,公司副总经理孙青春对应急救援队的建设提出了总体要求。他指出,在新时代、新形势下,长白山景区成立应急救援队是响应国家应急管理部、省应急管理厅和长白山管委会应急管理局的总体号召,应急救援队伍建设工作将列入公司今后的核心业务,各队长、队员务必要提高思想认识,充分认清组建应急救援队的深远意义,要以专业救援队伍建设要求为标准,加强队伍建设,苦练救援技能,时刻准备贡献应急队伍的最大功能和力量,并努力将长白山应急救援队打造成一支召之即来、来之能战、战之必胜,具有长白山特色的应急救援铁军,为长白山应急管理事业持续发力,为长白山旅游事业蓬勃发展保驾护航。

(资料来源:http://www.cbmt.com.cn/news/750.html.)

随着"互联网+旅游"智慧旅游的发展,智慧旅游系统也应成为景区应急救援系统的一部分。各景区可根据实际情况,在景区的救援系统中,充分发挥"互联网+"技术的作用,提升应急指挥能力和救援效率。

8. 积极实施旅游保险制度

建立旅游安全商业保险系统,可以构筑旅游安全的经济保障。不同游客、不同景区对旅游保险的需求不尽相同,旅游景区应联合保险行业研究出适合景区发展和游客需求的保险产品。对于旅游企业来说,这可以最大限度地降低事故损失,对旅游者而言,也有了一个可靠的保障。

总结案例

济南市文旅局五项措施保障"五一"期间景区人员安全

第一,科学谋划部署。认真贯彻落实《文化和旅游部 国家卫生健康委关于做好旅游景区疫情防控和安全有序开放工作的通知》精神,按照上级关于疫情防控要求,坚持分区分级原则,限量、有序开放,严防无序开放。突出严防集聚工作重点,抓好疫情防控工作。根据上级部署要求,指导各区县及开放景区组织开展疫情防控分析研判工作,预测可能形成聚集的景区、景区容易聚集的时段及其他可能造成聚集的因素,找准风险点,拿出切实可行的应对措施及预案并进行演练。各区县组织召开旅游景区会议,传达贯彻上级精神,安排部署疫情防控工作。

第二,抓细抓实疫情防控措施。严格落实上级疫情防控要求和旅游景区疫情防控工作指南,严把游客入口关、游览关、消毒关、流量关。配齐配足防疫物资,做好旅游场所和设施消杀,落实游客入园体温测量和实名登记制度,积极推出预订预约服务,游客凭有效证件,体温检测合格后入园。按规定设置专门的留观室并配备必要的防护措施,发现疑似人员,要求景区按防疫要求妥善处理。合理设置进出通道,出入通道分设,避免进出游客近距离接触。达不到条件的景区严禁开放,室内场所严禁开放。

第三,抓好游客流量控制。严格落实游客量不得超过核定最大承载量30%的规定。主要抓好七个方面工作的落实:一是不准搞突击性的免门票活动;二是不准在景区内和周边举办各种形式的集聚性活动;三是在景区出入口、可能引起游客聚焦的参观点、卡口等容易造成人员集聚的地方安排专人负责疏导,明确游客分流线路、道路疏通路径及附近可以承接分流的景区;四是优化设置游览线路,防止线路规划不合理导致游客扎堆拥挤现象;五是建立完善预约制度,通过即时通信工具、手机客户端、景区官网、电话预约等多种渠道,引导游客间隔入园、错峰旅游;六是通过各类媒体及时发布景区即时流量及限流限量预警信息,让游客及时调整旅游路线和目的地;七是通过提前开园、多开入口、全员上岗、加强应急值守、设置单行线等措施,强化重点区域的疏导管理,防止游客集聚。加强部门协作,景区密切配合,形成工作合力。

第四,抓好宣传引导工作。通过公众号、第三方平台、公告牌、广播等形式,发布旅游景区恢复开放管理措施、疫情防控指南等信息。同时,引导旅游景区8项工作必须对外公告:即必须对"要出行,先预约"进行公告;必须对预约渠道进行公告;必须对目的地重要信息进行公告(交通、门票等);必须对景区最大承载量的30%进行公告;必须对景区达到最大承载量25%进行即时公告;必须对景区重要节点瞬时游客情况进行即时公告;必须对景区分流措施进行公告;必须对游客自我防护须知进行公告。

第五,抓好信息报送工作。建立市、区(县)、景区三级工作联络和信息报送机制,切实做到5个第一时间上报:景区达到最大承载量25%的警戒线及采取的措施要第一时间上报;景区达到最大承载量30%停止游客入园及采取的措施要第一时间上报;发生的重大舆情要第一时间上报;景区出入口、重要节点、卡口、区域发生拥堵情况要第一时间上报;旅游事故信息要第一时间上报。各旅游景区节日期间加强应急值守,合理配备值班执勤力量。假日期间,市、区县旅游管理部门明确责任科室有关人员每天在岗值班。4月30日至5月5日实施景区风险排查预警、应急处置"日报告"制度。

（资料来源：https://www.mct.gov.cn/whzx/qgwhxxlb/sd/202004/t20200430_852897.htm.）

同步练习

一、单选题

1. 下列不属于旅游景区安全管理特点的是（　　）。
   A. 影响因素众多　　　　　　　　B. 安全事故多
   C. 范围广，难度大　　　　　　　D. 管理责任重大
2. 旅游景区安全事故的表现形态不包括（　　）。
   A. 自然灾害安全事故　　　　　　B. 旅游设施安全事故
   C. 人为安全事故　　　　　　　　D. 交通安全事故

二、简答题

1. 简述景区安全事故产生的原因。
2. 简述景区安全事故的预防措施。
3. 简述如何进行景区娱乐设施设备的安全使用管理。

实训项目

选取本地两家旅游景区，分别对其安全事故的预防和控制情况进行分析，列举两家景区在安全事故预防和控制方面采取的措施，总结这两个景区在安全事故预防和控制方面的优劣。4～6位同学为一组，分组提交成果。

任务二　景区安全事故应急处置

任务目标

作为景区安保部经理，需要制定详细的景区各类安全事故应急处置步骤和措施，并组织相关员工进行演练。

任务实施

请每个小组将任务实施的步骤和结果填入表5-3任务单中。

表5-3　任务单

小组成员：		指导教师：
任务名称：	模拟地点：	
工作岗位分工：		
工作场景： （1）景区安保部经理； （2）景区各类安全事故应急处置的步骤和措施； （3）应急演练		

续表

教学辅助设施	模拟旅游景区安全管理环境,配合相关教具
任务描述	通过制定详细的景区各类安全事故应急处置的步骤和措施,让学生认知景区安全事故的应急处置
任务资讯重点	主要考查学生对景区安全事故应急处置的认识
任务能力分解目标	(1)了解景区安全事故的分类与处理原则; (2)熟悉景区各类安全事故应急处置的步骤和措施; (3)能够进行景区安全事故应急处置
任务实施步骤	(1)了解景区安全事故的分类与处理原则; (2)熟悉景区各类安全事故应急处置的步骤和措施; (3)进行景区安全事故应急处置的演练

任务评价考核点

(1)了解景区安全事故的分类与处理原则。

(2)熟悉景区各类安全事故应急处置的步骤和措施。

(3)掌握景区安全事故的应急处置。

引导案例

新西兰火山喷发　2名中国人受伤

当地时间2019年12月9日14时11分,新西兰怀特岛火山突然喷发。根据新西兰警方最新统计,火山喷发时,岛上共有47名游客,其中6人已经确认遇难,8人失踪,多人受伤入院,其中3人已出院,还有30人仍在接受治疗。经多方确认,2名中国公民在怀特岛火山喷发事件中受伤。

新西兰当局出动多架直升机和船只,着手把游客转移离岛。然而,当地官员约翰·蒂姆斯9日晚些时候说,随着火山持续喷发,"警方和救援人员无法安全前往怀特岛",救援进展受阻。眼下已经救出23人,包括多名伤员,但仍有多人"滞留岛上,下落不明"。

据警方最新消息,事发时共47人置身怀特岛,包括24名澳大利亚人、9名美国人、5名新西兰人、4名德国人、2名中国人、2名英国人和1名马来西亚人。34人获救,其中31人因烧伤入院治疗,1人不治身亡。新西兰卫生部门官员彼得·沃森说,至少27名伤员全身烧伤面积超过71%,其中一些人生命垂危。

中国驻新西兰大使馆10日晚证实2名中国公民在怀特岛火山喷发事件中受伤。在得悉2名中国伤者所在的医院后,中国驻新西兰大使吴玺当即安排使馆官员分别前往探视。使馆官员要求院方尽最大努力救治伤员,确保伤者顺利康复。

(资料来源:http://ccwb.yunnan.cn/html/2019-12/11/content_1315681.htm?div=0.)

思考:景区发生安全事故时,该如何进行应急处置?

一、旅游突发事件的等级划分

我国2016年通过的《旅游安全管理办法》规定,根据旅游突发事件的性质、危害程度、可控性以及造成或者可能造成的影响,旅游突发事件一般分为特别重大、重大、较大和一般四级。该办法所称旅游突发事件,是指突然发生,造成或者可能造成旅游者人身伤亡、财产损失,需要采取应急处置措施予以应对的自然灾害、事故灾难、公共卫生事件和社会安全事件。

1. 特别重大旅游突发事件

特别重大旅游突发事件是指下列情形:

(1) 造成或者可能造成人员死亡(含失踪)30人以上或者重伤100人以上;

(2) 旅游者500人以上滞留超过24小时,并对当地生产生活秩序造成严重影响;

(3) 其他在境内外产生特别重大影响,并对旅游者人身、财产安全造成特别重大威胁的事件。

2. 重大旅游突发事件

重大旅游突发事件是指下列情形:

(1) 造成或者可能造成人员死亡(含失踪)10人以上、30人以下或者重伤50人以上、100人以下;

(2) 旅游者200人以上滞留超过24小时,对当地生产生活秩序造成较严重影响;

(3) 其他在境内外产生重大影响,并对旅游者人身、财产安全造成重大威胁的事件。

3. 较大旅游突发事件

较大旅游突发事件是指下列情形:

(1) 造成或者可能造成人员死亡(含失踪)3人以上10人以下或者重伤10人以上、50人以下;

(2) 旅游者50人以上、200人以下滞留超过24小时,并对当地生产生活秩序造成较大影响;

(3) 其他在境内外产生较大影响,并对旅游者人身、财产安全造成较大威胁的事件。

4. 一般旅游突发事件

一般旅游突发事件是指下列情形:

(1) 造成或者可能造成人员死亡(含失踪)3人以下或者重伤10人以下;

(2) 旅游者50人以下滞留超过24小时,并对当地生产生活秩序造成一定影响;

(3) 其他在境内外产生一定影响,并对旅游者人身、财产安全造成一定威胁的事件。

景区如果发生旅游突发事件,应根据《旅游安全管理办法》的规定,确定所发生的突发事件的级别,进而采取恰当及时的应急措施。

二、旅游突发事件的报告制度

《中华人民共和国旅游法》规定,突发事件或者旅游安全事故发生后,旅游经营者应当立即采取必要的救助和处置措施,依法履行报告义务,并对旅游者作出妥善安排。《旅游安全管理办法》规定,旅游主管部门、旅游经营者及其从业人员应当依法履行旅游突发事件报告义务。

旅游突发事件发生后,旅游经营者的现场人员应当立即向本单位负责人报告,单位负责人接到报告后,应当于1小时内向发生地县级旅游主管部门、安全生产监督管理部门和负有安全生产监督管理职责的其他相关部门报告;旅行社负责人应当同时向单位所在地县级以

上地方旅游主管部门报告。

情况紧急或者发生重大、特别重大旅游突发事件时，现场有关人员可直接向发生地、旅行社所在地县级以上旅游主管部门、安全生产监督管理部门和负有安全生产监督管理职责的其他相关部门报告。

三、景区安全事故处理原则

处理景区的安全事故应当遵循以下原则。

1. "谁主管，谁负责"的原则

旅游景区实行安全保卫工作总经理负责制，总经理对景区内的安全质量负责。为此，必须把安全工作和经营服务统筹安排，把安全保卫工作的优劣与领导及职工的政治荣誉和经济利益挂起钩来。

2. "三不放过"原则

"三不放过"原则指的是事故原因不清不放过、事故责任者和群众没有受到教育不放过、没有防范措施不放过。

3. 教育与奖罚相结合原则

景区安全事故的处理要根据不同情况，采取不同的方式。对事故情节明显轻微、损失较小、影响不大或难以预料的突发事故和一般事故，可以采取批评教育的方法，限期整改，辅以经济或行政处罚，起到教育和接受教训的作用；对旅游安全管理工作中存在的问题，要予以严厉处理；对在旅游安全管理工作中有先进事迹的工作人员或经营主体，要及时给予表彰和奖励。

4. 依法办事的原则

旅游安全事故，要以事实为依据、以法律为准绳进行处理。

四、景区常见安全事故的处理

1. 景区常见安全事故的分类

从景区的类型划分，旅游安全事故可分为自然类旅游景区安全事故和人文类旅游景区安全事故。

自然类旅游景区，游客的旅行活动基本上是以自然景观为基础而展开的，如登山、冲浪、野生动物观赏、气候现象观赏等，可能发生的具体安全事故如表 5-4 所示。

表 5-4　自然类旅游景区安全事故

景区类型	旅游活动	可能出现事故场景	事故举例
地文景观	越野、登山、攀岩、山地自行车、滑翔、沙漠探险、洞底探险、滑雪等	机动机械、探险、自行车、飞行、跳跃、撞击伤害，自然灾害等	外部创伤、机械事故、雪崩和洪水、泥石流等
水域景观	冲浪、滑水、帆板、游泳、潜水、跳水等	机动机械、水域活动、跳跃伤害，自然灾害、动植物伤害等	溺水、外部伤害、水生动物伤害等

续表

景区类型	旅游活动	可能出现事故场景	事故举例
生物景观	原始森林探险、观鸟、野生动物观赏、草原骑马等	动物、植物伤害,花草过敏,野生水果中毒等	大型动物袭击、花草过敏、植物对皮肤的伤害、蘑菇中毒等
天象气候	特殊天象、气候现象观赏(极光、海市蜃楼)、冰雪景观等	身体不适(由于海拔高度、气候变化、其他原因等引起)	高原病、水土不服、极高温或低温伤害

(资料来源:郑耀星.旅游景区开发与管理[M].北京:旅游教育出版社,2010.)

人文类旅游景区主要包括大型主题公园、度假区、大都市、成熟的旅游中心地等。在这类景区中,游客集中,人员构成复杂,旅游活动比较多,人为造成的安全事故占重要比例。因此,人文类旅游景区发生的旅游安全事故具有较强的社会性,具体事故类型如表5-5所示。

表 5-5　人文类旅游景区安全事故

景区类型	旅游活动	可能出现安全事故的场景	事故举例
大型主题公园	刺激性娱乐活动,如海盗船、蹦极、家庭娱乐等	设施设备事故、游客健康事故、盗窃事件、游客走失	停电、撞伤、心脏病突发、儿童走失等
度假区	休闲、疗养、会议、冲浪、潜水、一般性观光	食物中毒、盗窃、水域设备故障、火灾等	酒店食物中毒、游客财物被盗、火灾等
大都市	购物、会展、参观等	购物欺骗、市内交通事故、暴力抢劫、食物中毒等	交通事故、食物中毒、摔伤、购买到假货等
成熟的旅游中心地	一般观光、就餐、刺激性娱乐活动、参加节庆活动等	盗窃、暴力、抢劫、食物中毒、突发疾病、欺骗、设备设施事故	撞伤或摔伤、食物中毒、购买到假货等

(资料来源:郑耀星.旅游景区开发与管理[M].北京:旅游教育出版社,2010.)

从事故类型划分,旅游安全事故大致可分为景区交通安全事故、景区治安事故、景区火灾事故、景区自然灾害事故、景区食物中毒事故以及景区环境安全事故六大类。

(1)景区交通安全事故

景区交通安全事故可根据其发生的空间性质分为旅游景区道路交通安全事故、旅游景区水面交通安全事故、旅游景区索道安全事故、旅游景区代步小工具安全事故等。其中旅游景区水面交通安全事故是指发生在旅游景区海面、湖面、江河、溪流、码头等地方的事故,表现为邮轮、游船、快艇等水上运载工具因各种原因碰撞、沉没、翻船、失踪等;旅游景区索道安全事故是指景区客运缆车、观光电梯、溜索等空中运载工具产生的事故,表现为缆车停运、坠落、滑落等;旅游景区代步小工具安全事故是指发生在旅游景区各景点的干道、便道上的事故,表现为电瓶车、出租自行车、水翼船、雪橇、摩托艇、滑竿等发生失控、碰撞等。

(2)景区治安事故

景区常见治安事故是由刑事犯罪导致的各种事故,包括敲诈勒索、诈骗、抢劫、盗窃、性侵犯等。

(3)景区火灾事故

景区火灾事故指由人为因素引起的各种火险,根据发生事故的地点可分为景区住宿设施火灾、景区餐饮设施火灾、景区游览设施火灾、景区康乐设施火灾等;根据事故成因可分为故意纵火事故、过失失火事故；根据事故级别可分为一般火灾事故、重大火灾事故、特大火灾事故。

 案例5-6

黑龙江哈尔滨温泉酒店"8·25"重大火灾事故原因公布

2018年8月25日凌晨4时，黑龙江省哈尔滨市太阳岛风景区内的哈尔滨北龙温泉休闲酒店发生火灾。最终导致20人死亡、23人受伤。

经黑龙江省政府事故调查组现场勘察、调查取证和技术鉴定，查明哈尔滨"8·25"火灾事故情况如下。

起火时间：2018年8月25日4时12分许。

起火部位：哈尔滨北龙温泉休闲酒店有限公司二期温泉区二层平台靠近西墙北侧顶棚悬挂的风机盘管机组处。

起火原因：风机盘管机组电气线路短路形成高温电弧，引燃周围塑料绿植装饰材料并蔓延成灾。

哈尔滨市纪委监委已成立事故问责调查组，在黑龙江省纪委监委的指导下，全面开展问责调查工作，深查火灾事故的相关责任，深挖事故背后存在的问题，对涉嫌玩忽职守、失职渎职的违纪违法人员，无论涉及谁，都要一查到底、绝不姑息，坚决依法依规严肃追责。

（资料来源：https://www.sohu.com/a/251915961_99902309.）

（4）景区自然灾害事故

自然灾害事故是指景区因自然灾害而导致的安全事故。通常包括地质灾害、气象灾害、生物灾害、环境疾病灾害等。

 案例5-7

泰国翻船事故消息：33名中国游客遇难，多方合力搜救

2018年7月5日傍晚，两艘载有127名中国游客的船只在返回泰国普吉岛途中，突遇特大暴风雨发生倾覆。美国媒体称，遇难游客中33人为中国人。

33名中国游客遇难

据美联社最新消息，截至北京时间6日晚间，普吉海域翻船事故遇难者人数已上升至33人，且全为中国公民，仍有23人失踪。据泰国媒体6日下午报道，事故遇难人数为40人。

据了解，涉事中国游客多是通过在线平台订购产品的自由行游客，来自江苏、浙江、广东、辽宁、河南等省。

事故海域浪高5米

此次倾覆事故发生在泰国南部普吉。据介绍，泰国南部实际上分属两个海域，西侧是印度洋海域的安达曼海，东侧是太平洋海域的泰国湾。人们通常知道的泰国南部海岛游分为两大块，一块在印度洋的海岛和海滨，普吉岛就在这一区域；另一块在太平洋海域的泰国湾，例如苏梅岛和象岛。

这两片海域每年的7月到9月，普吉岛所在安达曼海域风浪相对大，而苏梅岛所在泰国湾海域相对风平浪静；12月到次年1月，苏梅岛区域的风浪相对大，而普吉岛区域的风浪相对小。

这次倾覆事故位于安达曼海。5日当天,搭载了中国游客的两艘船只在海上突遇特大暴风雨,瞬间发生倾覆。据普吉府府尹诺拉帕说,当时事故海域海浪高达5米。实际上,泰国当地人一般不会在这时候去安达曼海域观光,因为很有可能遇到恶劣天气。

（资料来源：http://www.chinanews.com/gj/2018/07-06/8558956.shtml.）

（5）景区食物中毒事故

食物中毒事故是指因为旅游景区饮食卫生条件差、食品不干净导致的游客中毒。在旅游过程中,发生比较常见的食物中毒现象是10人以上的游客集体性食物中毒。

（6）景区环境安全事故

环境安全事故是针对景区内游览场所因自然因素（非灾害因素）或人为因素而导致的安全事故,通常包括环境容量安全、防护安全等。

 案例 5-8

12 岁男孩游学被石柱灯砸中身亡

一名12岁的小学生在江苏省宿迁市项王故里景区游学时,被石柱灯砸中身亡。被石柱灯砸中身亡的小学生叫小杰,是安徽省阜阳市阜阳开发区某小学六年级学生。

11月8日,小杰参加了阜阳当地教育局和校方组织的一次游学活动,游学的其中一站是江苏省宿迁市项王故里景区。当日傍晚,小杰被项王故里景区的配套附属物——石柱灯砸中身亡。

事发现场的监控视频显示,小杰先是从学生队伍里跑出来,跑着跑着往石柱灯上一趴,石柱灯就倒了下来,砸在孩子身上,断成了几截。小杰躺在地上一动不动,被砸身亡。

项王故里景区一位负责人说,石柱灯在旅游景区只是一个摆设,已经有四五年时间了。

孩子亲属、学校、旅游公司都认为,石柱灯作为项王故里景区的配套附属物,存在一定的安全隐患,才导致这起悲剧的发生。

（资料来源：http://news.sina.com.cn/o/2018-11-14/doc-ihmutuea9954189.shtml.）

2.安全事故处理的法律法规依据

景区安全事故处理的制度依据主要有以下几项。

（1）《中华人民共和国旅游法》（国家旅游局2013年6月6日发布,2018年10月26日第二次修正）。

（2）《旅游安全管理办法》（国家旅游局2016年9月27日发布）。

（3）《风景名胜区条例》（国务院2006年9月19日通过,2016年2月6日修订）。

（4）《旅馆业治安管理办法》（国务院1987年9月23日批准,2011年1月8日修改）。

（5）《重大旅游安全事故报告制度试行办法》（国家旅游局1993年4月15日发布）。

（6）《重大旅游安全事故处理程序试行办法》（国家旅游局1993年4月15日发布）。

（7）《中华人民共和国安全生产法》（2002年6月29日公布,2014年8月31日修改）。

（8）《漂流旅游安全管理暂行办法》（国家旅游局1998年4月7日颁布）。

（9）《公共娱乐场所消防安全管理规定》（公安部1999年5月25日颁布）。

（10）《关于加强旅游涉外饭店安全管理,严防恶性案件发生的通知》（国家旅游局、公安部1993年8月30日发布）。

3. 景区各类常见安全事故的处理

根据景区常见安全事故不同类型,可采取以下不同的应急处理措施。

（1）景区交通事故的应急处理

① 立即组织抢救。景区交通安全事故发生后,景区管理部门应当立即派人赶赴现场,组织抢救工作,若有人员受伤或者受困,应立即拨打120,并及时报告当地公安部门。

② 保护现场。事故发生后,公安人员尚未进入事故现场前,要严格保护现场,如因现场抢救工作需要移动物证,应作出标记。景区管理部门的安防人员应对事故现场实行交通管制,维持现场秩序,疏通过往车辆和群众。

③ 及时上报。景区管理部门及时报告主管部门和所在地的各相关职能部门,如事故涉及境外游客,还要上报外事部门。若肇事车辆逃离现场,要向公安、交管部门报告肇事逃逸车辆的车牌号、车种、颜色等特征;若事故现场有汽油泄漏或装载货物中有易燃、易爆的物质,在注意自我保护的同时,应迅速报警。

④ 协同配合。旅游景区安防人员在现场救援过程中应积极配合各有关单位的工作,提供必要的帮助;景区应配合有关单位、部门开展调查取证、保险理赔、民事调解等工作,主动安抚游客情绪,及时转送并妥善安置游客。

⑤ 撰写事故报告。景区安防部门应就事故发生的经过、造成的损失、处理的过程等进行详细说明,撰写事故报告并上报旅游景区管理部门,并转交相关上级职能部门。

⑥ 处理善后事宜。如果交通事故责任在于旅游景区,景区应对受害游客作出相应补偿。对事故中死亡的旅游者,应按有关死亡事故处理程序妥善处理。

此外,景区管理部门要对事故发生原因进行彻查与研究,对事故发生地的薄弱环节进行改进,完善安全标志、防护设施、通信保障、急救装备、应急车辆配置、应急人员救助技能培训等。

（2）景区治安安全事故的应急处理

景区治安安全事故有多种,主要包括重大盗窃事故、人身安全事故和勒索、诈骗事故,可根据具体情况作相应应急处置。

重大盗窃事故的应急处理方式如下。

① 了解情况,保护现场。景区相关人员应查明事故发生的详细情况,了解事故发生的时间、地点、经过。应在现场设置警戒区,保留失窃处、犯罪分子必经之地和可能出入场所的遗留痕迹,维持原状,且不要在事故现场留下新的痕迹,以免对破案造成干扰。

② 及时报案。景区相关人员应及时向警方报案,在警方到达现场后,主动向警方说明详细事故情况,包括损失物品的名称、数量、形状、颜色、型号等,为警方破案提供有用的线索。

③ 管制景区交通,加强安保力量。封锁通向案发现场的交通要道、设岗检查过往车辆,加强景区各个出入口的安保力量。

④ 现场勘察。划定勘查范围,确定勘察顺序,重点勘查现场出入口、被盗财物所在区域,以及被盗现场周围环境,寻找犯罪分子可能停留或者藏身之地及其遗留的痕迹等。

⑤ 稳定景区秩序。稳定旅游团或景区其他客人的情绪,维持景区正常的游览秩序和接待秩序,确保把事故对景区的影响降到最低。

⑥ 协助工作。景区相关人员应向警方提供现场监控画面、现场照片,根据受害者或知

情人提供的资料,分析判断案情,做好记录,协助警方,配合调查取证工作。寻找目击证人和物证,搜寻关键线索,在景区内部排查与案情有关的各类人员。若有需要,应在警方的指示下向景区周边地区发出协查通报,协助警方破案。

⑦ 撰写报告。景区相关人员需要出具书面报告,说明案件的经过、采取的措施、受害人的反应以及要求等。

人身安全事故的应急处理方式如下。

① 赶赴现场,及时拨打120。案件发生后,景区安保人员应迅速赶赴现场,组织人员对伤员进行抢救救助,及时拨打120。

② 保护现场,及时报案。景区安保人员需要保护好现场,并及时报警,并协助警方破案。

③ 安抚游客,维持景区秩序。安抚受害游客的情绪,稳定景区其他游客的情绪,确保景区正常的游览秩序。

④ 撰写报告。景区相关人员需要出具书面报告,说明案件的经过、采取的措施、受害人的反应以及要求等。

勒索、诈骗事故的应急处理方式如下。

① 了解情况,及时报警。景区相关人员接到案情后,应及时赶赴现场,了解事故详细情况,并迅速报警求助。

② 协助警方,抓捕嫌疑人。景区相关人员应根据受害人提供的线索,寻找目击证人和物证,搜寻关键线索,对区域内人员展开拉网式排查,协助警方锁定可疑人员并实施抓捕,追回财物。

③ 安抚受害游客的情绪,维护景区的正常秩序。

④ 撰写书面报告。出具书面报告,说明事故的经过、采取措施以及受害人的反应及要求等。

⑤ 整顿和规范景区内消费场所的经营行为。事故过后,景区可与当地工商行政管理部门联手,整顿景区内部的商店、摊贩等,规范市场经营行为,查处不法经营的"黑店""黑户",维护景区经营秩序,保证游客购物安全。

（3）景区火灾事故的应急处理

火灾是比较常见、危害较大的安全事故之一,在旅游景区中时有发生。景区发生火灾事故时可以采取以下的措施进行处理。

① 组织灭火。火灾发生区域的工作人员应立即向景区相关职能部门报告,说明失火位置和火势情况,失火现场及附近关联区域应立即暂停游客接待工作;安全职能部门应立即上报景区主要负责人,拉响警铃,下达紧急疏散命令,如果火势较大,应报告当地应急消防部门;景区总经理或者总负责人、安保部经理、工程部、消防队、医务人员等应立即赶赴火灾现场指挥现场救火,展开灭火救援;关闭所有电源,包括电梯、缆车等;开启消防备用水源供给系统,开辟、疏通消防通道,为消防部门准备好景区的消防规划设计图,引导消防队救援;设立警戒线,维持消防秩序,阻止无关人员擅自闯入火场。

② 保护火灾现场。注意发现和保护起火点,清理残火时,不要轻易拆除和移动物体,尽可能保护燃烧时的状态。火灾扑灭后,经公安部门允许方可开展清理工作,勘察人员进入现场时不要随意走动,进入重点勘查区域的人员应有所限制。

③ 调查火灾原因。积极配合公安部门，寻找有关起火证据和证人，推断引发火灾的原因。调查火灾原因主要采用调查访问、现场勘察和技术鉴定等方法。

④ 善后措施。事故后，景区需要对事故人员伤亡、财产损失进行统计；严肃处理有关责任人，追究其法律责任；对广大员工进行防火安全再教育；安抚受害游客以及前来探望他们的家属，作出相应的补偿。

⑤ 撰写书面报告。根据调查结果，出具书面报告，说明火灾原因、救援措施、伤亡情况、财产损失情况，以及整改措施等。

（4）景区自然灾害事故的应急处理

① 启动环境监测响应处理机制。事故发生后，景区应立即向上级主管部门报告，同时向当地旅游行政部门通告情况，在旅游行政部门的指示下，通过媒体发布旅游预警，或有计划地控制游客人数。

② 积极配合有关部门的抢险救助，开展紧急救援行动。组织专业救援队伍深入事发地抢救遇险游客，将受伤游客紧急转送到医院进行救治抢救。

③ 通过高音喇叭或喊话告知自救方法和措施。对于救援队难以靠近的事发地，应通过高音喇叭或喊话告知遇险游客安全正确的自救方法和避险措施，安抚其恐惧焦躁情绪。

④ 转移受阻滞留人员。将受阻滞留的游客迅速转移，安置在安全的区域，安抚其情绪。

⑤ 适时封闭旅游景区。开展环境整治，划定隔离带、警戒区，适时封闭旅游景区，停止接待游客，根据事发地情况转移当地居民和景区员工。

⑥ 展开调查。事故后，邀请专家到现场展开调查，配合相关部门完成调查工作。

⑦ 通报有关部门。紧急增设、加固防护措施，并将处理情况通报给有关部门。

⑧ 灾后重建。事故形势稳定后，景区要积极开展灾后重建工作，恢复建设原有的旅游项目，待所有工程结束后方可重新对外开放。

（5）景区食物中毒事故的应急处理

景区内发生食物中毒事故，应按照以下的措施进行处理。

① 赶赴现场，确认事件。景区相关负责人员在得知食物中毒事故后，应及时赶赴现场确认事件，了解事发现场情况，询问相关人员，观察受害病人，并且及时拨打120，使受害病人得到及时的医治。

② 上报卫生部门和旅游景区管理部门，成立临时指挥部。事故发生后，及时上报当地卫生医疗与防疫部门，同时向景区主管部门报告，服从上级部门的安排，成立临时指挥部负责事件的处理和中毒人员的抢救工作。

③ 协同医疗单位组织开展紧急救援工作。通过催吐、多喝水排泄中毒者体内毒性，将严重的中毒者尽快送到附近医院进行救治。

④ 收集物证，查明毒源。收集与食物中毒有关的食品、用具以及游客的呕吐物等，交给卫生防疫部门化验取证，协助调查事故原因。对于现场遗留物和剩余食物、容器具、原料等不能移动、洗涮、清扫、踩踏，留待卫生防疫部门调查后，方可进行处理。

⑤ 游客的安抚善后工作。如果中毒者已经被送往医院，景区应向医务人员了解中毒者的症状和抢救过程，以及当前的身体情况；安抚前来探望的受害游客亲属，作出相应的补偿。

⑥ 撰写书面报告，报告主管部门，追究相关人员责任。对事发的饮食经营单位责令停

业,由卫生执法部门调查后进行处罚或者取缔。相关饮食经营单位接受处理后,应立即按照要求进行整改,经卫生防疫部门验收合格后,方可恢复经营。

(6)景区环境安全事故的应急处理

景区环境安全事故发生时,应采取以下措施进行应急处理。

① 事故上报。当景区某个区域发生环境事故时,该区域工作人员应及时上报景区管理部门或者景区负责人、值班经理等,按照相关部门的要求开展救援工作。

② 赶赴现场,开展救援工作。景区相关负责人员接到事故情况后,应尽快赶赴事发现场,开展救援工作并及时拨打120;景区医务人员也应赶赴现场,对伤亡人员进行初步救治。

③ 上报旅游景区主管部门,成立临时指挥部。事件应及时向旅游景区主管部门报告,服从上级部门的安排,成立临时指挥部负责事故相关抢救与处理工作。

④ 协助医疗单位开展救治工作,使游客得到及时有效的救治。

⑤ 稳定景区的秩序。事故发生后,景区应疏散附近的游客和其他人员,维持景区秩序。

⑥ 游客安置与安抚善后工作。安抚受害游客的情绪,对于在医院治疗的游客,景区应及时了解他们的健康状况,并安抚前来探望他们的家属,作出必要的补偿。

✎ **总结案例**

茂名一旅游景区发生安全事故的救援及处置

一、事故概况

(一)事故发生时间:2018 年 8 月 6 日 16 时左右

(二)事故发生地点:信宜市石根山风景旅游区滑道

(三)事故类别:高处坠落

(四)事故等级:一般事故

二、事故发生经过

2018 年 8 月 6 日 16 时许,伍某群游玩了石根山景区山上的峭壁栈道后,步行到下山滑道入口平台,向滑道经营管理人员王某园购买了 1 张滑道票,在王某园的示范指引并绑扎好王某园提供的臀部布、塑料专用滑垫后,坐进滑道内缓慢滑行到滑道出口终点。随后,石根山景区玻璃观光台工作人员陈某惠见刮起了风、快要下雨,就将没有游客的玻璃观光台关闭,按平常习惯步行到下山滑道入口平台,向王某园要了滑道坐垫,从滑道滑到终点。在其滑行过程中,开始下雨,到达终点后与游客伍某群一起在滑道出口终点的雨棚内避雨。当天最后一批滑道游客的张某超、徐某英、张某怡、张某俊一家四口,往上步行至玻璃观光台途中,因下雨返回到下山滑道入口平台,向王某园购买 4 张滑道票。王某园安排张某怡坐入滑道内,并向其讲解滑行的相关操作技巧后,让张某怡跟随在第一弯道上停留等候的女儿王某语滑行。当王某园正计划放行余下的游客时,发现王某语并未在第一弯道等候,预感不妙,在未关好滑道安全闸门的情况下,就急速进入滑道追截王某语。王某园滑到中途时,刮起了大风,还下起了大雨。当王某语滑到出口时,由于速度过快撞上站在出口平台避雨的伍某群和陈某惠,致使王某语、伍某群头部等部位受伤,陈某惠受轻微伤;张某怡滑出时没有撞上物品,受轻微伤;王某园滑到出口不久,张某超就进入了滑道,快速从滑道出口滑出,身体多处包括头部、双手等部位因撞击滑道设施后严重受伤。事故发生后,现场人员向景区、120 报告,在现场展开自救和配合救援。随后,接到事故报告赶到现场救援的景区管理人员迅速组织搜寻,发现张某俊在距滑道出口约 60 米直线滑道处撞破滑道上方防雨棚,坠落在地面致颅脑损伤,经医生现场施救证实死亡;徐某英在滑道途中飞出滑道挂在滑道旁边的安全防护铁丝网上,头、手、肺、腰椎等部位受伤。受伤人员由景区车辆和 120 救护车迅速送往医院救治,死者经法医现场检验后也由殡葬车辆送医院作妥善保管。景区管理人员在组织现场自救的同时,分别向当地政府、派出所、旅游主管部门等报告事故。

三、事故救援情况及处置情况

事故发生后,市委、市政府主要领导和分管领导指示,要求有关部门全力以赴组织救援,把生命安全放在第一位,做好善后处置和社会稳定工作,彻查事故原因并严肃追责,切实保障人民群众生命财产安全。

市公安局、市安监局、市旅游局、市应急办、120 等部门和朱砂镇政府领导第一时间带领人员迅速赶赴现场处置,指导应急救援和善后处理工作;成立当地镇政府、市相关部门、景区负责人为成员的善后处置工作组,并于当天晚上由领导带队前往医院探望、慰问伤者和死者亲属,落实专人陪护和做好家属接待等工作。通过积极工作,整个善后工作平稳有序,社会稳定。

为防止类似事故发生和配合事故调查,市旅游局会同市安监局在事发当日责令石根山景区立即暂时停止经营活动,并于次日和当地镇政府、市相关部门组织全市旅游景点负责人在朱砂镇召开事故现场会,市旅游局迅速在全市开展旅游景区安全大检查。

(资料来源:https://www.sohu.com/a/287613941_120053265.)

同步练习

一、单选题

1. 造成或者可能造成人员死亡(含失踪)10 人以上、30 人以下或者重伤 50 人以上、100 人以下的属于(   )。

    A. 特别重大旅游突发事件   B. 重大旅游突发事件

    C. 较大旅游突发事件   D. 一般旅游突发事件

2. 旅游突发事件发生后,旅游经营者的现场人员应当立即向本单位负责人报告,单位负责人接到报告后,应当于(   )向发生地县级旅游主管部门、安全生产监督管理部门和负有安全生产监督管理职责的其他相关部门报告。

    A. 半小时内   B. 1 小时内

    C. 2 小时内   D. 3 小时内

二、简答题

1. 简述景区旅游安全事故处理的原则。

2. 简述景区常见安全事故的分类。

3. 简述景区自然灾害事故的应急处理。

4. 简述景区重大盗窃事故的应急处理。

实训项目

选取本地两家旅游景区,列举它们曾经发生过的安全事故,并调查在安全事故后它们所采取的应急处置措施,分析其应急处置措施是否恰当。4~6 位同学为一组,分组提交报告。

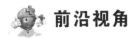 **前沿视角**

旅游景区安全事故多发　亟须完善旅游立法

旅游逐渐融入人们的日常生活,但与此同时,旅游景区的安全问题日渐凸显。

《法制日报》记者进行不完全统计发现,2017年以来,媒体至少公开报道了95起发生在旅游景区的人身伤害事件,其中2017年66起,2018年29起。在95起人身伤害事件中,有动物伤人事件13起、爬山致死致伤事件12起、自然灾害事故8起、突发疾病事故7起、溺水事故6起。

国家外国专家局特聘海外专家李良义告诉《法制日报》记者,旅游安全事故的发生会对当地旅游经济造成严重打击,旅游安全值得所有人关注。华侨大学旅游学院院长郑向敏教授对《法制日报》记者说,旅游中的安全是非常重要的。现在整个旅游业的安全形势很严峻,风险和隐患非常多。

多种原因致伤害事件发生

《法制日报》记者统计相关报道发现,2017年以来,旅游景区因为旅游设施引发的人身伤害事故共有19起,占全部人身伤害事故总数近20%,居于首位。

此外,值得注意的是,近年来空中秋千、蹦极、玻璃栈道、玻璃观景平台等,作为新兴旅游景点项目,一方面吸引了大量游客,另一方面也存在一定的安全风险。

李良义说:"一张门票很便宜,但是景区如果忽略安全因素,会造成很大经济损失。景区应定期对游览设施如索道、观光电梯、游船等进行检测、检修和维护,使之符合国家安全标准,对游览设施准确核定载客人数、承载重量、运行速度等,并严格执行。"

李良义认为,旅游景区设备检查不完善、监督不到位、制度不规范、操作人员违规操作等问题,容易造成严重后果。

郑向敏以玻璃栈道举例说,这种设备的问题在于没有责任监管部门,特种设备管理部门不管,旅游部门不管,体育行政部门也不管,在没有监管检查的情况下,玻璃栈道却大量修建,埋下了安全隐患。

郑向敏分析认为,旅游安全事件这么多,原因主要有两个:一是近年来景区游客人次越来越多,安全事件相应增加,从客观上来讲是成正比关系;二是旅游景区不够重视管理和安全防范的筹划,对旅游安全的风险评估不够精准,重视经济价值而忽视旅游安全。

在李良义看来,游客安全意识淡薄也是一个重要因素。旅游对于游客是一个放松的过程,所以大部分游客对旅游安全总是存在侥幸心理。

郑向敏发现,很多景区虽然有系统的安全教育培训制度,但安全教育大多只是形式,只是为了应付主管部门的检查和要求,并没有真正提高员工的安全素质和管理水平,真正的安全教育制度落地很困难。

李良义认为:"旅游安全的制约因素比较复杂,但政策、法规不完善或执行不力是明显的因素之一。一方面,旅游法规相对于经营实践具有滞后性,一些颇受旅游者欢迎又对安全性有较高要求的特殊旅游项目未能纳入安全管理范畴;另一方面,安全管理制度在实际中贯彻得并不彻底。"

安全监管亟须制度化保障

实际上,旅游安全已经是旅游主体的法律责任。

2013年4月,十二届全国人大常委会第二次会议审议通过了《中华人民共和国旅游法》,这部法律以专章的方式规定了旅游安全问题。

旅游法第七十六条规定:县级以上人民政府统一负责旅游安全工作。县级以上人民政府有关部门依照法律、法规履行旅游安全监管职责。

2016年9月,原国家旅游局公布《旅游安全管理办法》,其中第二十二条规定,旅游主管部门应当加强旅游安全日常管理工作。其中包括:法律、法规规定的其他旅游安全管理工作;旅游主管部门应当加强对星级饭店和A级景区旅游安全和应急管理工作的指导。

对于旅游安全,文化和旅游部党组成员李世宏说过,旅游是综合性产业,旅游安全需要群防群控,需要行业监管、专项监管、综合监管协同用力,而部分基层地区存在旅游安全管理混乱、责任不清现象,旅游、公安、交通运输、食药监、质检、卫生以及安监等部门对旅游安全的监管责任尚未理顺,旅游安全权力和责任清单缺乏。

因此,郑向敏认为,亟须完善旅游安全相关法规及制度化保障,要对新增设景区新型游戏设备的严格管控和监管,保障旅游业的发展需要。

(资料来源:http://gz.people.com.cn/n2/2018/1127/c371755-32335164-3.html.)

项目小结

景区安全是景区经营的生命线,事关游客生命。没有安全,旅游活动便无法顺利开展。景区安全管理是景区管理的重要内容,本项目明确了景区安全管理的特点和任务、景区安全事故的表现形态与产生原因,介绍了景区安全事故的预防控制措施,以及常见安全事故的应急处理措施和步骤。

综合训练

1. 实训项目

模拟景区安全事故应急处理。

2. 实训目标

培养学生运用所学知识分析实际问题的能力,通过项目让学生更好地掌握景区安全事故处理的步骤和措施。

3. 实训指导

(1)指导学生掌握景区安全事故应急处理方面的知识。

(2)给学生提供必要参考资料。

4. 实训组织

(1)把所在班级学生分成小组,每组4～6人,确定组长,实行组长负责制。

(2)每个小组的学生分别扮演景区安全事故发生时的不同角色,包括景区经理、景区安保部负责人、受害游客、受害游客家属、旅游行政管理部门负责人、警察或者医生等,模拟各种类型的景区安全事故发生时的情景,进行安全事故的应急处置。

（3）每个小组进行安全事故类型的抽签,抽到哪个安全事故类型,便在课堂上进行模拟演示该类型的处置。

5. 实训考核

（1）根据每组模拟的安全事故应急处理情况,由主讲教师进行点评,分数占70%。

（2）各个小组模拟表演完后,每个小组互评,各给出一个成绩,取其平均分,分数占30%。

项目六

景区设施设备管理

学习目标

知识目标

1. 了解景区设施设备的概念和特点。
2. 熟悉景区设施设备配置应考虑的因素。
3. 掌握景区设施设备日常维护的内容和要求。
4. 掌握景区设施设备使用管理的方法。

能力目标

1. 能够对部分景区设施设备进行日常维护。
2. 能够正确使用与管理景区设施设备。

素质目标

1. 具备工程维护保养的职业素养。
2. 具备动手能力和解决问题的能力。
3. 具备学习能力和总结分析能力。
4. 具有勤动脑、勤动手的良好习惯。
5. 具有热爱劳动的良好习惯。
6. 爱岗敬业、具有勇于担当的责任感。

学习指南

学习方法

1. 理论讲授法。通过聆听教师讲授,理解掌握知识。

2. 归纳学习法。通过案例分析,归纳总结,加深学生对所学知识的理解。

3. 任务驱动法。通过完成具体任务,解决实际问题,提升专业技能。

学习资源

1. 参考书目

潘长宏.景区服务与管理[M].长沙:湖南师范大学出版社有限责任公司,2019.

2. 网络资源

(1) 中华人民共和国文化和旅游部:https://www.mct.gov.cn

(2) 中国旅游网:http://www.cntour.cn

(3) 中国旅游集团:http://www.ctg.cn

(4) 同程旅游网:https://www.ly.com

学习建议

线上线下相结合进行学习。

1. 课前:通过课程信息化资源、网络慕课资源等,提前预习相关知识。

2. 课中:主动配合授课教师,积极参与线上、线下互动,领会并掌握各任务所需技能。

3. 课后:完成课后同步练习、实训项目,巩固所学知识和技能。

任务一　熟悉旅游景区设施设备

任务目标

作为景区工程部主管,需要熟悉景区内配备的各类设施设备,并进行分类管理。

任务实施

请每个小组将任务实施的步骤和结果填入表 6-1 任务单中。

表 6-1　任务单

小组成员:		指导教师:
任务名称:	模拟地点:	
工作岗位分工:		
工作场景: (1) 景区工程部; (2) 景区设施设备配备状况盘点; (3) 景区设施设备分类与管理		

教学辅助设施	模拟景区工程部工作环境,配合相关教具
任务描述	通过对景区设施设备进行分类,让学生认知景区设施设备
任务资讯重点	主要考查学生对景区设施设备的认识
任务能力分解目标	(1) 熟悉景区各类设施设备并对其进行分类; (2) 熟悉景区设施设备的管理方法
任务实施步骤	(1) 熟悉景区各类设施设备; (2) 对景区各类设施设备进行分类; (3) 掌握景区设施设备的管理方法

任务评价考核点

(1) 熟悉景区各类设施设备的配备。
(2) 能够对景区各类设施设备进行分类。
(3) 掌握景区设施设备的管理方法。

引导案例

由世界厕所组织和海南省人民政府联合举办的第11届世界厕所峰会和展览会日前在海口市召开。世界厕所组织主席沈锐华,海南省人民政府代省长蒋定之,国家旅游局党组成员、中国旅游协会副会长吴文学等出席开幕式。吴文学在致辞中指出,旅游厕所作为一个地区、一个城市、一个景区、一个旅游接待单位总体旅游环境的重要标志,是旅游公共服务基础设施建设中最基础和最重要的组成部分之一。中国政府和国家旅游局历来高度重视旅游厕所的建设和管理,通过推行旅游厕所国家标准,实施旅游厕所"行动计划",大力推进旅游厕所建设。通过举办旅游商品博览会和旅游产业节,大力宣传展示先进旅游厕所建设理念和运营模式。经过多年的发展,旅游厕所的覆盖范围不断扩大,人性化水平不断提升,运营管理能力显著提高,极大地方便了游客,提高了旅游公共服务水平。同时也研发和产生了一批生态厕所、景观厕所、新概念厕所、股份制厕所等新品种、新模式。本届世界厕所峰会的主题是"厕所文明,健康旅游,品质生活"。展览会上,来自国内外的众多生产厂家展示了最新研发推出的卫浴产品。

(资料来源:王健生,吴文学出席第11届世界厕所峰会.中国旅游报(数字版),2011-11-25(1).)

思考:旅游厕所属于景区的哪一个组成部分？旅游厕所对景区发展有何重要作用？

一、景区设施设备的概念

景区设施设备是指构成景区固定资产的各种物质设施,是景区从事旅游经营活动、为旅游者提供服务的物质基础。

二、景区设施设备的特点

1. 种类繁多

随着旅游业的不断发展,旅游景区的功能日益齐全。很多景区已经发展成为集食、住、行、游、购、娱于一体的综合性单位,这要求景区配备种类繁多的设施设备。

2. 投入巨大

旅游景区的很多设施设备价格不菲,旅游景区出于市场竞争的需要又不得不投入巨资购买这些设施设备。另外,旅游景区的设施设备种类繁多、结构复杂,要保持这些设施设备状态良好地、高效能地运转,日常经营过程中必须投入较多的人力、物力来进行检修和维护,其费用也比较高。

3. 安全要求高

景区设施设备如果出现安全问题,对景区工作人员、游客都会造成人身安全威胁。因此,景区设施设备对安全的要求极高,必须按规定进行日常检查、维修和保养,及时消除安全隐患,严禁带故障运行。

三、景区设施设备的分类

旅游景区的设施设备,按照其用途的不同,一般分为四个大类,即公共基础设施设备、接待设施设备、娱乐设施设备和游览服务设施设备。

1. 公共基础设施设备

景区的公共基础设施设备主要包括交通、给排水及排污、供电、通信、绿化、安全设施设备,内容及建设要求如下。

(1) 交通设施设备

景区的交通设施设备主要有景区停车场、景区内部交通干道及运输设备、步行(或水路)游览道路,详见表6-2。

表 6-2 景区部分交通设施设备列表

交 通 设 施	运 输 设 备
停车场 交通道路 步行(或水路游览)道路 交通标识	旅游客车、面包车、电瓶车、小火车、老爷车、单人游园车、吉卜赛大篷车、马车、人工抬轿、单桨木船、橡皮筏、游艇等; 高架观光游览干线、高空索道等

(2) 给排水及排污设施设备

为保证景区用水,景区内必须有足够的水源或蓄水、提水设施设备,有完善的给排水管网系统。为保证不污染景区环境,景区内还必须有污水处理及污物处理设施设备。配置的基本原则是,给排水设施设备应能满足景区供水和排水的需要;经排污处理设施设备处理过的水应能达到国家规定的排放标准。

(3) 电力设施设备

景区内有大量设施设备需要以电力作为能源,所以景区必须有可靠的、能满足需求的电力供应系统。景区的电力设施设备分为照明和动力两部分,照明部分包括道路照明、服务工作照明、广告照明等,动力部分有电梯、水泵、娱乐设备、加工设备、家用电器等。

景区电力设施设备配置的基本原则,一是要保证供电的连续性,任何时候不能中断供

电；二是要保证供电系统运行的可靠性，一旦线路发生故障，立即采取应急措施；三是要保证供电系统的安全性，各种电力线路应尽量埋设在地下管道中。

（4）通信设施设备

景区通信设施设备主要包括程控电话交换设备、程控电话传输线缆、移动电话基站等。景区对通信设施设备建设的要求，一是通信设施设备建设要与景区景观相协调；二是电话的数量及分布要方便游客使用；三是保证手机信号覆盖整个景区，对外联系畅通。

（5）绿化设施设备

花卉、树木、草坪是景区风景的组成部分。无论是以自然景观为主还是以人文景观为主的景区，都要进行绿化建设，绿化可以丰富景点构图，调整单一色彩，美化景区环境。绿化设施在时空上可丰富景区的景观层次，通过不同品种的花卉、树木的种植，达到四季有花、四季有绿的效果。旅游景区在绿化植物的映衬下被赋予了变化的景致，使旅游景区季季有景，季季不同，始终充满生机和情趣。此外，绿化可分隔空间和隐蔽有碍景观的建筑，利用花木、草坪把大空间划分为若干个独立空间，丰富游客的游览。旅游景区中有的建筑有碍观瞻，可用树木隐蔽，即所谓的障景，从而营造完美的景区游览环境。

景区绿化选择花木品种时，应以本地花卉、树木为主。本地花卉、树木易存活，生长快，与景区整体环境特色也容易协调。应考虑季节的变化，合理搭配种植花木品种，做到品种丰富、四季有景，以延长景区的可游期。为维护这些绿化设施，还应配备一定数量的绿化设备和工具。

（6）安全设施设备

为保证游客安全，景区要按规定建立防火、安保、救护等安全设施，主要包括安全防护栏、水上拉网、消防设备、保安设备、医务室、医疗救护设备等。

（7）卫生设施设备

为保持景区环境整洁、卫生，需建立足够的卫生设施，配备足够的卫生设备。卫生设施设备主要包括以下内容。

① 景区厕所。景区厕所要建在隐蔽但易于寻找、方便到达、有利于通风排污的地方。厕所的外观造型、色彩、体量应与景观环境相协调。景区可采用水冲式厕所或使用生态厕所。

② 垃圾箱（桶）。垃圾箱（桶）应整洁、美观，与环境相协调，可根据景观环境特色专门设计造型。

③ 垃圾处理设施设备。按照国家有关规定建立垃圾处理设施，配备相应设备，按要求处理和清运垃圾。

景区卫生设施设备的配置应遵循既方便、实用，又美观、协调的原则，合理配置和布点。方便、实用是所有卫生设施设备配置的最基本的要求，但作为景区，这些设施设备又必须与景区特点相结合。美观即要求各种卫生设施的外形要体现旅游景区特色，具有艺术美。协调即要求同旅游景区的整体形象特别是同相邻的景物相融合。

（8）景区建筑设施

景区内的建筑设施主要是一些公用服务建筑、旅游观赏建筑，如景区大门、游客中心、景区餐厅、商品销售中心、园林建筑、住宿建筑等。

景区建筑的配备要求包括以下几点。

① 建筑物占景区面积的比率控制在 25% 以内。

② 景区内建筑物的楼层一般不能超过 5 层。

③ 建筑物必须与景区自然及人文环境相协调,建筑外形上必须结合景区传统或历史的建筑风格,体现民族性和地方性特色,尽量使用当地生态环保的建筑材料。

2. 接待设施设备

景区的接待设施设备主要包括以下内容。

(1) 住宿设施设备。住宿设施设备主要指旅游景区内为游客提供住宿服务的宾馆、酒店、度假村、民宿、客栈、疗养院、野营地等设施及其配备的服务设备。

(2) 餐饮设施设备。餐饮设施设备主要指旅游景区内为游客提供餐饮的中餐厅、西餐厅、风味餐厅、快餐店、咖啡厅和酒吧等设施及其配备的服务设备。

(3) 购物设施设备。购物设施设备主要指景区内向游客销售商品的商店、购物中心、摊位等设施及其配套的服务设备。

(4) 康体设施设备。康体设施设备主要指那些为游客提供康体健身、休闲服务的健身房、乒乓球室、保龄球馆、台球室、高尔夫球场等活动设施及其配套的服务设备。

3. 娱乐设施设备

(1) 水上娱乐设施设备。水上娱乐设施设备主要是指景区内的浴场、游泳池、游艇(船)、垂钓池、水上乐园、漂流等项目设施及其配套设备。

(2) 陆地娱乐设施设备。陆地娱乐设施设备主要是指景区内的动(植)物园、儿童乐园、娱乐中心、游览车、索道、博物馆、展览馆、速降、攀岩、蹦极等项目设施及其配套设备。

4. 游览服务设施设备

(1) 游客引导设施设备。包括标识系统、景区导游图、景物介绍牌、标志牌、旅游信息触摸屏、游客中心。

(2) 游览服务设施设备。包括安全警告、危险地带安全防护设施、特色交通工具、救护设施设备等。

四、景区设施设备配置考虑的因素

1. 景区设施设备配置的要求

景区设施设备配置在旅游规划中属于工程技术性设计和施工的范畴,是对景区规划建设内容的设计和安排。这一部分在规划编制中一般由具有建筑专业背景的人员来做设计图,并简要进行工程建筑说明,由施工单位按照要求进行施工。设计人员在对景区规划和背景资料进行消化理解的基础上,提炼设计理念和元素,借助计算机进行设计。这要求设计者能够使用 AutoCAD、3DMAX、Core3DRAW、Photoshop 等软件,能够用平面结构图、效果图等形式来表现规划者的思想和理念。此外,《旅游规划通则》(GB/T 18971—2003)中对旅游区规划设施设备的文本、图片作了要求。在实际工作中,景区设施设备配置也是以此为标准。

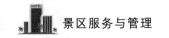

2. 景区设施设备配置考虑的因素

景区设施设备配置首先要考虑规划的要求,做好市场调查工作。其次,在配置的时候要综合考虑总体规划、建筑设计及设施规范标准的要求,并从设施使用者的安全、便利的角度慎重考虑,最后结合设施投资建设的成本与效益,综合分析权衡,进行系统配置。

进行景区设施设备配置要考虑的因素可以分为自然因素和人文因素两部分。其中自然因素包括景区地质、地貌、气候、水文、生物、土壤等基本情况;人文因素包括旅游政策、区域经济发展水平、旅游文化、人文资源禀赋、设施现状、景区规划、设施管理水平等方面。

五、景区基础设施设备的功能

景区基础设施是保障景区各项接待、经营活动正常开展的基础,其具体功能如下。

1. 改善可进入性

景区要做到让游客进得来、散得开、出得去,就必须依靠完善的景区交通设施。

2. 满足游客的基本需要

满足游客在景区对水、电、气、热、通信等的需求。

3. 提高旅游服务质量

营造优美的环境,帮助游客获得满意的旅游经历。

六、景区基础设施设备的配置原则

(1)前瞻性

景区基础设施建设工程量大、投资大,且多为固定设施,因此对基础设施配置要有前瞻性,为景区留有发展空间和余地。

(2)科学性

要科学地根据景区的自然条件(含地质、地貌、气候、水文、植物等要素)来配置基础设施,并对项目进行合理选址和线路安排。

(3)标准性

对基础设施的设计、建设、管理、维护、更新要遵照相关规定执行,规定包括国家和地方政策、行业标准规范、行政规章等。

七、景区基础设施配置程序

景区基础设施的配置程序如图 6-1 所示。

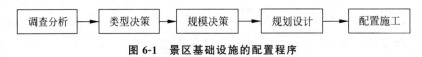

调查分析 → 类型决策 → 规模决策 → 规划设计 → 配置施工

图 6-1　景区基础设施的配置程序

(1)对景区现有的基础设施类型、规模和使用情况进行调查。

（2）根据旅游规划的性质和等级，决定需要配置的基础设施的类型，即决定需要配置哪些基础设施。

（3）预测景区未来不同规划期内的接待规模，决定基础设施的建设规模和设施容量。

（4）对景区基础设施进行规划设计。

（5）对景区基础设施进行建设施工。

总结案例

瑞士的景区交通

瑞士位于阿尔卑斯山脉，有些地区常年积雪不化，尽管山势险峻，道路崎岖，但瑞士发达的登山交通仍然可以使游客抵达这些险峻的山峰和壮观的冰川、冰河，近距离地观看雪山美景。

瑞士的登山交通主要是火车和缆车。瑞士发展登山火车历史悠久，早在 1871 年，瑞士就修建了欧洲最早的登山火车道——瑞吉山火车道，这条古老的铁道至今还在源源不断地将游客带到海拔 1800 米，素有"山峦皇后"之称的瑞吉山。而专门用于攀登山峰的齿轮火车也已经运行了 100 多年，皮拉图斯山的齿轮火车堪称世界上坡度最大的齿轮火车，登山坡度高达 45 度。乘坐这种夺目的红色火车行驶在陡峭的山路上，看到途中树木渐渐消失，光秃秃的悬崖峭壁在眼前不断延伸，视觉冲击力非常强烈，而位于海拔 3554 米处的少女峰火车站是欧洲海拔最高的火车站。

瑞士的登山缆车也十分发达，种类繁多且历史悠久，有些已经运转了上百年。

瑞士的登山缆车通常不是从山脚一直登上山顶，而是通过几级车站，换乘不同的缆车缓缓抵达峰顶。如攀登铁力士山，游客可以分别体验三种不同的缆车，包括乘坐世界上首架360 度旋转缆车，去观赏美丽的冰河和万年的积雪。这些登山列车和缆车每年有专门的时间停运，供维修、保养，以保障乘客的安全。

瑞士的登山火车和缆车作为交通工具，不仅可以使游客抵达险峻的山峰和壮观的冰川、冰河，使其冰雪旅游资源得到了很好的开发利用，同时它们的特殊性也使游客有了别具特色的旅游体验，更增加了景区的吸引力。

（资料来源：希建文.瑞士旅游业的启示[N].中国旅游报,2005-08-05.）

同步练习

一、多选题

1. 景区设施设备的特点是（　　　）。

　　A. 样式新颖　　　　　　　　　　　B. 种类繁多

　　C. 投入巨大　　　　　　　　　　　D. 安全要求高

2. 根据用途不同,景区设施设备可以分为（　　　）。

　　A. 旅游基础设施设备　　　　　　　B. 娱乐设施设备

　　C. 游览服务设施设备　　　　　　　D. 旅游安全设施设备

二、简答题

1. 景区的基础设施设备主要有哪些?

2. 景区设施设备配置应考虑的因素有哪些?

📝 实训项目

选取本地一家旅游景区,收集其不同类型设施设备的资料,分析其配置是否合理。5～8位同学为一组,分组提交成果。

任务二　景区设施设备日常维护

🔍 任务目标

景区工程部主管在负责景区设备设施日常维护过程中,必须熟悉景区设施设备维护保养的内容,能够按照设施设备保养制度,组织实施对设施设备的维修和点检。

👥 任务实施

请每个小组将任务实施的步骤和结果填入表6-3任务单中。

表6-3　任务单

小组成员:		指导教师:
任务名称:	模拟地点:	
工作岗位分工:		
工作场景: (1)景区工程部; (2)设施设备日常维护保养; (3)设施设备维修与点检		
教学辅助设施	模拟景区工作环境,配合相关教具	
任务描述	熟悉景区设施设备维护保养的内容与保养制度	
任务资讯重点	主要考查学生对景区设施设备维护保养的认识	
任务能力分解目标	(1)熟悉景区设施设备保养制度; (2)熟悉景区设施设备维护保养的内容; (3)能够组织实施对景区设施设备的维修与点检	
任务实施步骤	(1)熟悉景区设施设备的保养制度; (2)熟悉景区设施设备维护保养的基本内容; (3)组织实施对景区设施设备的维修与点检	

🔧 任务评价考核点

(1)熟悉景区设施设备保养制度。

(2)熟悉景区设施设备维护保养的基本内容。

(3)能够组织实施对景区设施设备的维修与点检。

引导案例

因 2011 年 4 月火车翻覆事故造成 6 名大陆游客死亡而停运的阿里山森林铁路,10 月 27 日晨 5 时开通祝山线部分,300 多名游客乘小火车穿梭云海,到达海拔 2451m 的祝山,观赏日出奇景。

负责阿里山森林铁路运营的台湾"林务局"以及台湾"观光局"的官员、旅游业者在接受访问时都表示,自 4 月翻覆事故后,有关方面已采取一系列措施保障铁路安全,欢迎游客尤其是大陆游客乘小火车重游阿里山。

对于安全问题,台湾"林务局"说,在停驶的 6 个月中,有关方面投入大量人力物力,从行车安全、地质、生态、林业、铁路技术等五大方面进行检查。

台湾"林务局"副局长杨宏志说,基于安全考量,复驶后的火车,车厢数由原来的 8 节减少到 4 至 5 节,乘客人数由 80 余人限制为 70 人,以提升行车整体安全。

祝山线由阿里山起至祝山,是 20 世纪 80 年代专门为游客欣赏日出而修建的支线,全长 6.25km。

台湾"观光局"副局长刘喜临在接受新华社记者采访时表示,上次出事的是森林铁路神木线,祝山线并没有问题,但台湾有关方面还是停驶了该条线路,全面检查,为的是保证游客的安全。

台湾旅行商业同业公会联合会理事长姚大光则对记者说,祝山线早在两个月前就已检查完毕,但为了确保无误,又进行了反复检查和测试。

阿里山站连接神木景区的神木线本次没有开通。杨宏志说,因为有三座桥梁的曲线、落差大,"林务局"预计神木线将在今年底完成防止坠落的护栏设施,并报请交通部门同意后恢复行驶。

(资料来源:李凯、李寒芳.阿里山森林铁路部分复驶——安全问题备受关注.中国旅游报,2011-10-31(3).)

思考:台湾"林务局"在阿里山森林铁路安全改进方面采取了哪些措施?谈谈安全设施在旅游景区中的重要性。

在长时间、不同环境的使用过程中,景区设施设备会磨损、老化,影响原有的平衡,设施设备的稳定性、可靠性、使用效益均会有相当程度的降低,甚至会丧失其基本性能,无法正常运行。如果对设施设备维护保养不当,就要进行大修或更换新设施设备,这样无疑会增加景区成本,影响景区资源的合理配置。因此,必须加大设施设备日常维护与管理力度,科学合理地制订设施设备的维护、保养计划。

一、景区设施设备日常维护保养

旅游景区设施设备日常维护保养,是保证设施设备正常运转、延长设施设备使用寿命的有效手段。设施设备日常维护保养包含的范围较广,包括为防止设施设备劣化、维护设施设备性能而进行的清扫、检查、润滑、紧固以及调整等日常维护保养工作,为测定设施设备劣化程度或性能降低程度而进行的必要检查,为修复劣化、恢复设施设备性能而进行的修理活动。

二、景区设施设备维护保养的基本内容

通过擦拭、清扫、润滑、调整等一般方法对设备进行护理,以维持和保护设备的性能和技术状况,称为设备维护保养。设备的维护保养内容一般包括日常维护、定期维护、定期检查和精度检查,设备润滑和冷却系统维护也是设备维护保养的一个重要内容。景区的各种设施设备,由于性能、结构和使用方法不同,其维护保养工作也不完全一样,其中常见的维护保养内容如下。

(1)清洁。设备内外整洁,做到无尘、无垢、无害虫,保持良好状态。各滑动面、丝杠、齿条、齿轮箱、油孔等处无油污,各部位不漏油、不漏气,设备周围的杂物、脏物清扫干净。

(2)整齐。工具、附件、工件(产品)要放置整齐,管道、线路要有条理,各种标志要醒目美观。

(3)润滑。按时加油或换油,不断油,无干摩擦现象,油压正常,油标明亮,油路畅通,油质符合要求,油枪、油杯、油毡清洁,保证设备运行正常。

(4)安全。遵守安全操作规程,不超负荷使用设备,设备的安全防护装置齐全、可靠,及时消除不安全因素,确保不漏水、不漏油、不漏气、不漏电,保证安全。

(5)防腐。对景区的设备要进行防腐处理以及保新。

(6)防虫。对景区易产生虫害的设施设备进行防虫处理。

(7)浇水。对景区的绿化设施进行定时供水保养。

(8)施肥。对景区的绿化设施进行供肥保养。

(9)修剪整形。对景区的绿化设施定期进行修理。

三、景区设施设备的保养制度

景区设施设备的保养一般分为三级,即日常保养、一级保养、二级保养,其目的都是保持设施设备的良好性能,提高设备效率,使其更好地为景区经营服务。

1. 日常保养

设备的日常保养是操作人员每班必须进行的设备保养工作,其内容包括清扫、加油、调整、更换个别零件、检查设备异常以及损伤情况等。日常保养配合日常点检进行,是一种不单独占用工时的设备保养方式。

2. 一级保养

设备的一级保养是以定期检查为主,辅以维护性检修的一种间接预防性维修形式。其主要工作内容是检查、清扫、调整各操作传动机构的零部件;检查油泵,疏通油路,检查油箱油质、油量;清洗或更换渍毡、油线,清除各活动面毛刺;检查、调节各指示仪表与安全防护装置;发现故障、隐患和异常,要予以排除;排除泄漏现象等。设备经一级保养后要求达到外观清洁、明亮;油路畅通,油窗明、净、亮;操作灵活,运转正常;安全防护、指示仪表齐全、可靠。保养人员应将保养的主要内容、保养过程中发现和排除的隐患与异常、试运转结果、

运行性能,以及存在的问题等做好记录。一级保养以设备操作人员为主,由专业维修人员配合并指导。设备一级保养之后,操作人员要填写保养登记卡,并将其放入设备档案,保养登记卡式样见表6-4。

表6-4　一级保养登记卡

设备编号	设备名称	型号规格	保养者	保养日期
保养内容	(电气部分,机械部分,液压气动部分,润滑部分) 专业负责人:			
提请下次保养 解决的问题				
验收意见 专业负责人:　　　日期: 工程部经理:　　　日期:				

3. 二级保养

二级保养是为了延长设施设备的使用年限,使设备达到完好标准,保持设施设备的完好率而进行的维修与保养。二级保养的内容包括根据设施设备使用情况进行部分或全部检查或清洗,检修设施设备的各个部件和线路,修复和更换损坏部件。经二级保养后的设施设备要求精度和性能达到技术要求,无漏油、漏气、漏电现象,声响、震动、压力、温升等符合标准。二级保养前后应对设施设备进行动、静技术状况测定,并认真做好保养记录。二级保养以专业维修人员为主,操作人员参加并协助保养工作。

四、景区设施设备维修

为了使景区内的各种设施设备的综合效能最高、寿命周期内的总费用最低,应将设施设备按各自适用的维修方式进行分类,编制不同的维修计划。

1. 景区设施设备维修的方式

根据维修标准和性质不同,景区设施设备维修方式分为以下四种。

(1) 定期维修

定期维修是以一定的时间周期为基础进行的预防性维修。通常情况下,定期维修适用于运转状态与时间相关的设施设备。

(2) 状态监测维修

状态监测维修是以设备技术状况监测和诊断的信息为基础进行的预防性维修。这种维修方式的特点是能及时将维修工作安排在故障可能发生的时间之前进行。这种方式适用于经营过程中利用率高的一些重要设备,如缆车、电梯、水上电动游船等。

(3) 更换维修

更换维修是在掌握了设备故障发生规律的情况下,用同种功能的部件更换下旧部件而进行的检查维修。这种维修方式的特点是能现场操作,维修时间短,适用于景区内的电气设备和客用设备。

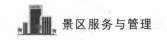

（4）故障维修

故障维修是设施设备出现故障时的非计划性维修。故障维修可以同更换维修结合起来使用。这种方式适用于结构简单、价值不高、利用率低的设备。

2. 景区设施设备维修的类别

按维修内容和工作量大小划分，景区设施设备维修可分为大修、中修、小修、项修、计划外修理五种。

五、景区设施设备点检

1. 景区设施设备点检的概念

点检是一种先进的设施设备维护管理方法，是对设施设备的一些关键部位进行经常性检查和重点控制的方法。景区设施设备点检指预先确定的设施设备的关键部件或薄弱环节，通过人的感官或运用检测工具进行检查，及时、准确地查出这些部件的技术状况，以便进行保养与维修。

2. 景区设施设备点检的内容

景区设施设备点检可分为日常点检、定期点检和专项点检三部分。

（1）日常点检

日常点检指由每日当班的员工对设备运行中的关键部位的声音、振动、温度、油压等进行检查，并将检查结果记录在点检卡中。点检卡式样见表 6-5。

表 6-5　设备点检卡

设备名称		所属类别		点检方法	
安装地点及位置				点检周期	
检查点					
点检路线					
点检项目					
检查结果					
点检时间			点检人		

（2）定期点检

定期点检指按一定的时间间隔，用专用检测工具对设备的性能状况进行检查。

（3）专项点检

专项点检指有针对性地对设备特定项目进行检测，使用专用仪器工具。

3. 景区设施设备点检的方法和步骤

（1）确定设施设备检查点和点检路线。

（2）确定点检项目和标准。

（3）确定点检的方法。

（4）确定点检的周期。

（5）制作设备点检卡。

（6）落实点检责任人。

（7）进行点检培训。

（8）建立和利用点检档案。

（9）检查点检工作。

总结案例

荔波美嘉密切配合小七孔景区观光车"五一"专项检查获成效

在 2015 年"五一"国际劳动节即将来临之际，为确保假日期间小七孔景区游客乘车观光的安全，承担小七孔景区内游客交通运送工作的荔波美嘉环球旅游开发有限公司，坚持积极主动配合荔波县有关部门根据国家质检总局《关于加强大型游乐设施及客运索道安全保障工作的通知》精神，对小七孔景区作多次全面安全大检查工作。

据悉，在荔波县相关部门检查人员几次到达小七孔景区对交通工具进行全面"体检"前，荔波美嘉环球旅游开发有限公司就提前将用于运送游客的大巴车、中巴车、电瓶车等，能集中待命的就集中，正在运营当中、不能集中待命的，就随时随地接受检查，把所有交通工具尽可能地、毫无保留地提供给检查组人员，并随叫随到地密切配合检查。对检查中发现的问题和提出的建议，立即进行排查整改，做到该换的换，该补的补，不留死角。

据美嘉公司相关工作人员介绍，县联合检查组在小七孔景区实地抽查了美嘉公司的多辆旅游观光车司机的持证上岗情况、合格标志的张贴情况、安全警示标志设置、车辆照明系统、行车驻车制动系统、倒车镜、设备日常运行维护保养记录等。还检查了美嘉公司的安全自查报告、设备台账、持证作业人员安全管理培训、设备日常维护保养、安全规章及操作规程制度的建立等旅游观光车的安全管理资料。另外，检查组还对旅游景区观光车经营单位——荔波美嘉环球旅游开发有限公司认真落实安全措施的情况进行了检查，切实保证旅游景区观光车的安全运行。与此同时，荔波美嘉环球旅游开发有限公司还按照县有关部门的联合检查要求，加强做好公司责任区域的安全管理工作，加强设施设备的检查排查，做到防患于未然，从源头上消除安全隐患，为游客观光营造一个安全、放心、可靠、舒适的环境。

在开展上述扎实专项检查工作的基础上，以小七孔为主要景区的荔波县 2015 年"五一"小长假，旅游接待工作取得了良好的效果，全县接待游客量达 28.90 万人次，同比增长 36.26％，实现旅游综合收入 2.76 亿元，同比增长 37.50％。

（资料来源：黔南热线．http://www.qnz.com.cn/news/newsshow-17404.shtml.）

同步练习

一、多选题

1. 景区设施设备的保养一般分为（　　　）。

　　A. 一级保养　　　　B. 二级保养　　　　C. 三级保养　　　　D. 日常保养

2. 景区设施设备点检的内容可分为（　　　）。

　　A. 日常点检　　　　B. 定期点检　　　　C. 不定期点检　　　　D. 专项点检

二、简答题

1. 景区设施设备维护保养的基本内容有哪些？

2. 景区设施设备的维修方式有哪些?

实训项目

以校园为模拟旅游景区,针对景区内不同设施设备,进行维护保养。5～8 位同学为一组,分组提交维护保养方案。

任务三　景区设施设备使用管理

任务目标

作为景区工程部主管,需根据景区不同类型的设施设备,分别做出前期管理、服务期管理和更新改造方案。

任务实施

请每个小组将任务实施的步骤和结果填入表 6-6 任务单中。

表 6-6　任务单

小组成员:		指导教师:
任务名称:	模拟地点:	
工作岗位分工:		
工作场景: (1) 景区工程部; (2) 制定景区设施设备前期管理和服务期管理方案; (3) 景区设施设备更新改造		
教学辅助设施	模拟景区真实工作环境,配合相关教具	
任务描述	通过对景区设施设备进行不同时序阶段的使用管理,让学生懂得景区设施设备使用管理三个阶段的内容	
任务资讯重点	主要考查学生对景区设施设备使用的认识	
任务能力分解目标	(1) 了解景区设施设备的前期管理; (2) 熟悉景区设施设备服务期管理; (3) 熟悉景区设施设备的更新改造	
任务实施步骤	(1) 了解景区设施设备使用管理的三个阶段; (2) 熟悉景区设施设备的前期管理和服务期管理; (3) 熟悉景区设施设备的更新改造	

任务评价考核点

(1) 了解景区设施设备不同时序阶段的使用管理。

(2) 知晓景区设施设备不同时序阶段使用管理的内容。

(3) 能够制定景区设施配备更新改造方案。

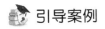 **引导案例**

黄山玉屏索道因故障停运致游客滞留

2019年11月10日15:00左右,黄山玉屏索道设备发生故障停车,故障发生后,玉屏索道公司第一时间安排技术人员抢修。经初步诊断,为"索道控制系统通信故障",上下站安全信号传输中断,导致安全保护停车,且无法短时排除故障。按照索道运行管理要求,玉屏索道立即启动应急驱动系统,将空中游客安全运送到站,没有发生游客滞留空中现象。同时,黄山风景区管委会调集景区其他索道技术骨干,现场会诊,逐项排查,并与多贝玛亚公司进行了电话和视频诊断。11日14:00,玉屏索道故障原因基本确定,为上下站通信线路信号中断,目前正在进行带载常速稳定性测试。索道设备生产商奥地利多贝玛亚公司工程师于当晚到达现场,对故障诊断及修复情况进行检查和评估,待工程师确认后,景区按程序报请运营。

玉屏索道故障发生后,11月10日15:15分左右,黄山风景区立即启动分流措施,安排工作人员动员游客步行下山,并安排温泉片区及相关人员做好接应工作。同时,在天海、北海、西海、光明顶等处提醒游客乘坐云谷索道或太平索道下山。

16:50分,因索道故障短时间无法排除,遂全面动员有下山意愿、体力较好的游客步行下山,并组织综治、公安、消防、防火队员、环卫工、轿包队员等100多人,打着手电沿途护送游客下山,同时组织人员从慈光阁步行上山,接应下山游客。采用搀扶、背送和担架、轿子抬运等方式帮助众多体力不支的游客安全下山。23:40时,基本完成徒步下山游客护送任务。

10日24:00左右,"索道控制系统通信故障"部分功能修复,具备低速运行条件,在确保安全的前提下,运送300多名有下山意愿的游客下山,截至11日凌晨3点运送工作完成。

景区为步行下山和夜间乘坐索道下山的游客,提供免费换乘、晚餐、住宿等服务,并退还相关票券费用,累计在汤口地区酒店提供免费客房200多间。

积极为滞留山上的游客做好保障工作,其中,玉屏索道为上站滞留游客提供姜汤、点心、盒饭,解决客人临时用餐问题;玉屏楼酒店为滞留游客提供免费晚餐,并开放未出售的客房和公共空间,安置游客入住;玉屏片各单位和员工腾出办公地点和宿舍,提供给滞留游客休息和住宿;从白云宾馆等酒店紧急调集帐篷、被子、睡袋、毛毯、羽绒服等400多件(套)御寒保暖物资,提供给滞留客人。11日上午,景区与滞留游客逐个对接,基本满足了绝大多数游客的合理诉求。

黄山风景区管委会表示,向受到索道故障影响的游客表示真诚歉意,向社会各界和广大游客对景区的包容和理解表示衷心感谢。将深入分析事故原因,加强与索道设备生产商技术对接,进一步完善索道运营管理制度,加强设备巡视巡检和日常保养,强化应急救援演练,确保索道安全有序运营。同时,完善景区应急处置预案,强化协调联动,进一步提升黄山风景区应急应对能力和水平。

(资料来源:安徽网,http://www.ahwang.cn/newsflash/20191111/1950979.html。)

要保证景区有良好的设施设备条件,就必须对景区的设施设备实施科学、完善、高效的使用管理。使用管理应贯穿于景区设施设备从选购、使用一直到老化或更新的整个生命周期之中。景区的设施设备使用管理按照时序可以分为前期管理、服务期管理和更新改造三个阶段。

一、景区设施设备前期管理

旅游景区设施设备前期管理的基本内容主要包括调查研究,项目规划,选购、安装与调试。

1.调查研究

景区应对设施设备的配置类型、地点、规模等进行前期的调查研究,再根据景区性质、特点、产品类别来确定所需设施设备。调查内容包括现有水电供应能力,通信设施状况,交通道路状况,现有设施设备的利用情况及潜力,安装新设施设备的环境条件及能源供应,操作和维护人员配备,设施设备的技术水平、售后服务、单位售价、运转成本等。

2.项目规划

旅游景区设施设备的项目规划内容包括设施设备配置方案的拟订、方案优选和编制实施计划。

（1）设施设备配置方案的拟订

景区设施设备的配置方案应依据景区自身的特色、旅游市场的需求、景区经营的目标拟订,要考虑技术上的先进性、运转维护上的经济性,以及景区的实际情况。

（2）方案优选

根据调查资料,结合旅游景区的经营目标、资源特色、资金和能源供给等条件进行综合分析,从多个可行性方案中选择满意方案。

（3）编制实施计划

方案选定后,由工程部会同景区其他有关部门组成购置小组,编制实施计划。计划内容包括建设工期及进度、施工材料的供应、安装调试进度、施工队伍的组织、水电和运输等的配合、资金的保障。

3.选购、安装与调试

设备的选购包括新建景区景点开业前的设备购置和已有景区景点营业过程中的设备添置。

设备应根据景区的发展目标和经营状况,有计划地进行增添和更新。设备投入的金额高,使用期限长,对经营活动影响大,事关企业的长远发展,选购设备时必须进行充分的调查,对多种方案进行论证比较,作出科学的购置决策,主要考虑要素有以下几点。

（1）设备的适用性

要考虑设备是否适合当前旅游市场的需求,能否满足旅游者的游览要求。

（2）设备的可靠性

设备的安全可靠关系到游客的人身安全和景区工作员工的人身安全,选购设备时要对其充分考量。

（3）使用方便经济

选购的设备在使用时应能适应不同的工作条件和环境,使用、维护和修理方便,且费用低。

（4）节能和环保性

采购时要选用节约水、电的设备,工作噪声低的设备,不排放有害物质的设备。如有相关标准,应严格按照节能、环保标准来选择设备。

（5）设备的特色性

应采购具有特色的设备,以便吸引游客,但要注意设备和景区特色相统一。

在完成选购后,接下来就是设备的安装、调试。设备的安装、调试对其运行使用至关重要。无论是景区自行安装,还是由供应商负责安装,工程部都应派技术人员进行监督,作好安装记录。验收时景区和供应商双方均应在场,并办理书面交接手续。验收报告以参加验收各单位共同签署的竣工验收单为准。

竣工验收后,由财务部立账,建立固定资产账目,由工程部建立设备台账,对设备统一编号,填写设备登记卡,然后移交给使用部门。

二、景区设施设备服务期管理

设施设备一旦投入使用,便进入服务期,需要进行维护和保养等使用管理。

1. 设施设备日常管理的要求

（1）合理配备设施设备

设施设备要根据景区服务的需要和经营的特点进行配备,使所有的设施设备都能充分发挥作用。随着景区的发展、接待规模的扩大和旅游者需求的变化,各种设施设备之间的比例关系也将发生相应的变化,应根据实际情况及时对设施设备进行调整,使其与景区的经营服务相适应。

（2）合理安排设施设备的负荷

设施设备的性能、使用范围和生产能力等,有一定的技术规定,使用设施设备时,应严格按照设施设备的技术条件和负荷限度来安排服务接待,超负荷运转不仅会损坏设备,还会留下安全隐患,给旅游景区造成不良影响。如景区载客的游船、电瓶车、缆车等发生事故大多是由超负荷运行造成的。

（3）配备专职的操作和管理人员

在经营服务中,应根据设施设备的重要性、设备的技术要求和复杂程度,选择和配备专职的操作和管理人员。操作人员必须真正做到"三好"（使用好、管理好、保养好）、"四会"（会使用、会保养、会检查、会排除故障）。操作人员上岗前应先接受技术培训,经考试合格,证明具有相应操作技术后,颁发资格证书,实行"定人定机",凭证上岗操作设备。

（4）建立和健全设施设备使用、维护、保养的规章制度

景区设施设备使用、维护、保养的规章制度,应规定相应的注意事项,是指导设施设备使用人员操作、维护、保养和检修设备的技术法规。要认真贯彻执行设施使用责任制和单位核算制,这对于促进操作人员严格遵守操作规程、爱护设施设备、经济合理地使用设施设备有着重要的作用。

（5）创造和保持设施设备工作所需的环境

良好的工作环境是保证设施设备安全正常运转、延长设施设备使用寿命的重要条件。不同的设施设备,要求有不同的工作环境,主要的要求有保持设施设备工作环境的整洁和正常的生产秩序,安装必要的防护、防尘、防潮、防腐、保暖、降温等装置。只有为设施设备提供工作所需条件和环境,才能使设施设备保持良好的性能、精度和状态。

（6）维护设施设备的完好

景区设施设备管理,应注意维护设施设备的完好,具体地说,可通过设施设备完好率和设施设备利用率两个指标来考核评价。其计算公式为

$$设施设备完好率＝（完好设备台数÷拥有设备总台数）×100\%$$

$$设施设备利用率＝（投入使用设备台数÷拥有设备总台数）×100\%$$

2. 设施设备使用管理制度

建立和健全景区设施设备使用管理规章制度有助于实现科学管理,消除工作中的混乱现象;有助于提高设施设备的综合效益,延长使用寿命,减少维修费用,降低能耗;有助于充分调动员工积极性,更好地完成工作任务。景区设施设备使用管理制度,必须依据国家有关法规标准制定,它的制定要有利于设施设备的正常使用,保证设施设备为游客服务。设施设备使用管理规章制度包括运行操作规程、维护规程、设施设备操作人员岗位责任制和设施设备管理表格等。

为确保管理制度的严格执行,必须坚持定期检查和考核。要搞好检查、考核工作,就要抓好三个方面的工作:一是抓标准。标准是考核的依据,没有标准,考核就失去依据。二是抓考核办法。考核办法是否科学,关系到考核是否正确。三是在考核的基础上奖罚要分明。该奖的必须奖,该罚的一定罚。只有搞好检查、考核、奖罚工作,才能促进管理制度的有效实施。

三、景区设施设备更新改造

景区设施设备更新是指用经济效果好、技术先进、性能可靠的新设备替换原来的经济效果差和技术落后的老设备。景区设施设备的改造是指采用先进技术对现有落后的设施设备进行改造,使其提高节能效果,改善安全和环保特性。

1. 景区设施设备更新改造分类

根据设施设备更新改造项目的规模大小,可分为全面改造和更新、系统更新改造、单机改造和更新等。全面更新改造一般是在基本保留原有的项目基础上,对一些已陈旧或已不能满足需要的主要大型设备进行改造或更新。系统更新改造是针对某一设施内具有特定功能的配套系统设施设备性能下降、效率低或者能耗高、环保特性差等具体问题所采取的改造和更新。单机设备改造和更新是对设施内某一单机设备所采取的技术措施。

2. 景区设施设备更新决策

由于景区设施设备在服务期出现磨损,使用成本逐渐增加,服务效果日益降低,或者由于出现了性能更先进完善、外形更美观的设施设备,景区出于对更高的经济目标和服务效果的追求,在旧设施设备还能使用的情况下考虑购进新一代的设施设备。大型设施设备的更新,往往需要投入大量的资金,属于景区的重大决策,一般要进行全面的决策分析,综合考虑设施设备可利用现状、市场潜力、竞争对手状况、投资回收等各个因素。

3. 景区设施设备更新改造应注意的问题

景区在进行设施设备更新改造时应注意以下几个问题。

（1）应有计划、有重点、有步骤地进行设施设备的更新改造工作。

（2）注意把设施更新和设施现代化改装结合起来。

（3）做好更新过程中旧设施设备的利用工作，对替换下来的旧设施设备，尽量采取改装使用、降级使用、有偿转让或拆卸、利用主要零部件等方法，充分发挥老旧设施设备的剩余潜力。

（4）要根据设施的使用频率及磨损程度、维修保养状况、设计标准的高低等因素合理确定景区设施的使用期限。

（5）在进行设施设备更新方案的比较时应注意，原设施设备的价值必须按现值来计算，不能以当初的原值计算。

（6）要注意资金的投入产出等技术、经济分析。景区要根据发展目标，制定3～5年的设备添置和技术改造、更新计划。对设备的处理，要及时在财务账上和固定资产账上反映具体内容。

📝 总结案例

邓小平纪念园游览景点及服务设施规划

一、大门：采用川东民居仿木穿斗房结构，使之具有浓郁的川东民居特色。

二、游人中心：纪念园一共设两处游人中心，大门出入口各一处，建筑采用川东民居风格，为单层平房，建筑面积约335m^2，内设售票处、纪念品商店，提供信息咨询、导游讲解、宣传资料发放等服务。

三、管理用房：位于邓小平故居旁50m处，建筑风格为川东民居特色，单层平房，建筑面积为193m^2，内设监控，为文物库房、办公室、保安值班室及相关辅助用房。

四、旅游商品市场：位于入口停车场旁，建筑为民居风格，单层平房，面积约700m^2，内售各种旅游纪念品。

五、停车场：出入口大门各有一处停车场，均位于大门前方、游客中心旁，占地面积共约3000m^2。

六、邓小平生平陈列馆：川东民居风格，斜坡屋顶，上覆小青瓦，建筑结构为单层建筑群，内含展示厅、纪念品商店、接待室、卫生间等，占地面积3000m^2。

七、邓小平生平故居：为一个坐东朝西的农家三合院，悬山式木结构，小青瓦屋面建筑，穿斗式承重体系，共17间，分正房、左厢房、右厢房，系邓小平祖上三代续建而成，建筑面积600m^2。室内陈列着邓小平用过的木床、书桌、笔砚、家什等，另挂有记载邓小平一生主要经历的大幅照片，显得古朴平凡，典雅庄重，可供游客参观瞻仰。故居现有专门的讲解处、售票处。随着大门的建成，讲解处和售票处将移至大门入口处。

八、铜像广场：位于入口约300m^2无主游览道旁，占地面积26亩，中间广场占地5亩。整个广场掩映在绿树翠竹之中，被青山环抱，中间广场为草坪，草坪中间有一个基座，基座上为邓小平铜像。规划内容包括地貌整治、绿化设置、给水排水、电气灯光照明、游客小道。

（资料来源：成都来也旅游策划有限责任公司.邓小平纪念园修建性详细规划(2001—2004).）

思考：本案例中景区接待服务设施有哪些？

 同步练习

一、多选题

1. 景区设施设备的使用管理分为( )三个阶段。

    A. 前期管理　　　　　　　　　　B. 服务期管理

    C. 更新改造　　　　　　　　　　D. 后期管理

2. 景区设施设备使用管理规章制度包括( )等。

    A. 运行操作规程　　　　　　　　B. 维护规程

    C. 设施设备操作人员岗位责任制　D. 设施设备管理表格

二、简答题

1. 景区设施设备维护保养的基本内容有哪些?

2. 景区设施设备的维修方式有哪些?

📝 **实训项目**

以校园为模拟旅游景区,针对景区内不同设施设备,进行使用管理。5～8 位同学为一组,分组提交使用管理方案。

前沿视角

新疆:老龄旅游设施需要"热"处理

旅游发达国家的景区一般都对老年游客的特殊需求予以充分考虑,主要表现在景区都配套设置了相应的老龄旅游设施设备,主要有老人专用通道、缓坡扶梯、老人拐杖、代步电梯、靠背座椅、扶手坐便器、区间车上台阶以及相应的老人娱乐设施设备等。

在对新疆各景区走访后发现,大多数景区没有针对老龄游客配备专门的设施设备。5A 级景区天山天池北岸的游客服务中心虽按标准修建、配备了相关设施,但没有准备老龄游客使用的拐杖、代步车,仅有区间车。乌鲁木齐市红山公园在核心位置的寺庙周围修建了老龄游客使用的长条板凳,林间修建了靠背木椅等,部分区域配备了凉亭,但其他的老龄配套设施仍显不足,缺乏老龄游客专用通道、缓坡扶梯、老人拐杖、代步电梯。阿克苏市将多浪公园与多浪河沿河景观带建成一条开放性的公益性旅游景观带,凉亭、休息点设立较多,但是沿途旅游厕所屈指可数,中部景观带一处厕所是蹲式厕所。当地老年人反映,这里上厕所极不方便,平时只能忍一忍回家去上卫生间。

据了解,新疆各游园景区以考虑普通游客需求为主,服务设施没有具体分老龄人使用或者年轻人使用,采取的是统一的建设标准。正在争创国家 5A 级景区的世界魔鬼城、喀拉峻草原、巴音布鲁克景区,也没有老龄旅游配套设施,目前三大景区仍遵守统一的国家5A 级景区标准,加大游客服务中心、景区标识标符建设,为残疾人等特殊人群设立轮椅通道等。

2015 年年初国家旅游局提出的"515"旅游发展战略,进一步强化了人性化关怀理念,老龄旅游设施配置也当"热"处理。

(资料来源:中国旅游报[N].2015-04-27.)

项目小结

　　景区设施设备是景区进行旅游接待活动的基础,景区设施设备类型繁多,投资较大,对其管理要求也就相应较高。正确使用景区设施设备,有利于设施设备正常运行,避免设施设备的不正常磨损或损坏,防止人身、设施设备事故的发生,延长设施设备的使用寿命和大修周期,降低备件消耗,减少维修费用。本项目明确了景区设施设备使用管理的要求和制度,介绍了目前实践中应用比较广泛的景区设施设备管理手段。

综合训练

　　1. 实训项目

　　以校园为景区,针对景区设施设备进行管理。

　　2. 实训目标

　　培养学生资料搜集以及运用所学知识分析实际问题的能力,通过项目让学生更好地掌握景区设施设备管理方面的知识。

　　3. 实训指导

　　(1) 指导学生掌握资料搜集方法以及掌握景区设施设备管理方面的知识。

　　(2) 给学生提供必要参考资料。

　　4. 实训组织

　　(1) 把所在班级学生分成小组,每组 5～8 人,确定组长,实行组长负责制。

　　(2) 完成景区设施设备管理 PPT 汇报及景区设施设备管理方案,在课堂上进行汇报交流。

　　5. 实训考核

　　(1) 根据每组的景区设施设备制度 PPT 汇报,由主讲教师进行评分和点评,分数占 50%。

　　(2) 根据每组的景区设施设备管理方案汇报,由主讲教师进行评分和点评,分数占 30%。

　　(3) 每个小组互评,各给出一个成绩,取其平均分,分数占 20%。

项目七

景区旅游资源管理

学习目标

知识目标

1. 了解景区旅游资源的内涵;

2. 掌握旅游资源的分类与评价方法;

3. 了解旅游可持续发展的内涵;

4. 熟悉景区旅游资源有效保护措施与合理利用方式。

能力目标

1. 能够对景区旅游资源进行正确分类与评价。

2. 能够对景区旅游资源提出合理开发利用建议。

素质目标

1. 具有可持续发展的思想。

2. 具备学习能力和总结分析能力。

3. 树立绿水青山就是金山银山的思想。

4. 具有正确的自然观、生态观和可持续发展观。

5. 具有爱岗敬业、保护资源的责任感。

学习指南

学习方法

1. 理论讲授法。通过聆听教师讲授,理解掌握知识。

2. 归纳学习法。通过案例分析,学生归纳结论,加深对所学知识的理解。

3. 任务驱动法。通过完成具体任务,解决实际问题,提升专业技能。

学习资源

1. 参考书目

潘长宏.景区服务与管理[M].长沙:湖南师范大学出版社有限责任公司,2019.

2. 网络资源

(1)中华人民共和国文化和旅游部:https://www.mct.gov.cn

(2)中国旅游网:http://www.cntour.cn

(3)中国旅游集团:http://www.ctg.cn

(4)同程旅游网:https://www.ly.com

学习建议

线上线下相结合进行学习。

1. 课前:通过课程信息化资源、网络慕课等,提前预习相关知识。

2. 课中:主动配合授课教师,积极参与线上、线下互动,领会并掌握各任务所需技能。

3. 课后:完成课后同步练习、实训项目,以巩固所学知识和技能。

任务一 景区旅游资源调查

任务目标

作为景区开发部主管,请根据《旅游资源分类、调查与评价》国家标准(GB/T 18972—2017),对景区旅游资源进行调查和分类。

任务实施

请每个小组将任务实施的步骤和结果填入表 7-1 任务单中。

表 7-1 任务单

小组成员:		指导教师:
任务名称:	模拟地点:	
工作岗位分工:		
工作场景: (1)景区旅游资源调查; (2)景区旅游资源分类; (3)景区开发部人员		

教学辅助设施	模拟景区环境,配合相关教具
任务描述	通过对景区旅游资源进行调查,让学生认知景区旅游资源分类、评价与开发
任务资讯重点	主要考查学生对景区旅游资源的认识
任务能力分解目标	(1)了解旅游资源的内涵; (2)掌握旅游资源分类标准与方法; (3)熟悉旅游资源评价与开发; (4)知晓旅游资源可持续发展
任务实施步骤	(1)了解旅游资源的内涵; (2)掌握旅游资源分类国家标准; (3)对景区旅游资源实施调查、分类与评价; (4)对旅游资源实施科学合理开发

任务评价考核点

(1)掌握旅游资源分类国家标准。

(2)能够对景区旅游资源实施调查、分类与评价。

(3)能够对景区旅游资源实施科学合理开发。

引导案例

加强资源环境保护　建设景区生态文明

南岳衡山作为首批国家重点风景名胜区和全国首批5A级旅游景区,以申报世界自然与文化遗产为抓手,坚定不移实施可持续发展战略,不断加强资源环境保护,努力在建设景区生态文明方面下功夫,推动旅游产业和风景名胜事业协调发展。

1. 围绕提升环境质量,加大资源保护力度

生态文明的提出,将人与自然的关系纳入社会发展目标中统筹考虑,是建设和谐社会理念在生态与经济发展方面的升华。近年来,把风景资源保护摆在突出位置,加快数字化景区建设,严格保护森林资源,强力推行环保型焚化品包装袋,景区生态环境得到进一步改善,被评为"全国生态环境监察试点工作优秀单位",并被国务院批准为"国家级自然保护区"。今后一段时间,将围绕加强生态文明建设,认真执行《风景名胜区条例》《湖南省南岳衡山风景名胜区保护条例》《南岳衡山风景名胜区总体规划》和《南岳衡山自然保护区总体规划》,采取"分类保护、分区保护、重点保护和建设性保护"的方式,搞好对自然资源、人文景观、植被生态、文物古迹、文化遗存的综合保护,依法严厉打击随意开山采石、乱捕滥猎野生动物、乱采乱挖植物等不法行为,全力防范松材线虫等有害生物入侵,建立完善森林防火预警系统和森林火灾扑救机制。按照"严格保护、永续利用"的原则,重点保护好龙凤溪、芷观溪等未开发景观景点的生态原貌和方广寺、广济寺周边的原始次生林。要将生态环境保护列入目标考核管理范围,落实属地管理责任,严格实行"一票否决",充分调动各级各部门保护风景资源的积极性和主动性。同时,禁止外地车辆进入核心景区,将景区营运车辆全部更换为环保型车辆,不断改善景区生态环境质量。

2. 围绕恢复生态原貌，加速景区环境整治

生态文明的提出是基于人类在追求物质财富的进程中对效益与环境两者关系的深层领悟，是人类正确把握客观事物规律的进步表现。受历史条件影响和传统观念制约，南岳在发展旅游业的实践中，与国内许多景区一样，存在重开发、轻保护，重眼前利益、轻长远利益的现象，导致景区内出现了比较明显的"人工化、城市化、商业化"倾向。为此，南岳根据中央领导"重新规划，重整山河"的指示精神，全面启动了核心景区环境整治工程。截至目前，按规划要求应拆除的28家楼堂馆所已拆除25家，景区拆迁整治工作得到了曾培炎副总理和国家建设部的充分肯定，中央电视台《东方时空》《焦点访谈》等栏目对此进行了专题报道。由于资源环境保护和景区综合整治成效明显，南岳已成功列入《中国国家自然与文化双遗产预备名录》，被国家建设部评为"全国风景名胜区综合整治工作十佳单位"，并经网民投票入围"最受群众喜爱的中国十大风景名胜区"。下一阶段，要瞄准把南岳"建设成为生态文明、文化深厚、服务一流、享誉天下的精品旅游区"的奋斗目标，按照"申世遗"的要求，全面实施核心景区环境整治优化规划，一方面，认真做好景区楼堂馆所的拆除扫尾工作，并对拆除现场高标准实施植被恢复、人工造景和完善旅游服务基础设施等工作，同时加大对景区内保留楼堂馆所、宗教场所及各类旅游服务设施的环境整治力度，逐步恢复景区环境的原生态。另一方面，抓住景区楼堂馆所拆除工作即将全面完成这一有利时机，认真落实拆迁补偿安置政策，加快金月安置区建设，积极推进村（居）民搬迁工作。要成立专门的群众工作小组，深入拆迁户家中广泛进行宣传发动，耐心细致地做好群众的思想工作，力争景区村（居）民搬迁尽快取得实质性突破。

3. 围绕打造国际品牌，加快申遗工作进度

生态文明是人类在发展物质文明过程中保护和改善生态环境的成果，它表现为人与自然和谐程度的进步及人们生态文明观念的增强。就目前来讲，世界遗产是含"金"量最高的世界级品牌，也是游客出行的首选目的地，同时申报世界遗产的过程本身就是保护自然与文化遗产的具体行动。基于这一认识，南岳于2004年启动了申报世界遗产工作，并针对世界遗产保护战略日趋综合化、价值认识日趋多元化、资源构成日趋系统化的趋势，首倡"五岳联合申世遗"，得到其他四岳及相应省市的积极响应和国家建设部的大力支持，目前该项目已经列入建设部重点支持的项目清单。下一步，要继续强化"决心一次下定、措施一次到位、申报一次成功"的共识，按照五岳联合申世遗的工作部署，坚持一手抓景区环境整治，提高资源环境品位，一手抓申遗课题研究，组建专门班子，聘请专家指导，确定考察路线，高质量完成生物多样性、地质地貌独特性、文化多样性等课题研究及摩崖石刻、景区楹联和风景名胜资源等专项普查，为编制申遗文本收集大量原始资料。同时，要充分依托网络、电视、报刊等媒体资源，特别是要加强与中央电视台、湖南卫视、凤凰卫视、红网、搜狐、新浪等知名主流媒体的合作，广泛宣传五岳联合申世遗的重要意义，并结合2008年北京奥运会开展"五岳迎五环"等相应主题宣传活动，借助奥运会扩大中华五岳及五岳申世遗的国际知名度，展示中华五岳保护资源环境的显著成就，努力营造支持五岳申世遗工作的舆论氛围。此外，南岳作为五岳联合申世遗的牵头单位，要继续积极争取国务院及相关部委的大力支持，并主动做好与其他四岳的协调工作，使五岳申世遗在景区整治、资源调查、课题研究等方面统一进度，协调推进，力争2008年列入国家建设部向联合国申报世界遗产的提名项目，2009年迎接联合国

专家实地考察,2010 年正式列入世界遗产名录。

(资料来源：http://news. sina. com. cn/o/2008-02-28/150913491987s. shtml.)

思考：为什么要加强旅游资源保护？景区旅游资源对景区发展有何重要的作用？

一、景区旅游资源的概念

1. 旅游资源认识的演变

旅游资源是人类社会经济发展到一定阶段,旅游活动进入社会经济领域,以大量旅游企业、旅行商的涌现为标志的旅游业出现以后,才被明确提出来的。随着人类认识的不断深化、社会生产力水平的不断提高,特别是旅游经营者的不断开拓,旅游资源的内涵逐渐丰富,范畴相应扩大。

自 1841 年英国人托马斯·库克开创了近代旅游业之后,旅游日益成为大众生活的一部分。在旅游业发展之初,旅游对象局限于名山胜水、文物古迹和民风民俗,它们构成了早期旅游资源的基本范畴。进入 20 世纪,随着经济的发展和人均受教育水平的提高,人们的旅游需求日益多样化、个性化,旅游市场竞争日趋激烈,迫使旅游经营者为迎合旅游者的需要,不断创造新颖的旅游项目。于是,以主题公园为代表的大量人造景观脱颖而出,一些原先看似很平常的事物,如生产和商业场所(驰名工厂、水库电站、造币工厂、影视基地、制造基地、商业街区),文教单位(学校、幼儿园、著名文艺团体),科研基地(科研单位、实验基地、卫星发射基地),乃至地震、火山喷发等自然灾害遗迹,战争遗迹(古战场、战争纪念物、战争工程)等,逐渐成为旅游资源。

2. 旅游资源概念的界定

20 世纪 70 年代到 80 年代,我国地理学、历史学、建筑学和社会学的一批学者相继转入旅游科学的研究,并从不同角度对旅游资源进行了定义。其中,以下几种界定具有代表性和影响力。

"凡是足以构成吸引旅游者的自然和社会因素,亦即旅游者的旅游对象或目的物都是旅游资源。"(邓观利,1983)

"凡是能为人们提供旅游观赏、知识乐趣、度假休闲、娱乐休息、探险猎奇、考察研究以及人民友好往来和消磨闲暇时间的客体和劳务,都可称为旅游资源。"(郭来喜,1985)

"从现代旅游业来看,凡是能激发旅游者旅游动机,为旅游业所利用,并由此产生经济价值的因素和条件即旅游资源。"(邢道隆,1985)

"所谓旅游资源,专指地理环境中具有旅游价值的部分,也即旅游者在旅游过程中感兴趣的环境因素和可以利用的物质条件。"(周进步,1985)

"旅游资源就是吸引人们前往游览、娱乐的各种事物的原材料。这些原材料可以是物质的,也可以是非物质的。它们本身不是游览的目的物和吸引物,必须经过开发才能成为有吸引力的事物。"(黄辉实,1985)

"旅游资源是指对旅游者具有吸引力的自然存在和历史文化遗存,以及直接用于旅游目的的人工创造物。"(保继刚、楚义芳,1999)

"自然界和人类社会凡能对旅游者产生吸引力,可以为旅游业开发利用,并可产生经济效益、社会效益、环境效益的各种事物和因素都可视为旅游资源。"(国家质量监督检验检疫总局,GB/T 18972—2003)

分析上述各种定义可以看出,尽管它们的出发点和强调的重点有所不同,但就资源的基本属性而言,大体是一致的。这主要表现在以下三个方面。

首先,旅游资源与其他资源一样,是一种客观存在,是旅游业发展的物质基础。

其次,旅游资源具有激发旅游者旅游动机的吸引性,这是旅游资源的最大特点。

最后,旅游资源能为旅游业所利用,并由此产生经济效益。

综上,景区旅游资源是指在景区内被用来吸引游客的一切事物与因素,是景区内经过人为开发而被利用的自然和人文景观的总和。景区的旅游资源反映了一个景区的品质、吸引力和价值,景区里的一草一木、一山一水、一景一物都构成了旅游景区的资源。景区旅游资源是景区开发、利用的基本因素。

3. 旅游资源的特征

(1) 观赏性

景区旅游资源最重要的效用就是能使旅游者获得审美愉悦的心理体验,具有观赏性即人们可以在美感陶醉中得到精神收获。

(2) 地域性

景区旅游的地域性体现在两个方面:一是相同纬度和经度上的景区旅游资源具有相似性,具有明显的区域性特征。例如,奇峰异洞的岩溶山水主要分布在热带和亚热带石灰岩较多的地区,如我国的云贵高原和广西盆地。二是旅游资源在景区内的空间分布往往呈不均衡状态,表现为景区内的旅游资源呈现出点状或带状分布,如东北的林海雪原、西南的奇山秀水。

(3) 组合性

景区旅游资源不是孤立存在的,是由多要素共同组成的资源综合体,如黄山的奇峰、怪石、云海、古松中就包括了山、石、植被、天象等多要素的组合。

(4) 永续性

景区旅游资源与其他资源的一个区别就是具有永续性。一般而言,景区旅游资源不会因为旅游者的旅游活动而被消耗掉。旅游者在一地旅游,带走的是一种心理体验,而不是旅游资源本身。

(5) 脆弱性

景区的旅游资源虽具有可重复使用的特点,但却容易遭到破坏和损耗。如曲阜"三孔"管理部门为了以新面貌迎接中国孔子国际旅游股份有限公司的成立,对孔府、孔庙、孔林进行了全面卫生大扫除,买来升降机、水管、水桶等工具,对文物用水管从上至下直接喷冲,或以其他工具直接擦拭,致使"三孔"古建筑彩绘大面积模糊不清,造成无法挽回的损失。因此,景区必须处理好资源开发与保护的关系。

二、旅游资源的基本类型

2017 年国家颁布了《旅游资源分类、调查与评价》国家标准(GB/T 18972—2017),该标准提出和规定了旅游资源类型体系(见表 7-2)。它分三个层次,共包括有 8 个主类、23 个亚类、110 个基本类型。

表 7-2 旅游资源分类国家标准体系

主类	亚类	基本类型	简要说明
A 地文景观	AA 自然景观综合体	AAA 山丘型景观	山地丘陵内可供观光游览的整体景观或个别景观
		AAB 台地型景观	山地边缘或山间台状可供观光游览的整体景观或个别景观
		AAC 沟谷型景观	沟谷内可供观光游览的整体景观或个别景观
		AAD 滩地型景观	缓平滩地内可供观赏游览的整体景观或个别景观
	AB 地质与构造形迹	ABA 断裂景观	地层断裂在地表面形成的景观
		ABB 褶曲景观	地层在各种的内力作用下形成的扭曲变形
		ABC 地层剖面	地层中具有科学意义的典型剖面
		ABD 生物化石点	保存在地层中的地质时期的生物遗体、遗骸及活动遗迹的发掘地点
	AC 地表形态	ACA 台丘状地景	台地与丘陵形状的地貌景观
		ACB 峰柱状地景	在山地、丘陵或平地上突起的峰状石体
		ACC 垄岗状地景	构造形迹的控制下长期受溶蚀作用形成的岩溶地貌
		ACD 沟壑与洞穴	由内营力塑造或外营力侵蚀形成的沟谷、劣地,以及位于基岩内和岩石表面的天然洞穴
		ACE 奇特与象形山石	形状奇异、拟人状物的山体或石体
		ACF 岩土圈灾变遗迹	岩石圈自然灾害变动所留下的表面痕迹
	AD 自然标记与自然现象	ADA 奇异自然现象	发生在地表一般还没有合理解释的自然界奇特现象
		ADB 自然标志地	标志特殊地理、自然区域的地点
		ADC 垂直自然带	山地自然景观及其自然要素(主要是地貌、气候、植被、土壤)随海拔呈递变规律的现象
B 水域景观	BA 河系	BAA 游憩河段	可供观光游览的河流段落
		BAB 瀑布	河水在流经断层、凹陷等地区时垂直从高空跌落的跌水
		BAC 古河道段落	已经消失的历史河道的现存段落
	BB 湖沼	BBA 游憩湖区	湖泊水体的观光游览区与段落
		BBB 潭池	四周有岸的小片水域
		BBC 湿地	天然或人工形成的沼泽地等带有静止或流动水体的成片浅水区
	BC 地下水	BCA 泉	地下水的天然露头
		BCB 埋藏水体	埋藏于地下的温度适宜、具有矿物元素的地下热水、热汽
	BD 冰雪地	BDA 积雪地	长时间不融化的降雪堆积面
		BDB 地热与温泉	现代冰川存留区域
	BE 海面	BEA 冰川观光地	可供观光游憩的海上区域
		BEB 常年积雪地	海水大潮时潮水涌进景象,以及海浪推进时的击岸现象
		BEC 小型岛礁	出现在江海中的小型明礁或暗礁
C 生物景观	CA 植被景观	CAA 林地	生长在一起的大片树木组成的植物群体
		CAB 独树与丛树	单株或生长在一起的小片树木组成的植物群体
		CAC 草地	以多年生草本植物或小半灌木组成的群体
		CAD 花卉地	一种或多种花卉组成的群体
	CB 野生动物栖息地	CBA 水生动物栖息地	一种或多种水生动物常年或季节性栖息的地方
		CBB 陆地动物栖息地	一种或多种陆地野生哺乳动物、两栖动物、爬行动物等常年或季节性标牌的地方
		CBC 鸟类栖息地	一种或多种鸟类常年或季节性标牌的地方
		CBD 蝶类栖息地	一种或多种蝶类常年或季节性标牌的地方

续表

主类	亚类	基本类型	简 要 说 明
D 天象与气候景观	DA 天象景观	DAA 太空景象观赏地	观察各种日、月、星辰、极光等太空现象的地方
		DAB 地表光现象	发生在地面上的天然或人工光现象
	DB 天气与气候现象	DBA 云雾多发区	云雾及雾凇、雨凇出现频率较高的地方
		DBB 极端与特殊气候显示地	易出现极端与特殊气候的地区或地点,如风区、雨区、热区、寒区、旱区等典型地点
		DBC 物候景象	各种植物的发芽、展叶、开花、结实、叶变色、落叶等季变现象
E 建筑与设施	EA 人文景观综合体	EAA 社会与商贸活动场所	进行社会交往活动、商业贸易活动的场所
		EAB 军事遗址与古战场	古时用于战事的场所、建筑物和设施遗存
		EAC 教学科研实验场所	各类学校和教育单位、开展科学研究的机构和从事工程技术试验场所的观光、研究、实习的地方
		EAD 建设工程与生产地	经济开发工程和实体单位,如工厂、矿区、农田、牧场、茶园、养殖场、加工企业以及各类生产部门的生产区域和生产线
		EAE 文化活动场所	进行文化活动、展览、科学技术普及的场所
		EAF 康体游乐休闲度假地	具有康乐、健身、休闲、疗养、度假条件的地方
		EAG 宗教与祭祀、礼仪活动的馆室或场地	进行宗教、祭祀、礼仪活动场所的地方
		EAH 交通运输场站	用于运输通行的地面场站等
		EAI 纪念地与纪念活动场所	为纪念故人或开展各种宗教祭祀、礼仪活动的馆室或场地
	EB 实用建筑与核心设施	EBA 特色街区	反映某一时代建筑风貌,或经营专门特色商品和商业服务的街道
		EBB 特性屋舍	具有观赏游览功能的房屋
		EBC 独立厅、室、馆	具有观赏游览功能的景观建筑
		EBD 独立场、所	具有观赏游览功能的文化、体育场馆等空间场所
		EBE 桥梁	跨越河流、山谷、障碍物或其他交通线而修建的架空通道
		EBF 渠道、运河段落	正在运行的人工凿的水道段落
		EBG 堤坝段落	防水、挡水的构筑物段落
		EBH 港口、渡口与码头	位于江、河、湖、海沿岸进行航运、摆渡、商贸、渔业活动的地方
		EBI 洞窟	由水的溶蚀、侵蚀和风蚀作用形成的可进入的地下空洞
		EBJ 陵墓	帝王、诸侯陵寝及领袖先烈的坟墓
		EBK 景观农田	具有一定的观赏游览功能的农田
		EBL 景观牧场	具有一定的观赏游览功能的牧场
		EBM 景观林场	具有一定的观赏游览功能的林场
		EBN 景观养殖场	具有一定的观赏游览功能的养殖场
		EBO 特色店铺	具有一定的观光游览功能的店铺
		EBP 特色市场	具有一定的观光游览功能的市场

主类	亚类	基本类型	简要说明
E 建筑与设施	EC 景观与小品建筑	ECA 形象标志物	能反映某处旅游形象的标志物
		ECB 观景点	用于景观观赏的场所
		ECC 亭、台、楼、阁	供游客休息、乘凉或观景用的建筑
		ECD 书画作	具有一定知名度的书画作品
		ECE 雕塑	用于美化或纪念而雕刻塑造、具有一定寓意、象征或象形的观赏物和纪念物
		ECF 碑碣、碑林、经幢	雕刻记录文字、经文的群体刻石或多角形石柱
		ECG 牌坊牌楼、影壁	为表彰功勋、科第、德政以及忠孝节义所立的建筑物，以及中国传统建筑中用于遮挡视线的墙壁
		ECH 门廊、廊道	门头廊形装饰物，不同于两侧基质的狭长地带
		ECI 塔形建筑	具有纪念、镇物、标明风水和某些实用目的的直立建筑物
		ECJ 景观步道、甬路	用于观光游览行走而砌成的小路
		ECK 花草坪	天然或人造的种满花草的地面
		ECL 水井	用于生活、灌溉用的取水设施
		ECM 喷泉	人造的由地下喷射水至地面的喷水设备
		ECN 堆石	由石头堆砌或填筑形成的景观
F 历史遗迹	FA 物质类文化遗存	FAA 建筑遗迹	具有地方风格和历史色彩的历史建筑遗存
		FAB 可移动文物	历史上各时代重要实物、艺术品、文献、手稿、图书资料、代表性实物等，分为珍贵文物和一般文物
	FB 非物质类文化遗存	FBA 民间文学艺术	民间对社会生活进行形象的概括而创作的文学艺术作品
		FBB 地方习俗	社会文化中长期形成的风尚、礼节、习惯及禁忌等
		FBC 传统服饰装饰	具有地方和民族特色的衣饰
		FBD 传统演艺	民间各种传统表演方式
		FBE 传统医药	当地传统留存的医药制品和治疗方式
		FBF 传统体育赛事	当地定期举行的体育比赛活动
G 旅游购品	GA 农业产品	GAA 种植业产品及制品	具有跨地区声望的当地产的种植业产品及制品
		GAB 林业产品与制品	具有跨地区声望的当地生产的林业产品及制品
		GAC 畜牧业产品与制品	具有跨地区声望的当地生产的畜牧产品及制品
		GAD 水产品及制品	具有跨地区声望的当地生产的水产品及制品
		GAE 养殖业产品与制品	具有跨地区声望的当地生产的养殖业产品及制品
	GB 工业产品	GBA 日用工业品	具有跨地区声望的当地生产的日用工业品
		GBB 旅游装备产品	具有跨地区声望的当地生产的户外旅游装备和物品
	GC 手工工艺品	GCA 文房用品	文房书斋的主要文具
		GCB 织品、染织	纺织及用染色印花织物
		GCC 家具	生活、工作或社会实践中供人们坐、卧或支撑与贮存物品的器具
		GCD 陶瓷	由瓷石、高岭土、石英石、莫来石等烧制而成，外表施有玻璃质釉或彩绘的物器

主类	亚类	基本类型	简 要 说 明
G 旅游购品	GC 手工工艺品	GCE 金石雕刻、雕塑制品	用金属、石料或木头等材料雕刻的工艺品
		GCF 金石器	用金属、石料制成的具有观赏价值的器物
		GCG 纸艺与灯艺	以纸材质和灯饰材料为主要的材料制成的平面或立体的艺术品
		GCH 画作	具有一定的观赏价值的手工画作品
H 人文活动	HA 人事活动记录	HAA 人物	当地历史和现代名人
		HAB 事件	当地发生过的历史和现代事件
	HB 岁时节令	HBA 文艺团体	宗教信徒举办的礼仪活动,以及节日或规定日子里在寺庙附近或既定地点举行的聚会
		HBB 文学艺术作品	当地与农业生产息息相关的传统节日
		HBC 现代节庆	当地定期或不定期的文化、商贸、体育活动等

注：如果发现本分类没有包括的基本类型时,使用者可自行增加。增加的基本类型可归入相应亚类,置于最后,最多可增加2个。编号方式为：增加第1个基本类型时,该亚类2位汉语拼音字母＋Z,增加第一个基本类型时,该亚类2位汉语拼音字母＋Y。

三、旅游资源的成因

1. 自然旅游资源形成的原因

自然旅游资源是由自然地理要素相互作用、长期演化而形成的、可为旅游业发展所利用并产生效益的自然景观与自然环境。包括地文景观、水域景观、生物景观、天象与气候景观。自然旅游资源是自然界天然赋存的,其主要形成原因有以下几点。

（1）地质作用是形成自然旅游资源的基础

根据地质作用的动力来源不同,地质作用分为内动力地质作用和外动力地质作用。地球的内动力地质作用对地壳的变化起主导作用,决定着海陆分布、岩浆活动、地势起伏等,对自然旅游资源的形成具有一定的控制作用。表现为使地壳岩层变形,使地面提升或沉降以及产生褶皱、节理或断裂,从而形成山岳地貌、峡谷、断陷湖泊、火山地貌、地热景观、地层剖面等自然景观。地球的外动力地质作用能源主要来源于太阳的热能,表现为风化作用、侵蚀作用、岩溶作用、搬运作用、沉积作用等,从而形成喀斯特地貌、雅丹地貌、丹霞地貌、风沙地貌、海岸地貌、冰蚀地貌等自然景观。

（2）地球表面水体形成水域风光

地球表面的水体有海洋、冰川、河流、湖泊、瀑布、涌泉等多种类型。它们与地质、地貌、气候、植被等因素相结合,形成丰富的水域风光旅游景观。

（3）气候的区域性差异形成天象气候景观

气候作为某一地区的多年天气综合特征,也是外动力作用的因素之一,对旅游资源中风景地貌的塑造、风景水体的形成、观赏生物的生长和演变,有着控制性的影响。地球表面气候的差异,首先取决于太阳辐射。太阳辐射强度具有随纬度升高而减弱的特点,不同纬度会形成各具特色的自然景观,构成重要的旅游资源。其次,海陆分布、巨型地貌形态和大气能量和水汽的输送与交换产生的影响,形成气候的区域性差异和不同的自然景观。最后,地表局部抬升(山地)导致气候要素(气温和降水)发生垂直向上的变化,形成随海拔而变化的立体自然旅游景观。

（4）地球生物的多样性形成生物景观

生物是地球表面有生命物体的总称,大体可以分为植物、动物、微生物三类。在地球发展的不同历史时期,由于地理环境条件的不同,生物种群也在不断演化。大量的古生物,因地质环境的变迁而灭绝,其遗体或遗迹保存在地层中,成为重要的旅游资源。有一些生物,在特定的条件下生存下来,成为再现古地理环境和研究古生物演变的"活化石",如大熊猫、银杏、水杉等。为保护这些珍稀动植物而建立的各类自然保护区,已成科学研究和旅游活动的重要场所。

不同地理环境下生存的植物群落或动物群落,在景观上存在着明显的地域差异,可以形成独具吸引力的旅游资源。

2．人文旅游资源形成的原因

人文旅游资源是以社会文化事物为吸引力本源的旅游资源。是人类在其漫长的发展过程中由人类的生活实践所创造的,是人类物质文明和精神文明的总和。它的形成是自然、历史、文化、意识形态等多方面作用的结果。人文旅游资源以其多姿多彩的造型、宏伟有序的布局、五彩缤纷的色调,展示了各具特色的人类文明,包括建筑与设施、历史遗迹、旅游购品和人文活动,其形成主要归因于以下几个方面。

（1）珍贵的历史遗存

在人类发展的历史长河中,不同阶段具有不同的文化事象和特征,形成了许多反映时代特点的风物。它们从不同的角度展示了特定历史条件下的生产力发展水平和社会生活风情,是人类文明的珍贵遗产。

随着现代旅游活动的日益兴盛,凭吊悠久的历史文化古迹成为旅游者外出旅游的动机之一。于是,众多的古人类遗迹遗址、古代建筑、雕塑、壁画、帝王陵寝、名人故居等,成为重要的旅游资源,许多地方凭借文物古迹的强大吸引力成为人们游览的热点。

（2）显著的文化地域分工

不同地域、不同社会形态、不同民族的社会文化差异,是人文景观旅游资源得以形成的重要原因。正是社会文化的差异,造成某一居住地的人群对于另一地的未知感,从而引发旅游者从一地向另一地的空间移动。

社会文化差异的形成,是文化地域分工的必然结果。在适应环境、改造利用环境的过程中,不同的人群对于环境的感知是不同的,从而形成了对自然环境的不同看法,形成了特有的生产、生活方式——文化。从这个意义上来说,社会文化差异导致了旅游者在不同地域上的流动;而文化地域分工,则是促使地方文化成为旅游资源的最根本的原因。

各地区、各民族间的文化差异,诸如生产方式、生活习俗(民居、饮食、服饰等)、民族礼仪、神话传说、歌舞盛会、节日庆典、城镇布局、建筑风格等方面的不同,都是极具特色和价值的旅游资源。

（3）宗教的影响

宗教是一种特殊的社会文化现象,它自诞生之日起,就伴随着交通运输的发展、民族的迁移和日益频繁的地区间经济文化交流,对世界经济、政治及社会生活产生极为深刻的影响。宗教建筑、雕塑、壁画等具有极高的美学价值,宗教活动庄严隆重且颇具神秘感和新奇感,已成为重要旅游资源。在一些宗教历史悠久、宗教影响力较大的地区,非宗教朝拜目的的旅游者数量也已大大超过宗教信徒。

（4）迅速发展的旅游市场需求

随着旅游市场需求的扩大和多样化,旅游资源的范畴也在不断扩大。许多生产和商业场所、文教单位、科研基地等也逐渐成为旅游者的游览对象,许多都市风貌、现代设施等,也因其对旅游者具有较强的吸引力而成为旅游资源。

四、景区的可持续发展

在景区旅游资源开发建设中,必须重视景区的可持续发展,促使景区生态保护和经济效益获得"双赢"。

1. 旅游可持续发展的内涵

在加强资源保护的前提下,科学合理地开发利用旅游资源,是实现旅游业可持续发展的基础。同样,旅游业的合理发展也有助于改善产业结构、改变开发和利用生态环境的方式,减轻经济发展对环境和资源的压力,增强人们保护旅游资源和环境的自觉性和积极性。因此,旅游业的可持续发展有两个方面的含义。

一是旅游与可持续发展之间有一种天然的耦合关系。旅游业在国民经济和社会发展中具有重要地位和多方面的作用,有助于推动国家可持续发展战略,而国家的可持续发展又为旅游业创造了好的条件。从代价角度看,在同等产业发展条件下,相比其他多数行业,旅游业投入和消耗的资源较少,环境代价也小。从可持续发展的目的来看,旅游活动产生于人的一种需要,是人类物质活动和精神活动的统一,反映了人类物质文化水平的提高,具有文化经济的特性及优势。而文化经济是最有利于可持续发展的,从这一角度来看,发展旅游业本身就是可持续发展目标体系的组成部分。

二是就旅游业本身而论也存在一个是否可持续发展的问题。科学合理地发展旅游业当然符合社会可持续发展的要求,但违背自然、社会规律的片面发展,也会导致旅游业本身不可持续的问题,如旅游吸引物的破坏,文化古迹的大量开发破坏其原有的风貌,有些开发对环境的破坏是永久的,会为后代带来难以弥补的后果。因此,旅游业自身的健康发展也需要是可持续性的。

2. 旅游景区的可持续发展

（1）景区可持续发展的目标

可持续旅游发展是一个多层次、多元化的目标体系,主要包括生态环境可持续性、社会发展可持续性和经济发展可持续性三个方面。

① 生态环境可持续性。要求在一定限度内维持生态系统的生产能力和功能,维护资源和环境基础,保护其自我调节、正常循环的能力,保持和增强生态系统的完整性、稳定性和适应性。对此,着力消除景区发展中的矛盾,降低旅游资源开发对环境造成的负面影响,维持景区生态系统的平衡,从而保证景区旅游资源的永续利用,是景区可持续发展的基本目标和根本准则。

② 社会发展可持续性。强调以最小的资源成本和投资获得最大的社会效益,长期满足

人们的基本需要,保证资源和收益的公平分配。景区可持续发展在社会方面要实现的主要目标一是满足人类需要,二是体现社会公平,包括同代人的公平发展和公平分配以及代际间的公平发展和公平分配。

③ 经济发展可持续性。就是用最小的资源成本和投资获得最大的经济效益,同时保证经济效益的稳定增长,防止任何急功近利的行为。可持续旅游发展的经济方面的目标就是对旅游业长远利益的关注,包含了对环境成本的考量。旅游资源开发利用必须服从当地经济社会发展的总体规划,并保证相关利益主体(旅游开发商、旅游经营者、当地居民)的可获利性。与此同时,充分考虑环境的成本效率,把环境污染治理费用和自然资源的消耗费用计入生产成本,以关注景区的长远利益。

可持续旅游发展三方面的目标,是对立统一的关系。生态环境可持续发展是经济发展可持续性的基础,没有生态环境的可持续性便没有经济发展的可持续性;没有经济发展可持续性,生态环境的可持续性便失去了经济目的和动力;经济发展可持续性和生态环境可持续性是为了满足人类社会的需要,社会可持续性的实现有赖于生态环境的可持续性和经济发展的可持续性。

(2)景区可持续发展的策略措施

① 观念上——坚持可持续、和谐的发展观,坚持可持续发展的指导思想。景区一要坚决纠正"靠山吃山,靠水吃水"的错误或片面的开发观。二要坚决避免走"先发展、后污染、再治理"的老路,这是以牺牲自然环境的巨大代价来换取经济一时繁荣的错误之路。景区开发必须在规划中充分论证其社会和环境影响,特别要关注对环境的消极影响,实行开发与保护同步推进。

② 运作上——推行旅游生态发展模式。旅游生态发展,即旅游开发和旅游活动不违背自然生态规律。景区都有环境容量,超过最大环境容量,则景区的环境衰退和生态破坏将不可避免。旅游生态发展的实质,是要在景区发展中充分认识开发与保护、经济发展与生态可持续的辩证关系,坚持经济发展和环境保护一起抓,这样才能使旅游生态发展真正落到实处。

③ 开发上——坚持开发的有序性、科学性。先规划后开发,开发也要讲究时空的有序性,既要考虑到目前的发展需要,又要考虑到未来的永续利用。对于技术上、经济上、环境上均切实可行的开发计划,要分期、分批实施科学开发。对于目前在技术上、保护上尚不具备开发条件的资源,先保护起来,等条件成熟后再根据需要决定是否开发。

④ 管理上——倡导文明旅游,加强引导和管理。游客在景区内的行为活动具有一定的盲从性,加之游客的生态文明修养程度参差不齐,这在很大程度上对景区的环境和资源带来了潜在的不利影响。部分游客乱扔垃圾、随地吐痰、乱涂乱画、高声喧哗等不文明习惯,给景区资源和环境带来了直接破坏,应对这些不良行为加以教育、引导和管理。

⑤ 体制上——实行政府引导、市场运作的体制。旅游资源的配置是以旅游需求为基准的,但即使是有现实的旅游需求,旅游开发也不能遍地开花,而是应优化资源配置,使有限的旅游资源发挥出最大的效益。因此,提倡实施政府引导、市场运作的景区开发与发展模式。

知识拓展

可持续旅游发展宪章

📝 总结案例

世界自然遗产不可再生　九寨沟实行游客限量制

从 2001 年 7 月 1 日起,四川九寨沟风景区正式实行游客限量进入景区制,规定最大接待量为 1.2 万名游客。九寨沟由此成为中国第一个对游客实行限入内的景区。

九寨沟迷人的风景吸引着为数众多的海内外游客前往旅游,而随着其交通条件的极大改善,进入九寨沟旅游的人数呈现出持续增长的态势。

为避免因游客过多而对景物产生破坏,九寨沟景区管理局邀请海内外相关专家进行测算,得出九寨沟最佳日接待量为 6000 人,最高日接待量为 1.2 万人。为此,该管理局作出了日限量 1.2 万名游客入景区的决定。作出这一决定后,仅门票收入一项,高峰期日减少收入上百万元人民币。但是,为了保护好九寨沟这个不可再生的世界自然遗产,管理局坚决采取限量措施。

(资料来源: http://news.sina.com.cn/c/288772.html.)

九寨沟作出这一限客决定,主要目的就是为了更好地保护好九寨沟这个不可再生的世界自然遗产,避免因游客超过景区承载量而对景区产生破坏。九寨沟管理局制订预售门票方案,与各旅行社实行联动。一旦游客超量,九寨沟管理局通过网络等媒介及时向社会公布。

🔍 同步练习

一、多选题

人文旅游资源形成的原因有(　　　)。

    A. 珍贵的历史遗存　　　　　　　　B. 显著的文化地域分工
    C. 深刻的宗教影响　　　　　　　　D. 迅速发展的旅游市场需求

二、简答题

1. 景区旅游资源有哪些特征?

2. 景区可持续发展的目标有哪些?

✏️ 实训项目

选取本地一家旅游景区,收集其不同类型旅游资源,分析其成因。5～8 位同学为一组,分组提交成果。

任务二　景区旅游资源保护

🔍 任务目标

作为景区开发部主管,必须熟悉景区旅游资源遭受破坏的原因,并能够提出相应的保护措施。

任务实施

请每个小组将任务实施的步骤和结果填入表 7-3 任务单中。

表 7-3　任务单

小组成员：		指导教师：
任务名称：	模拟地点：	
工作岗位分工：		
工作场景： (1) 景区巡察； (2) 景区资源遭受破坏； (3) 景区旅游资源保护		
教学辅助设施	模拟景区工作环境,配合相关教具	
任务描述	通过对景区旅游资源勘查,让学生认知景区旅游资源遭受破坏的原因,采取相应对策	
任务资讯重点	主要考查学生对景区旅游资源保护与开发的认识	
任务能力分解目标	(1) 了解旅游资源的内涵与成因； (2) 熟悉旅游资源遭受破坏的原因； (3) 熟悉旅游资源保护措施	
任务实施步骤	(1) 了解旅游资源的内涵及其成因； (2) 分析旅游资源遭受破坏的原因； (3) 熟悉旅游资源保护的具体措施	

任务评价考核点

(1) 了解景区旅游资源保护的意义。

(2) 知晓景区旅游资源遭破坏的原因。

(3) 能够采取有效措施保护旅游资源。

引导案例

妥善解决景区发展与资源保护问题

近年来,罗平县依托独特的资源优势,狠抓景区景点建设,不断推动旅游产业持续健康发展。目前,罗平县共建成 A 级旅游景区 3 个。

A 级旅游景区创建提升工作情况如何? 2019 年,罗平县政协带着问题,组织部分县政协委员和相关单位人员,深入到九龙瀑布群、多依河、鲁布革三峡、鲁邑罗盘地委指挥部旧址、相石阶森林公园、欢乐童世界等景区景点,对全县 A 级景区创建提升情况进行专题调研。

调研组发现,罗平县的 A 级旅游景区创建提升工作还存在着基础设施建设相对滞后、旅游资源挖掘和整合力度不够、景区建设管理矛盾突出、缺少必要的资金投入和扶持政策、缺乏相关专业人才等困难和问题。

结合调研发现的问题,县政协调研组建议,罗平县当前要抓紧做好鲁布革三峡申报国家 AAAA 级景区的查缺补漏和迎检评定工作,为成功创建国家全域旅游示范区奠定基础。同时,要结合实际区别对待创建工作,如相石阶森林公园,建议按 A 级景区进行精品打造,但是否申报为 A 级景区,须慎重考虑。A 级景区创建内容较多,文旅、交通、住建、市场监管、卫生、农业农村、林草、自然资源、工信等部门以及景区所在地党委、政府,在工作推进中要加强部门联动,做到项目有人对接、工作有人落实。对涉及旅游重大项目以及旅游公共服务设施、乡村旅游、旅游扶贫等建设用地,须加强与上级有关部门对接,妥善解决景区发展与资源保护的问题。

调研组建议,要进一步强化政府引导投入。县财政每年列出一定的专项经费,主要用于完善旅游配套设施建设、重要景区景点建设、旅游宣传推介等,充分发挥财政投入的撬动作用,为打造精品线路提供硬件支持。景区层面和相关单位要想方设法加大旅游人才培养、选拔和引进力度,制定支持旅游人才特殊优惠政策,建立人才评价激励机制,大力引进旅游管理、策划、营销方面的专业人才。

(资料来源:云南政协新闻网 http://www.ynzxb.cn/xwpd/YiZhengChiAn/153172.shtml.)

思考:为什么要妥善处理景区发展与资源保护问题?

景区旅游资源被破坏,会逐渐使景区的旅游吸引力下降,使景区旅游资源的重复有效使用次数减少。为了保证景区旅游资源的永续利用,必须对景区旅游资源开展保护。

一、景区旅游资源保护的意义

1. 是景区生存和发展的基础

对旅游景区而言,旅游资源是景区发展的基础,景区中的资源保护是旅游景区管理中最重要的工作。景区的资源反映了一个景区的品质、特色和形象,表现出一个景区的吸引力和市场价值。景区的资源决定了景区的价值,决定了景区的吸引力,是景区生存和发展的根基。

2. 是保护生态环境和文化资源的前提

许多旅游资源具有不可再生性,一旦被破坏就很难再现,例如我国的大熊猫,由于维系其生命的食物链遭到破坏,大熊猫的数量急剧下降。而虽然有的旅游资源可以通过人类的科学技术加以恢复或补救,但这样做的代价非常大。

对于自然旅游资源的保护,不仅涉及旅游资源本身,同时也涉及对自然生态环境的保护,如果只对可供观赏的自然旅游资源进行保护,而忽视影响自然资源的其他因素,这样的保护也是不全面的,不利于对旅游资源本身的保护。这就需要对当地的地质条件、气候条件、水土流失情况、大气污染条件、植被覆盖率等多项因素进行综合性的测定,并有步骤地加以保护。

人文旅游资源是人类几千年的发展演变遗留下来的珍贵历史文化遗产,例如苏州园林体现了中国园林建筑的魅力,它的建筑特色充分融合了中国古代建筑思想和古人的审美意识,在景观的设计上运用亭台楼阁、风花雪月的建筑内涵,走在其中让人有一种回到过去的感觉。这些景观都是人类建筑智慧的结晶,代表着中国建筑和美学融合。但很遗憾,这样的园林由于保护不力,在苏州真正称得上有规模的已经屈指可数,而那些已经被破坏掉的园林,从此就在历史长河中烟消云散了。人文资源如果被破坏掉,就难以再次恢复。

3. 是景区可续发展的保证

景区可持续发展的实质就是使旅游资源不仅可被当代人利用,而且可以为后代所利用,即旅游资源得到永续利用。但事实上,许多景区因过度开发导致景区难以长久维系,这主要是因为对旅游资源本身破坏程度大,使景点失去吸引力,直接导致该地旅游业的滑坡。虽然企业可以得到短时间的经济效益,但最终由于吸引游客的关键因素——景区的观赏性退步,游客日益减少。为避免类似情况,在景区规划时就应对景区旅游资源的保护提出专项规划和具体方案,以保证未来旅游业的可持续发展。

 案例 7-1

旅游资源屡遭破坏引关注

最近,一个越野车队辗轧内蒙古锡林郭勒草原的网络视频引起舆论一片哗然。近年来,我国旅游业资源遭破坏、旅游区环境质量下降等问题日益突出。

2017年8月,一组名为"八达岭长城遭刻字"的照片在微博流传。有网友认为,刻字行为"既没礼貌也没素质"。更有网友要求,"必须重罚、依法追责"。北京的慕田峪长城、八达岭长城等也出现刻字涂鸦者,其中不乏外籍游客。

2018年8月,一个游客破坏丹霞地貌的炫耀视频引起关注。视频中共有4名游客,称"不是说踩一脚需60年恢复,我们不知道踩了多少脚"。在舆论压力下,4人最后主动向公安机关自首。几天后,又有几名游客在甘肃文县天池景区内戏水游泳并发抖音炫耀,再次引爆舆论。

2019年5月3日,山东临沂一处景区一块上百万年才形成的"比翼鸟"钟乳石,遭3名游客暴力破坏。其中一只鸟的形状已经被全部破坏,"基本没有恢复的可能"。

贵州贵阳湿地公园直线长10多公里,面积大、战线长。尽管每天有60个保安24小时巡逻,但很少能当场抓住一些恶意破坏公共设施的行为。云南昆明某景区一年的维护费用是3000多万元,主要用于景区内设施维修和建筑修复。

游客破坏旅游资源,将面临怎样的处罚?记者查阅相关法律法规发现,根据《中华人民共和国文物保护法》相关条款,刻划、涂污或者损坏文物尚不严重的,或者损毁文物保护单位标志的,由公安机关或者文物所在单位给予警告,可以并处罚款。此外,《治安管理处罚法》也有相关处罚规定。

对于在长城上随意涂鸦刻字的行为,北京律师肖东平认为,由于这种行为比较普遍,且个案造成的影响较小,在认定是否给文物造成灭失、损毁时举证较难,因此处罚也比较困难。

对于破坏"比翼鸟"钟乳石的行为,有办案人员告诉《法制日报》记者,在目前的法律框架下,即便是10日拘留、500元罚款的顶格处罚,也有些隔靴搔痒。

有专家认为,这些不文明行为,有的需要法律强制手段,有的则需要道德引导,相关部门应该对不文明现象进行梳理分类,有针对性地进行处理。

2018年9月,文化和旅游部公布了一批旅游不文明行为记录,截至目前,共有35人被纳入旅游"黑名单"。游客不文明行为记录形成后,旅游主管部门要通报游客本人,提示其采取补救措施,挽回不良影响,必要时向公安、海关、边检、交通、人民银行征信机构通报。

2013年10月1日起,《中华人民共和国旅游法》开始实施。然而,在旅游资源环境保护方面的规定,旅游法缺乏可操作的处罚条款,无法有效凸显环境保护在旅游发展中的重要地位。

专家对我国旅游资源保护进行分析认为存在以下几个主要问题：一是立法的滞后和不完善,主要表现在缺乏专门的旅游资源保护法,针对少数民族文化旅游、温泉旅游、生态旅游等专项旅游资源的保护方面存在立法空白;二是已有的法律法规存在交叉重叠,可操作性和技术性较差,而条块分割和多头管理,造成政策法规实施中权限不清、责任不明晰;三是处罚力度不够,人们破坏资源获取的利益远大于接受处罚的损失,导致法律本身无法起到保护资源的作用。

(资料来源:今晚报.2019年9月6日(13).)

二、景区旅游资源遭破坏的原因

景区旅游资源遭破坏的原因比较复杂,大体可分为自然因素和人为因素两种。

1. 自然因素导致的景区旅游资源破坏

(1) 突发性自然灾害

地震、山火、火山喷发、海潮等自然灾害可在短时间内对旅游资源造成巨大破坏,破坏强度大的可导致整个旅游资源在瞬间就化为乌有。如2008年5月的汶川大地震使四川的部分景区古建筑倒塌,都江堰景区破坏严重,二王庙全部垮塌,江油李白故里的清朝牌坊倒塌。

(2) 缓慢性侵蚀风化

在自然环境下,一些历史遗迹长时间受到风吹雨淋,会使旅游资源本身发生各种物理的、化学的变化,其形态和性质缓慢改变,称为缓慢性风化。这种外界空气、气候条件的变化给很多旅游景点带来了危害。例如,大同云冈石窟周围煤矿星罗棋布,遇到刮风季节,夹着大量煤尘、沙砾的大风吹打着石窟雕像,使文物磨损、腐蚀;北京城内100多万个大小烟囱排放的黑烟被大气中的水分分解,硫酸、硝酸和碳酸随雨水而下,每年总量达30多万吨,酸雨使故宫、天坛、十三陵中的许多汉白玉雕栏、石阶、坐狮等遭到侵蚀。

2. 人为因素造成的景区旅游资源破坏

人类对旅游资源的破坏主要包括两个方面,一个来自旅游活动本身,另一个来自旅游活动外部。

(1) 内源性破坏

内源性破坏即旅游资源遭到旅游活动本身(如旅游者、旅游建设等)的破坏,主要表现形式有以下几种。

① 游人在景区的超负荷活动对旅游资源造成损害或破坏。游人过量会加剧土壤的板结化,加快古树名木的死亡速度,建筑物会因承载游人过多而损毁,如拙政园山楼前的石桥,因游人过多使桥台沉陷倒塌。过量的旅游垃圾还会对景区水源及其他旅游资源造成污染。

② 少数游客对旅游资源的蓄意破坏。少数游客缺乏起码的社会公德及文化修养,其不文明的行为使旅游资源失去了原有的价值。

③ 旅游资源的"破坏性建设"。为保护旅游资源,常需进行修缮。修缮者往往有意无意地表现自己的美学观点,还常常不得不使用现代建筑材料。因此便或多或少地影响了某些

旅游资源的历史风貌。那种任意改造、不伦不类的修缮,会破坏旅游资源的历史文化内涵和观赏价值。

（2）外源性破坏

外源性破坏即旅游资源被周边区域的经济社会活动所污染和破坏。主要表现为以下方面。

① 急功近利的短视行为造成旅游资源的毁坏。某些人为了牟取暴利,对景区内的各种珍稀野生动植物进行滥捕滥伐,致使许多景观植被和动物濒于灭绝。如近年发生在庐山核心保护区内盗伐珍贵黄山松的严重毁林事件,发生在西双版纳的偷捕大象、野牛行为等,以及盗挖古墓、倒卖文物等行为。

② 文化艺术生产活动对旅游资源的破坏。如一些文化艺术单位在摄制电影、电视剧时,不惜以文物陈列室为摄影棚,以文物作道具,长时间的高温照射加之一些不谨慎行为,使许多文物遭受破坏。

③ 生产活动对旅游资源的污染及破坏。旅游区外围兴建的化工厂、化肥厂、农药厂等所产生的废弃物会污染和破坏旅游资源。

④ 战争对旅游资源也会带来巨大破坏。

三、景区旅游资源保护的措施

知识拓展

国内有关旅游资源保护的法律法规

对于景区旅游资源的开发,保护是前提,利用是目的,保护是为了利用,合理利用可以促进保护,二者相辅相成,不可偏废。旅游开发要因时制宜,因地制宜,在资源的保护和利用上走出一条符合景区实际的道路。其具体措施如下。

1. 坚持积极的保护

资源的保护是为了更好地利用,利用的过程中必须注重保护,这样才能够可持续地利用和保护旅游资源。试想文物一直尘封在那儿,任何人不得接触,还有什么社会价值、历史文化价值呢？哪有充足的资金来开展保护呢？发展旅游是利用资源、赢得经济收入,继而支持资源保护的有效途径。不少地方是通过发展旅游使人们认识到了当地资源的价值,增强了人们对资源的保护意识,又通过旅游的收入,增强了对景观的保护能力,获得了经济效益和社会效益的双丰收。

2. 实施科学的保护

开发和利用旅游资源,关键是要科学规划,如《风景名胜区条例》明确指出,风景名胜区总体规划的编制,应当体现人与自然和谐相处、区域协调发展和经济社会全面进步的要求,坚持保护优先、开发服从保护的原则,突出风景名胜资源的自然特性、文化内涵和地方特色。

3. 健全法律的保护

应健全资源开发保护的法律法规,并加大执法监察力度,为旅游资源的开发和保护提供法律制度上的保障。

4. 利用科技保护

在保护中要注重新技术和新手段的应用,发挥科学技术在旅游景区保护上的作用,对旅游资源进行监测。可以在景区建立完善的排污环保系统,使旅游活动产生的垃圾得到及时处理。

5. 加强旅游教育

加强宣传,提高游客参与保护的自觉意识;加强对游客行为的管理和引导,利用景区解说系统的教育功能进行提醒;加强对景区从业人员及居民的教育,使旅游者、从业人员、社区居民形成积极进行资源保护的共识。

总结案例

为了世界和人类的守护——四川如何保护世界遗产

"真是太美了,宛如童话仙境,行走在景区里我们看不到被污染的痕迹,人与自然是如此和谐统一。"来自广州的游客王彬一边说一边按下相机快门。在位于四川的世界自然遗产九寨沟景区内,游客们经常会发出类似的赞叹声。

九寨沟景区管理局局长章小平介绍,近年来,管理局在景区保护上投入约 2 亿元。按照世界遗产保护条例、"绿色环球 21"可持续发展标准、ISO 14001 环境管理体系的要求开展景区工作,使旅游活动对生态系统的影响降到最低。

"青松映白雪,彩池如碧玉"是对世界自然遗产——四川黄龙风景区冬日美景的描述,然而,游客们却难得见到这样的景致。为了景区的原始森林、钙化彩池、植被等不受到破坏,按历年惯例,每年的 12 月至次年 3 月,黄龙风景区都"封山谢客",实行封闭式保育。

自 2001 年试实施封闭保护以来,黄龙风景区生态环境明显好转。据统计,实施封闭式保育将给黄龙直接带来每年 500 万元以上的经济损失,但"冬眠"却使景区"青春常在"。"世界生物圈保护区"和"绿色环球 21"两项国际桂冠就是给黄龙景区最好的荣誉。

已有 1200 年历史的世界遗产乐山大佛建造在强度不高的红砂岩上,近年来受自然条件的影响,大佛身体出现渗水现象,头上的部分螺旋状图案因日晒雨淋已经模糊,手脚皮肤部分脱落,有些地方的石缝还长出杂草。

历经风雨变迁的乐山大佛有过 6 次修缮记录,最近一次是在 2001 年 4 月。此后,大佛还经过了数次小规模的"清扫"。2010 年,乐山大佛景区管委会做好修缮前期的准备工作,再次对大佛进行全身扫描检查,确定和制订维修方案,并上报国家文物局和联合国教科文组织,等待批准后,大佛将迎来第 7 次开放式修缮。

"我仿佛身处一个天然大氧吧,耳边都是各种来自大自然的声音所交织成的音乐。"在自然与文化双遗产峨眉山—乐山风景区里,来自美国的游客麦克陶醉地说。

"申遗"成功后,峨眉山管委会投资近 4 亿元,搬迁了保护区内的 400 多户农民,将两万多亩耕地全部恢复自然植被,使保护区森林覆盖率达到 95% 以上。30 处古刹名庵、人文古迹也按照"修旧如故"的原则进行了修复。

另外,四川省境内的世界文化遗产青城山—都江堰风景区、世界自然遗产大熊猫栖息地,在"512"汶川大地震中受到了较大程度的影响,经过 4 年来的灾后恢复重建,如今已变得更加美丽。

四川省于 2002 年 4 月 1 日正式实施《四川省世界遗产保护条例》,这是中国第一份专门为保护世界遗产制定的地方法规,也是世界上少数的类似法规之一。四川大学法学院教授周伟认为,世界遗产既珍贵,又脆弱,一旦破坏,将不会再生,这部条例的出台为世界遗产撑起了一把"保护伞"。

位于中国西部的四川是中国获世界自然与文化遗产最多、最全的省份。截至 2009 年,经联合国教科文组织审核被批准列入《世界遗产名录》的中国的世界遗产共有 38 项(包括自然遗产 7 项,文化遗产 27 项,双重遗产 4 项),其中,四川占了 5 处,自然和文化兼有的遗产两处。

(资料来源:央视网:http://news.cntv.cn/20120515/119320.shtml.)

同步练习

一、多选题

1. 自然因素导致的景区旅游资源破坏的原因是( )。
   A. 偶发性自然灾害   B. 突发性自然灾害
   C. 缓慢性侵蚀风化   D. 突发性侵蚀风化
2. 景区旅游资源保护措施有( )。
   A. 坚持积极的保护
   B. 实施科学的保护
   C. 健全法律的保护
   D. 利用科技保护
   E. 加强旅游教育

二、简答题

1. 景区旅游资源保护的意义有哪些?
2. 人为因素造成的景区旅游资源破坏有哪些?

实训项目

选取本地一家旅游景区,收集遭受破坏的旅游资源,分析其受破坏的原因。5~8 位同学为一组,分组提交成果。

任务三   景区旅游资源开发

任务目标

作为景区开发部主管,应在景区旅游资源调查与评价的基础上,提出景区旅游资源开发与利用的建议。

任务实施

请每个小组将任务实施的步骤和结果填入表 7-4 任务单中。

表 7-4　任务单

小组成员：		指导教师：
任务名称：	模拟地点：	
工作岗位分工：		
工作场景： （1）景区开发部； （2）景区旅游资源调查与评价； （3）景区旅游资源开发		
教学辅助设施	模拟景区工作环境,配合相关教具	
任务描述	通过对景区旅游资源调查与评价,提出科学开发建议	
任务资讯重点	主要考查学生对景区旅游资源评价与开发的认识	
任务能力分解目标	（1）熟悉景区旅游资源调查； （2）能够进行景区旅游资源评价； （3）能够提出景区旅游资源开发建议	
任务实施步骤	（1）熟悉景区旅游资源调查方法并开展调查； （2）对景区旅游资源进行评价； （3）提出景区旅游资源开发建议	

任务评价考核点

（1）了解景区旅游资源利用原则。

（2）知晓景区旅游资源开发的一般程序。

（3）能够合理开发利用景区旅游资源。

引导案例

旅游景区 or 世界遗产　张家界如何破除身份之惑?

1992 年张家界被联合国列入"世遗"名录,借着这块"金字招牌",张家界旅游、交通、住宿、饮食业蓬勃发展。1998 年张家界领到了第一张黄牌,联合国给出了"城市化将破坏自然界"的警告。张家界在随后几年推倒了大量粗制滥造的人工建筑,重现一片青山绿水。2004 年,张家界不仅摘掉了"黄牌",还被联合国教科文组织吸纳为"世界地质公园"网络中的一员。时间来到 2008 年,联合国教科文组织世界地质公园网络执行局对张家界提出10 项改进建议,4 年后再评估时,却发现只整改了其中 3 项,遂对张家界亮出第二张"黄牌"——要求整改,2 年后再评估,若不合格将被除名。

这一次,张家界再度努力,成功摘除黄牌。

"联合国亮'黄牌',对景区的完善其实是个好事情。"提及 1998 年的那次"警告",现任张家界市旅游局党委书记、局长丁云勇表示,张家界历史上确实犯过一些错误,但及时纠正后反而对景区的提升有帮助。

丁云勇称,有些破坏来自历史遗留,须借助外力才能解决,"景区的宾馆酒店有碍观瞻,我们早就想拆除,但由于一些原因没法动。"自称在张家界旅游系统工作几十年的丁云勇表示,迫不得已的情况下,当他得知有联合国专家要来景区做评估检测时,便故意安排了"能看到粗制滥造建筑"的线路,最终借联合国专家的力量申请到资金和权限,拆掉了景区的房子。

抖掉历史遗留包袱,张家界成功"摘牌",还赢得舆论一致赞誉。不过很快,张家界又陷入了另一重指责,那就是过度商业开发对环境资源带来的冲击。丁云勇说,作为世界遗产,张家界的资源具有唯一性,是张家界发展旅游的珍贵禀赋,当地从上到下都清楚这个现实。不过只要有开发,就会对水体、空气带来破坏,也势必带来固体垃圾污染。"但是如果封闭起来,不让人看,怎么发展呢?不让大家看大自然的鬼斧神工,也恐怕不行!"

(资料来源:中国网,http://www.china.com.cn/travel/txt/2014-11/18/content_34080427.htm.)

思考:景区旅游资源如何开发利用?

景区旅游资源开发利用是在对各类旅游资源进行评价的基础上,通过适当的方式,把旅游资源改造成吸引物,并使旅游活动得以实现的技术经济过程,包括首次开发与再开发。景区旅游资源开发利用也可被视为一种管理,科学高效的管理能够保障开发活动有序进行,在保护生态环境的前提下,实现景区经济、社会、环境三者效益的最大化。

一、景区旅游资源调查与评价

景区旅游资源的调查与评价是资源管理的重要手段,也是合理开发利用的前提。通过调查与评价可以科学客观地、全面准确地了解和掌握景区内的资源种类和空间分布、资源的品质和价值,为规划开发和保护提供依据。对此,2003 年国家颁布了《旅游资源分类、调查与评价》(GB/T 18972—2003),提出和规定了旅游资源调查与评价的方法与标准。

1. 景区旅游资源调查的概念

景区旅游资源调查就是充分利用与旅游资源有关的各种资料和研究成果,完成登记填表、汇总统计和编写调查报告等项工作。调查方式包括田野调查(实地观察、测试、访问、记录、绘图、摄影,必要时进行采样和室内分析)和室内调查(收集、分析、转化、利用文献资料和研究成果)。

2. 景区旅游资源调查的类型

景区旅游资源调查分为"旅游资源详查"和"旅游资源概查"两个层次。

(1) 旅游资源详查

适用于了解和掌握整个景区旅游资源全面情况的调查,其调查程序包括调查准备阶段和实地调查阶段。

调查组成员应具备与该调查区旅游环境、旅游资源、旅游开发有关的专业知识,应吸收旅游、环保、地学、生物学、建筑学、历史文化、旅游管理等方面的专家学者参与;资料收集范围为旅游资源单体及其赋存环境有关的各类文字描述资料,包括地方志、风物志、旅游区(点)介绍、规划与专题报告等,与旅游资源调查区有关的各类图形图像资料,重点是反映旅游环境与旅游资源的专题地图,与旅游资源调查区和旅游资源单体有关的各种照片、影像资料等。

实地调查程序和方法包括以下内容。

① 确定调查区内的调查小区和调查线路。可将整个调查区分为"调查小区"。调查小区一般按行政区划分(如省级一级的调查区,可将地区一级的行政区划分为调查小区;地区一级的调查区,可将县级一级的行政区划分为调查小区;县一级的调查区,可将乡镇一级的

行政区划分为调查小区),也可按现有或规划中的旅游区域划分。调查线路按实际要求设置,应贯穿调查区内所有调查小区和主要旅游资源单体所在的地点。

② 选定调查对象。宜选定下述单体进行重点调查:具有旅游开发前景,有明显经济、社会、文化、价值的旅游资源单体;集合型旅游资源单体中具有代表性的部分;代表调查区形象的旅游资源单体。

对下列旅游资源单体暂时不宜进行调查:明显品位较低,不具有开发利用价值的;与国家现行法律、法规相违背的;开发后有损于社会形象的或可能造成环境问题的;影响国计民生的;某些位于特定区域内的。

(2) 旅游资源概查

适用于了解和掌握特定区域或专门类型的旅游资源调查。可以简化工作程序,如不需成立调查组,调查人员由其参与的项目组织协调委派;资料收集限定在专门目的所需要的范围;可以不填写或摘要填写"旅游资源单体调查表",强调整个运作过程的科学性、客观性、准确性,并尽量做到内容简洁和量化。

3. 景区旅游资源调查的内容

景区旅游资源调查主要是对旅游资源单体本身个性和特征的了解,包括单体性质、形态、结构、组成成分的外在表现和内在因素,以及单体生成过程、演化历史、人事影响等主要环境因素。可从以下七个方面进行考察。

(1) 形态结构

旅游资源单体的整体状况、形态和突出点;代表形象部分的细节变化;整体色彩和色彩变化、奇异现象、艺术特色等;组成单体整体各部分的搭配关系,构成单体的主体部分的构造细节及构景要素等。

(2) 内在性质

旅游资源单体的特质,如功能特性、历史文化内涵、科学价值、艺术价值、实际用途等。

(3) 组成成分

构成旅游资源单体的组成物质、成分含量等。

(4) 形成机理

旅游资源单体发生、演化过程、演变的时序;形成机制、形成年龄和初建时代、废弃时代、发现或制造时间、盛衰变化、历史演变过程、存在方式等。

(5) 规模体量

旅游资源单体的空间数值(占地面积、建筑面积、体积、容积等);个性数值(长度、宽度、高度、深度、直径、周长、进深、面宽、海拔、高差、数量、生长期等);比率关系数值(矿化度、曲度、覆盖度、圆度等)。

(6) 环境背景

旅游资源单体周围的境况(包括所处具体位置、外部环境如目前与其共存并成为单体不可分离的自然要素和人文要素,如气候、水文、生物、文化、民族等);影响单体存在的外在条件(特殊功能、雪线高度、重要战事、主要矿物质等);单体的旅游价值和社会地位、级别、知名度等。

(7) 关联事物

与旅游资源单体形成、演化、存在有密切关系的典型的历史人物与事件等。

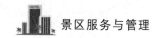

4. 景区旅游资源评价

《旅游资源分类、调查与评价》国家标准(GB/T 18972—2017)给出了"旅游资源共有因子综合评价系统",如表 7-5 所示。

表 7-5　旅游资源评价赋分标准

评价项目	评价因子	评价依据	赋值
资源要素价值(85 分)	观赏游憩使用价值(30 分)	全部或其中一项具有极高的观赏价值、游憩价值、使用价值	30~22
		全部或其中一项具有很高的观赏价值、游憩价值、使用价值	21~13
		全部或其中一项具有较高的观赏价值、游憩价值、使用价值	12~6
		全部或其中一项具有一般观赏价值、游憩价值、使用价值	5~1
	历史文化科学艺术价值(25 分)	同时或其中一项具有世界意义的历史价值、文化价值、科学价值、艺术价值	25~20
		同时或其中一项具有全国意义的历史价值、文化价值、科学价值、艺术价值	19~13
		同时或其中一项具有省级意义的历史价值、文化价值、科学价值、艺术价值	12~6
		历史价值、文化价值、科学价值,艺术价值具有地区意义	5~1
	珍稀奇特程度(15 分)	有大量珍稀物种,或景观异常奇特,或此类现象在其他地区罕见	15~13
		有较多珍稀物种,或景观奇特,或此类现象在其他地区很少见	12~9
		有少量珍稀物种,或景观突出,或此类现象在其他地区少见	8~4
		有个别珍稀物种,或景观比较突出,或此类现象在其他地区较多见	3~1
	规模、丰度与几率(10 分)	独立型旅游资源单体规模、体量巨大;集合型旅游资源单体结构完美、疏密度优良级;自然景象和人文活动周期性发生或频率极高	10~8
		独立型旅游资源单体规模、体量较大;集合型旅游资源单体结构很和谐、疏密度良好;自然景象和人文活动周期性发生或频率很高	7~5
		独立型旅游资源单体规模、体量中等;集合型旅游资源单体结构和谐、疏密度较好;自然景象和人文活动周期性发生或频率较高	4~3
		独立型旅游资源单体规模、体量较小;集合型旅游资源单体结构较和谐、疏密度一般;自然景象和人文活动周期性发生或频率较小	2~1
	完整性(5 分)	形态与结构保持完整	5~4
		形态与结构有少量变化,但不明显	3
		形态与结构有明显变化	2
		形态与结构有重大变化	1
资源影响力(15 分)	知名度和影响力(10 分)	在世界范围内知名,或构成世界承认的名牌	10~8
		在全国范围内知名,或构成全国性的名牌	7~5
		在本省范围内知名,或构成省内的名牌	4~3
		在本地区范围内知名,或构成本地区名牌	2~1
	适游期或使用范围(5 分)	适宜游览的日期每年超过 300 天,或适宜于所有游客使用和参与	5~4
		适宜游览的日期每年超过 250 天,或适宜于 80% 左右游客使用和参与	3
		适宜游览的日期超过 150 天,或适宜于 60% 左右游客使用和参与	2
		适宜游览的日期每年超过 100 天,或适宜于 40% 左右游客使用和参与	1

续表

评价项目	评价因子	评 价 依 据	赋值
附加值	环境保护与环境安全	已受到严重污染,或存在严重安全隐患	−5
		已受到中度污染,或存在明显安全隐患	−4
		已受到轻度污染,或存在一定安全隐患	−3
		已有工程保护措施,环境安全得到保证	3

注:"资源要素价值"项目中含"观赏游憩使用价值""历史文化科学艺术价值""珍稀奇特程度""规模、丰度与几率""完整性"等5项评价因子。"资源影响力"项目中含"知名度和影响力""适游期或使用范围"等2项评价因子。"附加值"含"环境保护与环境安全"1项评价因子。

每一评价因子分为4个档次,其因子分值相应分为4档。旅游资源的评价总分100分,包括"资源要素价值"(共85分。含观赏游憩使用价值30分;历史文化科学艺术价值25分;珍稀奇特程度15分;规模、丰度与几率10分;完整性5分)、"资源影响力"(共15分。含知名度和影响力10分;适游期或使用范围5分)和"附加值"(分正分和负分,主要是环境保护与环境安全)三个部分。

根据对旅游资源单体的评价,可以得出该单体旅游资源共有综合因子评价赋分值。依据旅游资源单体评价总分,可将其分为五级,如表7-6所示。

表7-6 旅游资源评价等级与图例

旅游资源等级	得分区间	图例	使 用 说 明
五级旅游资源	≥90分	★	1. 图例大小根据图面大小而定,形状不变。
四级旅游资源	75～89分	■	2. 自然旅游资源(表A.1中主类A、B、C、D)使用蓝色图例;人文旅游资源(表A.1中主类E、F、G、H)使用红色图例
三级旅游资源	60～74分	◆	
二级旅游资源	45～59分	▲	
一级旅游资源	30～44分	●	

注:五级旅游资源称为"特品级旅游资源";五级、四级、三级旅游资源被通称为"优良级旅游资源";二级、一级旅游资源被通称为"普通级旅游资源"。

二、景区旅游资源开发原则

1. 市场指向原则

市场指向原则要求景区:一要了解市场的需求及变化规律,结合旅游景区资源特色,确定开发的主题、规模及层次;二要具有长远的眼光,在开发过程中能够把握市场的基本需求和长期变化趋势,使景区资源开发适度超前于现在的需求。但市场指向原则并不意味着凡是旅游者需求的都开发,属于国家明令保护的、对旅游者身心有害的资源应限制或禁止开发。

2. 系统规划原则

景区旅游资源开发是一项系统工程,涉及多种利益相关者的得失,还牵涉社会、经济、技术等复杂因素。因此,在开发过程中应注重系统规划原则,统筹考虑景区开发涉及的各种因

知识拓展

玉溪市主要
旅游资源
评价

素,综合考虑各方面利益,确保资源的可持续开发和利用。

3. 个性化原则

旅游者不辞辛劳从远方来景区旅游,很大程度上是因为该景区独具特色的旅游资源。因此,开发应坚持个性化原则,要把挖掘旅游景区资源特色作为开发利用的出发点。个性化原则也要避免单一性开发,在突出当地最具特色的旅游资源的同时进行多样化开发。

4. 保护性开发原则

景区旅游资源具有脆弱性,一旦破坏难以再生。因此,在景区旅游资源开发过程中,应坚持保护与开发并重的原则。一方面,要在不破坏资源的审美与愉悦价值的同时,尽可能少增加改变资源价值结构的景观项目;另一方面,有限增加景观时,要谋求景观与资源的整体协调性。

三、景区旅游资源开发的一般程序

景区旅游资源开发一般需要经过开发背景分析阶段、调查研究阶段、完成规划阶段、实施规划阶段、调整阶段五个基本步骤。

1. 开发背景分析阶段

开发背景分析阶段的主要工作是对开发的背景情况进行分析,如明确当地的经济发展思路及旅游发展政策,明确当地的旅游资源列表、旅游业发展现状及当地对于发展旅游的态度。此阶段的资料可以通过查阅二手资料或召集当地有关部门人员座谈来获得。

2. 调查研究阶段

调查研究阶段主要是对当地旅游资源进行详细调查,并对其进行分类及等级划分;同时对旅游者的旅游行为进行调查分析,如旅游者的旅游动机、对旅游目的地的印象、对旅行过程的总体满意程度、旅游者的组成情况等。这一步需要经过大量的实地调查及工作才能完成。

3. 完成规划阶段

完成规划阶段是根据当地的旅游发展目标,依托现有的旅游资源,对景区的旅游资源开发进行规划。这一阶段需制定出来具有指导性和前瞻性的规划文本。

4. 实施规划阶段

实施规划阶段则是按照已经制定的规划文本,实施旅游资源开发的具体工作,如景区旅游基础设施的建设等。

5. 调整阶段

调整阶段是对规划实施过程或景区运营过程中出现的一些问题进行汇总、分析,根据新情况、新问题对旅游规划进行调整,以便使旅游规划更符合当地特色,更好地指导景区旅游资源开发。

四、景区旅游资源开发与管理

1. 加大对景区旅游资源的整合力度

对景区旅游资源的整合,着重考虑以下几个原则。

（1）保护为主、保护与开发协同原则

景区是自然与历史文化相融合的有机整体，是一个地域概念。保护首先应该是整体观念上的区域保护，既要保护景区内的山、水、动植物不受破坏，又要保护水体、空气、环境不受污染。其次是历史文化氛围的保护。再次是保护好景区典型性、代表性的景观。在此基础上，使保护与开发协同发展。

（2）有序开发、同步发展的原则

有序开发，使区域内各利益主体保持正确定位；同步发展，按照区域内共同商定的开发规划实施。

（3）功能分区原则

强调功能分区的合理配置与功能优化，保证不同分区的和谐、高效。

（4）利用游线布置原则

景区内游线应做到组景主题鲜明，既有统一感，又有层次感和变化感；游线组织要有序，游线环行不重复。

2. 科学规划、合理利用景区旅游资源

景区应进行科学规划，充分利用景区的自然资源和人文景观优势，全方位、科学合理地开发利用旅游资源。要把自然风光、风土人情、历史典故、生态保护与生态旅游、建筑风格、休闲娱乐结合起来综合考虑，因地制宜地科学规划景区布局，合情合理地增设人工景点，每一处景点都能找准定位。要做到既不影响景区的自然生态环境，又能充实景区的景观内容，在保护景区生态安全的情况下合理增加景点，建设参与性项目，使游客变被动为主动，延长游客的旅游时间，增加景区的旅游收入，弥补因自然风光的季节性特点使其观赏性下降的缺点。另外，注重挖掘人文旅游资源的文化内涵，突出人文景观的旅游意义，使景区的自然生态景观与人文景观巧妙地结合。

3. 对景区旅游资源实施有效监督

坚持可持续发展战略，认真制定科学合理的旅游规划并严格执行，充分利用各种渠道对景区资源实施有效监管，坚决杜绝破坏性开发，避免"先污染，后治理"现象。

五、景区旅游资源的管理

景区旅游资源在开发、利用与保护的过程中所进行的组织、协调、规划、开发、建设、经营、监督、保护等活动，即景区旅游资源的过程管理，有效的过程管理能使旅游资源发挥最大的效能。主要包括以下几方面内容。

1. 依法管理

依法管理是依据现有的有关旅游的法律法规进行旅游资源管理。20世纪80年代以来，国家出台了一系列有关旅游资源管理的法律法规，如《中华人民共和国文物保护法》《中华人民共和国环境保护法》等。在资源的利用过程中必须坚持依法管理，这样才能处理好保护与开发利用的关系，保持景区旅游资源的可持续发展。

2. 行政管理

行政管理是依靠景区所在当地政府的有关部门进行的旅游资源管理。当地政府可以通过行政措施对景区旅游资源进行管理,如发布有关的行政决定、命令、通知等干预景区的管理;利用税收、价格等协调景区的经营活动;对严重破坏景区旅游资源的行为可以令其整改,甚至利用法律途径进行监督和规范。

3. 专项管理

专项管理是国家和地方文旅行政主管部门根据需要进行的管理。如为了保证景区有一个良好的旅游氛围,可以进行景区的秩序治理,集中解决景区脏、乱、差等现象;为了保护景区的优良环境,解决环境污染问题,可以开展景区的环境治理工作,集中解决景区的排污、垃圾、大气净化等问题。

六、景区旅游资源的开发规划

知识拓展

西湖申遗后,
要坚持做到
"六个不"

对景区资源在开发前进行科学规划是景区资源管理的一种积极手段。国家质量监督检验检疫总局于 2022 年 2 月修订发布了《旅游规划通则》国家标准(GB/T 18971—2022),依据该标准,在景区规划中应做好以下几方面的工作。

1. 景区规划的总体要求

规划编制坚持以旅游市场为导向,以旅游资源为基础,以旅游产品为主体,经济、社会和环境效益协调发展。

规划编制突出地方特色,注重区域协同,强调空间一体化发展,避免近距离、低水平重复建设,加强对旅游资源的保护,减少对旅游资源的浪费。

规划编制鼓励采用先进方法和技术。编制过程中应当进行多方案的比较,征求各有关行政管理部门的意见,尤其是当地居民的意见。

规划编制采用的勘察、测量方法与图件、资料,要符合国家标准和技术规范。

规划技术指标,应当适应旅游业发展的长远需要,具有适度超前性。

规划编制人员构成应有比较广泛的专业,如旅游、经济、资源、环境、城市规划、建筑等方面。

2. 景区规划的编制程序

(1)任务确定阶段

第一步,委托方确定编制单位。委托方根据国家文旅行政主管部门对旅游规划设计单位资质认定的有关规定确定旅游规划编制单位。通常有公开招标、邀请招标、直接委托等形式。

第二步,制订项目计划书并签订旅游规划编制合同。

(2)前期准备阶段

第一步,分析背景环境。对规划区旅游业发展现状(产业发展水平、可进入性、基础设施、景点现状、服务设施、广告宣传等各方面)进行综合评价,对景区未来旅游发展的优势、劣势、机遇、挑战进行分析。

第二步,分析旅游资源。对规划区内旅游资源的类别、品位进行全面调查,对规划区内旅游资源进行分类,绘制旅游资源分布图,具备条件时可根据需要建立旅游资源数据库,确定其旅游容量。

第三步,分析客源市场。对规划区的旅游者数量和结构、地域分布和季节性、旅游方式、旅游目的、旅游偏好、停留时间、消费水平等进行全面调查分析,研究并提出规划区旅游客源市场未来的总量、结构和水平。

（3）规划编制阶段

第一步,形成规划区的旅游发展战略,确定规划区旅游主题。在前期准备工作的基础上,确立规划区旅游发展战略目标与定位,明确旅游景区开发的主题形象、主要功能和主打产品。

第二步,确定规划期限及目标,提出景区的空间布局(功能分区)、旅游线路及配套服务设施的建设思路。

第三步,确立景区旅游开发项目,明确开发重点和开发时序,确定投资规模,进行经济、社会和环境评价。

第四步,提出实施规划的措施、方案和步骤,包括配套设施、管理体制、融资方式、宣传促销、环境保护、人力资源等方面。

第五步,撰写规划文本、说明书和附件的草案。

（4）征求意见阶段

规划草案形成后,原则上应广泛征求各方意见,包括政府、当地居民、专家和相关企业,并在此基础上,对规划草案进行修改、充实和完善。

当旅游规划文本、图件及附件的草案完成后,一般由规划委托方提出申请,上一级旅游行政主管部门组织评审。

案例 7-2

随着旅游业的迅猛发展,作为旅游吸引物的景区景点更是以超常的速度不断增加,但旅游景区景点的可持续发展,特别是其对资源的利用与开发、景区的经营与管理、对外的宣传与促销等方面也出现了不少问题,总结为九个方面。

1. 观念问题

可持续发展的理念已经深入人心,正在日益影响着政府的决策与政策的制定。可持续发展的观念问题不仅涉及政府而且涉及民众,当一种观念同时为政府、企业、社团和个人所接受时,这种观念才比较容易指导整个社会的实践。现在的问题是企业在投资景点开发资源的过程中,在旅游景点经营与管理的过程中,仍然存在着忽视可持续发展理念的种种决策,一些做法甚至完全背离可持续发展理念。旅游业界的从业人员或者因为可持续发展的教育不到位,或者因为旧的传统观念的顽固存在,对周边发生的很多违背可持续发展规律的事情熟视无睹,习以为常。旅游者在参与旅游活动的过程中,也由于自身素质不高,常常自觉不自觉地影响和破坏着景区景点的可持续发展。上述种种都是观念不到位的表现。树立观念虽然是一个长期的问题,但旅游业界和整个社会如果能够更快一点转变观念,那么景区景点就不仅可以可持续发展,而且会成为一种典范,教育旅游者,警示旅游者,促进全社会的可持续发展。

2. 资源问题

在旅游业发展中,流行着一种观点,资源不利用就是浪费,就是对人民的犯罪,于是有山有水、有文物、有文化就一定要发展旅游,也不管山水有没有景观价值,文物文化可不可以利用,反正我有决心就一定能发展起旅游业,一座山被开发的零零乱乱,一座小庙被吹得神乎其神,甚至原本什么都没有也用水泥堆山,原本庙的遗址都找不见了也要再塑辉煌。其实,资源特别是旅游资源总是有限的,并不是所有的资源都应该作为开发的对象。在资源利用中还有一个问题,就是不善于把景区景点做出规模,本属一个景区,本应由一家来经营,却出现多家开发,由于所属单位不同,开发的方式不同,对资源价值的认识也不同,或者其中也有相同的方面,所以出现两种倾向,一种倾向是相邻地区完全雷同的景区出现,另一种倾向是相互风格各异、主题不一的景观,在相邻地区出现,使得人们对资源的认识产生种种谬误。总之,对资源的认识与利用,是应当引起人们高度重视和进行理论导向的问题。

3. 协调问题

现在发展旅游业的主要目的是赢得良好的经济效益,而景区景点的发展已经成为旅游业赢得经济效益的核心产品,人们在考虑经济效益时,往往忽略应该同时考虑的环境效益与社会效益,其中环境效益又是可持续发展的关键性问题。三种效益在一些情况下可以自然平衡,但在多数情况下必须有所舍弃、有所侧重,所以认识上的平衡问题、实践中的协调问题显得极为重要。当需要为环境效益做出一点点牺牲时,不少景区是不情愿的,甚至是完全抵触的,它们拼命赚钱,忽视环境、忽视生态的审美情趣,忽视旅游者的基本权益,从而也就长远地破坏了景区景点的可持续发展。

4. 配置问题

景区景点的发展无疑必须进行旅游要素的配置,这是旅游者需求所决定的,旅游者到景区观光是其感悟、体验、追求的核心目的,这一目的的实现是伴随着旅游者的旅游生活和旅游活动达到的。旅游景区中需要大量的旅游设施,包括通道、停车场、门区、休闲地、展示厅、咨询中心、旅游厕所、食宿设施、商业设施等旅游设施,也需要旅游项目、旅游活动等鲜活文化的载体,还需要环境氛围的营造,应该说这一切都是完全必要的。但问题是不少景区无限地扩大旅游要素配置的占地,无限扩大固体建筑物的高度、体量和使用面积,无限扩大景区办公面积,甚至将景区租赁给非景区的经营单位,独立地开辟新的以盈利为主要目的的经营场所,有些用房和项目与景区的主题毫无关系,但都打着要素配置的旗帜,使景区的特色逐渐被淡化。更有甚者把景区的开发完全视同房地产开发,不断地侵消景区,不断地向核心景区逼近,甚至不惜破坏景区植被与景观,造成景区城市化。

5. 价格问题

旅游景区价格问题一直是非常敏感的问题。价格问题之所以也是可持续发展的问题,是因为价格可以在一定范围内限制游客的流量。旅游价格问题是个比较复杂的问题,因为价格决定最终的盈利空间,价格又决定游客满意和接受的程度,同时价格又是调节旅游季差的手段,价格既是经济问题,也是社会问题,既需要政府干预,又需要市场调节。旅游景区目前的价格出现了两种倾向,一种是价格奇高,或者几乎年年涨价,另一种是缺少市场观念,低价引客,二者价格和价值均不统一。同时,也存在缺少针对不同群体的、针对不同季节的优惠价格和可变价格的问题。可持续发展在考虑价格问题时应该以保护生态、保护环境为第一目的,但同时也要考虑社会发展的阶段,不可不考虑旅游发展的大趋势和经营旅游景区景点的企业运营。

6. 容量问题

容量问题一直是困扰景区景点发展的大问题。容量是一种客观的存在,但对容量的理解和对容量标准的把握却一直没有引起景区景点的高度重视。尽管专家学者们反复呼吁,要合理地控制容量,但景区景点却一直没有能够在实践中切切实实地控制好容量。有些景区是在理解上出了差错,或者根本不懂什么是容量,他们的主观意识仍然是来的人越多越好,不管游客对环境造成的压力大小,不管游客对景观欣赏的感受好坏,也不管旅游接待能力承受的负荷,人来得多了钱就挣得多了。挣了钱以后也不将钱再投入景区景点可持续发展的能力上,投入拓延景区容量上,投入改善游客感受和接待服务上,因而造成容量和游客人数的矛盾。还有就是对容量的具体把握,将平均容量不分区别地应用在淡旺季,将平均容量不分区别的使用在冷热点,完全忽视点容量和瞬时容量,没有能够认真对待容量问题,采取分流措施,采取价格调节措施,采取管理措施,造成旺季人满为患,热点(景观热点、项目热点和服务热点)人满为患,核心景区人满为患,致使容量控制成为一句空话。在容量问题上,也有大区域合作问题,大区域疏导问题,旅游线路产品合理性问题和旅游宣传侧重点问题。

7. 能源问题

可持续发展的重要方面是解决如何节约资源并有效利用资源,目前景区景点的总体发育并不平衡,发育比较好的景区开始注意使用洁净能源来替换污染能源,开始使用节约型器械,为节约每一滴水、每一度电而不懈努力。但大部分景区还缺少这样的意识和行动,景区内浓烟滚滚,气味异常,灯不灭,水长流,在人为制造景观的过程中,采取浪费资源的做法,例如建设非循环水瀑布,建坝拦水(可建橡胶漫水坝)以致破坏其他地方的自然生态等。其实能源问题从根本上说是可持续发展的意识问题,景区景点的投资者和经营者往往不认为能源问题是一个事关可持续发展的大问题,所以在策划、建设、经营、管理中都没有将其列入日程,都没有充分认识到节约能源是一种品质和责任,所以才发生上述种种问题,要解决这一问题,最好是通过 ISO 14000 环境认证的过程,不仅提高认识而且加强实践。

8. 建设问题

景区建设常常出现破坏性建设和建设性破坏,这是对景区环境一次性或多次性的沉重伤害。破坏性建设和建设性破坏指在建设过程中不注意整体环境的维护,为建设而建设,牺牲环境去搞建设,表现最为突出的是道路建设、索道建设、大型游艺项目建设和设施建设。建设性破坏主要由于选址不当、操作不当,使原应保留的景观从此消失,原应维护的景观从此受损,这是对景区环境一种犯罪式的建设。这样的悲剧在我国已多有发生,其教训极为深刻。解决这一问题必须从源头上把关,注意建设项目的合理性,注意建设项目和周围环境的和谐性。牺牲太多的环境去迎合投资者的利益既是不负责任的表现,也是缺少长远的可持续发展观念的表现。

9. 和谐问题

景区景点的建设很大的一个问题,就是当我们注意人的存在与发展时,常常忽视自然环境的存在与发展,为满足人无止的需求而过多地牺牲自然、牺牲环境。和谐发展主要应该包括三个方面的和谐,第一是人与环境的和谐,这个环境应该包括自然环境、人文环境和人际环境;第二是建筑物与环境的和谐,建筑物包括道路、设施、项目等,包括建筑物的体量、高度、宽度、色彩、外形、装修、占地等;第三是氛围与环境的和谐,氛围包括音响、设备、器具、装饰、服务等,氛围的核心是艺术效果和文化感染。

思考:根据你了解的情况,评价上述总结是否全面,是否与现实状况相符。

📝 总结案例

九寨沟旅游资源可持续利用的经验与启示

九寨沟是嘉陵江上游白水河的一条支流,因沟内有9个藏族村而得名。位于四川省西北部阿坝藏族羌族自治州九寨沟县漳扎镇境内。地理坐标为东经103°46′～104°4′,北纬32°5′4′～33°19′,海拔1500～4900米。其地处川西高原,人口稀少,植被茂密,生物丰富,环境优越。据不完全统计,沟内原生植物共有2576种,珍稀濒危植物包括领春木、连香树、金莲花、独叶草、水青树等,国家一类保护珍稀动物有大熊猫、牛羚、金丝猴三种,二类保护动物有毛冠鹿、小熊猫、红腹角雉、绿尾红雉。为有效保护区内多样性,1978年以前,九寨沟是四川重要的林木生产基地,同时驻有两个林场。1978年九寨沟停止木材采伐,建立国家级自然保护区。1982年,九寨沟被批准为国家级风景名胜区。1983年,九寨沟国家风景名胜区管理局成立。1984年1月九寨沟正式接待游客。

九寨沟以原始的生态环境,一尘不染的清新空气和雪山、森林、湖泊组合成神妙、奇幻、幽美的自然风光,显现"自然的美,美得自然",高峰、彩林、翠海、叠瀑和藏情被称为九寨沟"五绝"。尤其以色彩斑斓、奇异多变的水景荣获"九寨归来不看水"的美誉,被誉为"人间仙境""童话世界"。但是,该沟地质结构复杂,各种地貌交错复合,以泥石流、滑坡、崩塌、岩崩等为主的山地灾害相当突出关不断发展,对九寨沟旅游区的开发利用和原本脆弱的生态系统构成严重威胁与破坏。

近年来,随着国内旅游市场的不断升温,旅游资源开二十多年来,九寨沟游客年增长率高达23.6%。旅游者的不断增多,对当地环境造成了一定的影响。九寨沟如何更好地走可持续发展道路成为九寨沟旅游业健康发展的关键问题。

从1984年至今,九寨沟风景区先后编制实施了《九寨沟风景名胜区总体规划》(1984,2006)、《九寨沟自然保护区总体规划》(1996)及《九寨沟沟口及游人中心详细规划》(1999)、《旅游服务管理总体规划》(1994)、《泥石流治理规划》(1984,1987,1998)等;九寨沟管理局通过规划管理手段,有效地将九寨沟建成为一个自然景观优美、生态环境优良、地域特色鲜明、旅游秩序良好的成熟的旅游目的地,先后被批准成为中国首批5A级景区和国家地质公园。

(资料来源:肖星.王景波.旅游资源学[M].天津:南开大学出版社,2015.)

🔘 同步练习

一、多选题

1. 景区旅游资源开发的原则有(　　)。
       A. 市场指向原则   B. 系统规划原则
       C. 个性化原则   D. 保护性开发原则

2. 景区旅游资源调查的类型有(　　)。
       A. 旅游资源详查   B. 旅游资源抽样调查
       C. 旅游资源概查   D. 旅游资源略查

二、简答题

1. 如何加强对景区旅游资源的开发利用管理?

2. 景区规划的编制程序一般包括哪几个阶段?

 **实训项目**

选取本地一家旅游景区,进行旅游资源调查,分析其开发利用是否合理。5～8位同学为一组,分组提交成果。

前沿视角

免费模式:杭州西湖"丢了芝麻,捡西瓜"

2021年是杭州西湖免费的第十年,从一组数字可以看出这十年的变化。2002年,杭州旅游总人次2700万,旅游总收入294亿元;而2011年杭州旅游总人次7100万,总收入1191亿元。这十年来对于西湖免费模式的讨论不绝于耳,尤其是在其他景区纷纷涨价的时候。

西湖免费的主要推手是杭州市政府。2002年,市政府启动了西湖综合保护工程,以西湖的景区为重点,涉及环境美化、景观修复、水质治理和建筑治理等多方面。在这一治理过程中,西湖逐渐实现了免费。

2002年,西湖周边几个独立公园的围墙率先被拆掉,打通以后形成了环湖大园。2003年,位列西湖十景的"花港观鱼"和"曲院风荷"开始免费,以后陆陆续续十年间,杭州取消了130多个景点的门票,占到了景点总数的70%。

门票收入减少了,游客的消费支出却增加了。西湖免费后的第一个国庆长假,本地市民和外地市民都表现出了超高的热情,到处人山人海,问题紧接着就来了。门票取消了,景区的收入怎么办? 门票取消了,客源大量涌入,环境保护怎么办? 西湖模式是不是可以被复制?

西湖免费之后,直观上降低游客的旅游成本不多,大概是两三百元,但是心理上的影响很大。游客们会愿意把钱花在更多的方面,使得杭州的餐饮业、住宿业、娱乐业和交通业等都有大幅度的提升。如果门票收费,那么游客在杭州的时间可能会减半至少缩减三分之一,因为门票涨价给游客带来的心理影响远远大于实际支出。有一个"241算法",意思是如果每个游客在杭州多逗留24小时,杭州的年旅游综合收入便会增加100亿元。所以,有人打趣地说西湖免费是"丢了芝麻,捡西瓜"。

来杭州旅游的人多了,景区的保护怎么办? 杭州做了景区的扩容工作,推出了很多的新景区,京杭大运河、西溪湿地,包括西湖周边很多景点的恢复,这就把西湖整个景区的容量扩大了。打造新的旅游产品,推出"三江两岸",沿着钱塘江、富春江和新安江进行新景区的开发和包装,从市区分流出很多游客,包括去过杭州的游客,可以以这些新景点再次吸引他们。同时推出配套的免费服务。比如,2008年杭州成立了自行车交通体系,在城市内布局了3000多个自行车租赁点,60000多辆自行车供租赁。现在自行车已经成为杭州出行比较方便的方式,游客可以在任何一个点借还。价格很也是合理的,第一小时免费,第二小时起每小时一块钱。而且,为了缓解"五一""十一"等节假日的交通压力,所有来杭州的外地私家车都可以在指定地方换乘公交车进入景区,缓解景区压力。

西湖的模式可不可以复制呢? 不好简单说能或不能。杭州西湖免费的背后是综合业态回报的支撑,带来杭州餐饮业、酒店业的发达。杭州的旅游景区作为整个旅游产业链中的一

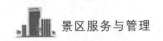

环,加入旅游城市的经营当中。这一模式对于大多数景区来讲,没有门票涨价来得直接。在这样的过程中,杭州的"旅游城市"理念也开始向"城市旅游"转变,把杭州城打造成为一个大景区,游客们在杭州的大街小巷都能感受到旅游气息,并且为此消费买单。

(资料来源：http://jingji.cntv.cn/2012/09/29/ARTI1348905593062368.shtml.)

 项目小结

　　景区旅游资源是景区赖以生存和发展的基础,景区旅游资源的科学调查与评价、科学规划与开发以及利用过程中的管理,直接关系到景区旅游资源能否可持续利用。本项目明确了景区旅游资源的内涵,分析了景区旅游资源遭受破坏的原因,介绍了景区旅游资源调查与评价的方法以及景区资源的开发、利用和管理。

综合训练

　　1. 实训项目

针对某一景区旅游资源开发与管理进行调查与评价,分析开发利用是否合理。

　　2. 实训目标

培养学生资料搜集以及运用所学知识分析实际问题的能力,通过项目让学生更好地掌握景区旅游资源管理方面的知识。

　　3. 实训指导

(1) 指导学生掌握资料搜集方法以及掌握景区旅游资源管理方面的知识。

(2) 给学生提供必要参考资料。

　　4. 实训组织

(1) 把所在班级学生分成小组,每组5～8人,确定组长,实行组长负责制。

(2) 完成景区旅游资源调查评价、PPT汇报及景区旅游资源调查报告书,在课堂上进行汇报交流。

　　5. 实训考核

(1) 根据每组的景区旅游资源调查评价PPT汇报,由主讲教师进行评分和点评,分数占50%。

(2) 根据每组的景区旅游资源调查报告书,由主讲教师进行评分和点评,分数占30%。

(3) 每个小组互评,各给出一个成绩,取其平均分,分数占20%。

项目八

景区环境形象管理

学习目标

知识目标

1. 认识旅游景区环境的内涵,了解环境容量的含义及内容,掌握环境容量的测定与调控方法,熟悉游客行为管理、环境卫生管理、景区垃圾处理、景区厕所管理等的具体方法和手段。

2. 认识景区环境管理的重要性,熟悉景区环境容量调控原则和手段,掌握游客行为分析和景区游客管理方法。

3. 认识景区形象的重要性,掌握景区形象塑造的方法。

4. 认识旅游景区创 A 升 A 的重要意义,熟悉旅游景区 A 级评定依据,掌握旅游景区 A 级划分标准,了解 A 级景区创建的软件和硬件条件。

能力目标

1. 能够进行景区环境管理、环境容量测定与调控。

2. 能够进行游客行为管理。

3. 能够对景区形象进行塑造。

4. 能够制定旅游景区创 A 升 A 方案。

素质目标

1. 具备旅游景区环境管理的基本素质。

2. 具有进行景区形象设计的职业素养。

3. 具有良好的环保意识。

4. 树立劳动观念,热爱劳动,爱岗敬业。

学习指南

学习方法

1. 讲授学习法。通过教师讲授,理解相关知识点。

2. 讨论学习法。通过小组讨论,深化对所学知识的理解和运用。

3. 案例学习法。通过案例分析,总结经验,强化知识运用。

4. 项目学习法。通过完成具体项目,解决实际问题,提升专业技能。

学习资源

1. 参考书目

邹统钎.旅游景区开发与管理[M].5版.北京:清华大学出版社,2021.

2. 网络资源

(1) 中国旅游景区协会:https://www.chinataa.org

(2) 中国旅游网:http://www.cntour.cn

学习建议

线上线下相结合。

1. 课前:通过课程信息化资源,提前预习相关知识。

2. 课中:主动配合授课教师,积极参与线上、线下互动,掌握完成各任务所需技能。

3. 课后:完成课后同步练习、实训项目,以巩固所学知识和技能。

任务一 景区环境保护管理

任务目标

景区资源屡遭破坏,环境质量下降。景区计划对员工进行环境保护管理方面的培训,对游客进行环境保护宣传,请完成这项活动。

任务实施

请每个小组将任务实施的步骤和结果填入表8-1任务单中。

表8-1　任务单

小组成员:		指导教师:
任务名称:	模拟地点:	
工作岗位分工:		
工作场景: (1) 景区开展环境保护培训; (2) 景区开展环境保护宣传		
教学辅助设施	模拟景区环境的软件,配合相关教具	
任务描述	完成一次对景区人员的环境保护培训和对游客的环境保护宣传	

续表

任务资讯重点	主要考查对环境保护管理工作的认识
任务能力分解目标	(1) 理解景区环境保护管理的内涵； (2) 熟悉旅游景区环境保护的原则和措施； (3) 掌握旅游景区环境保护与管理的方法； (4) 熟悉环境卫生管理、景区垃圾处理和厕所管理
任务实施步骤	(1) 制订景区环境保护管理培训方案； (2) 制订景区环境保护宣传活动方案； (3) 开展景区环境保护管理培训与宣传

任务评价考核点

(1) 掌握旅游景区环境保护的原则和措施。

(2) 掌握旅游景区环境保护与管理的方法。

(3) 熟悉环境卫生管理、景区垃圾处理和厕所管理。

引导案例

宁夏青铜峡黄河大峡谷旅游区入选文旅部景区质量提升案例

文化和旅游部印发《2022年旅游景区质量提升案例汇编》，宁夏文化和旅游厅报送的青铜峡黄河大峡谷旅游区"讲好黄河故事，推动景区高质量发展"案例成功入选。青铜峡黄河大峡谷旅游区与庐山风景名胜区、深圳华侨城旅游度假区等全国知名5A旅游景区一起，为全国旅游景区高质量发展提供学习样本和参考借鉴。

旅游景区是旅游业发展的核心要素，是提升旅游形象、引领旅游消费、带动富民增收的重要载体。文化和旅游部资源开发司和旅游质量监督管理所面向全国知名旅游景区，聚焦体制机制创新、绿色发展、规范管理、服务升级、产品更新、文化赋能、社区共享等七个方面，梳理景区面临的难点和痛点，总结景区质量提升的经验做法，精选52家具有典型意义的旅游景区具体做法汇编成册。青铜峡黄河大峡谷旅游区成为宁夏唯一入选典型案例的景区。

近年来，青铜峡黄河大峡谷旅游区从系统研究梳理，高起点推动发展；传承黄河文化，讲好黄河故事；坚持生态优先，保护生态环境等方面入手，努力建设黄河文化旅游带精品旅游景区，不断丰富旅游产品供给，讲好黄河文化故事，推动景区成为彰显和传承黄河文化、展现中华文化自信的重要文化旅游产业集聚区。

当前，青铜峡黄河大峡谷全力对标对表创建国家5A旅游景区目标，全面融入黄河流域生态保护和高质量发展的大格局、大战略，将文化资源转化为发展优势，讲好黄河故事，弘扬黄河文化，坚定文化自信，展示"十里长峡 黄河之魂"文化旅游目的地新形象。

（资料来源：http://travel.china.com.cn/txt/2022-07/13/content_78321335.html.）

思考：你认为景区管理的关键应放在哪些方面？

一、旅游景区环境保护

旅游景区环境保护是综合运用行政、法律、经济、教育、科技等手段，对可能危害旅游景区环境的行为和活动施加影响,协调旅游景区发展同旅游景区保护之间的关系,使旅游景区发展既能满足游客的需求,又能防治环境污染和破坏,实现经济效益、社会效益、环境效益和生态效益的有机统一。旅游景区环境保护工作主要是为了解决由于人为原因造成的旅游环境污染和破坏问题。所以,通过旅游景区环境管理来保护旅游景区环境,实质是限制损害旅游环境的行为和活动,关键是促使人们自觉保护旅游环境。

1. 旅游景区环境保护的原则

(1)系统原则。在旅游景区的规划开发中,应注意调查研究、统筹安排,开发活动不得超过旅游景区的承受极限,防止旅游景区生态系统受到破坏,甚至瓦解。同时,旅游景区一般都具有十分复杂的生态群落结构,由多种生物个体和种群所构成。在旅游景区的开发与管理中,要听取生态学专家的建议,采取科学的措施,使自然旅游资源不被破坏,物种不被侵害。

(2)科学原则。要处理好旅游景区开发利用与保护之间的关系,不能以牺牲旅游景区环境为代价,换取一时的发展;在开发利用自然的同时,必须遵循自然界的客观规律,使人与自然和谐相处,使景区的发展具有可持续性。

(3)和谐原则。在旅游景区开发、利用中应研究和遵循风景美学原则,使人工设施、建筑在体量、色彩风格上与整个景区环境相协调。

(4)阶段性原则。旅游景区环境保护是一个长期的、艰巨复杂的系统工程,在景区发展的不同阶段,所面临的旅游环境问题和保护目标是不同的,因此,有必要制定阶段性的旅游环境保护目标、防治重点和保护措施,以推动景区环境保护总目标的逐步落实。

(5)因地制宜原则。由于地域分异规律的作用和影响,各旅游景区所处的地理位置、地质地貌及水文状况、动植物分布、土壤类型、开发利用历史和社区的经济文化不一,因此要结合各旅游景区的特征来确定合理的环境保护措施。

(6)开发服从于保护的原则。树立“防重于治”的思想观念,旅游景区应有环境规划,并且定期做好环境要素样本采集、数据分析、监控处理等预防性工作,防患于未然。要加强治理已受到破坏的旅游环境,做好绿化美化工作,恢复当地环境。

(7)可操作性原则。旅游环境保护目标、重点和措施的制定必须立足景区实际,依托现有的经济、技术条件,增强环境保护的可操作性,要引导和鼓励旅游者、社区居民的积极参与,提高旅游环境保护的社会参与性,以获得好的效果。

(8)责、权、利相统一的原则。在执行环境保护政策的过程中,要坚持“谁开发谁保护、谁污染谁治理”的原则,专门环保机构与旅游经营单位要加强协调合作,旅游开发要尽量考虑当地居民的利益。

2. 旅游景区环境保护的措施

(1)营造旅游景区环境保护的法制环境。建立健全系统完善的、切实可行的政策、法规,为有关单位和个人提供行为和活动的准则。旅游环境政策、法规的覆盖范围能够限制有关单位和个人任何可能损害和破坏旅游环境的行为和活动,做到有法可依;政策、法规必须符合客观实际,让有关单位和个人知道哪些是应该做的,哪些是不应该做的,做到有法能依。与此同时,不少民众的法制观念、环境意识还不是很强,有法不依、有法难依、执法不严、违法不究等现象时有发生,即使有了健全完善的、切实可行的旅游环境管理的政策、法规,如果没有强有力的、有效的监督管理,最后仍等于一纸空文。因此,管理主体必须按照旅游环境法律、法规进行监督管理,真正做到有法必依、执法必严、违法必究。

(2)建立健全分工协作的旅游环境管理体制。我国旅游环境管理的目标,是建设和维护优美整洁、安全卫生、舒适方便的旅游环境。旅游环境管理的内容和范围极其广泛,不是旅游、环保等部门本身就能做到的,在相应一级政府的统一领导下,还要有各部门、各单位的分工协作。有了统一领导下的分工协作的旅游环境管理体制,就有了强化旅游环境管理的组织保证。

(3)增强公众和管理者的环境保护意识。领导者和管理者的环境意识强弱,对旅游环境的建设和保护影响极大。另外,旅游环境管理必须有广泛的群众基础,必须有广大群众的理解和支持,要使他们愿意接受管理和参与管理。

(4)采用科技手段为旅游景区环境保护提供技术支持。在景区旅游环境保护中,采用新的科学技术手段,如生物手段、化学手段、物理手段和工程手段等,防治旅游环境污染和破坏,会产生积极效果,能够为旅游资源及环境保护提供有力的技术保障。

 案例 8-1

美国国家公园:把资源留给下一代

在美国,人们致力于保护自然资源,保护历史遗迹,并为现代人提供游憩机会。为了促进地方经济发展,许多社团还在穷其心力,不断寻求把保护资源与吸引游客结合起来的途径。

美国保护自然与人文遗产的典范案例就是国家公园。国家公园发源于美国,它与自然保护区的内涵不完全相同,既不同于严格的自然保护区,也不同于一般的旅游景区。同时,强调统筹保护、教育、游憩和富民多种功能,亦即在保护的前提下,满足人们探索自然、观赏美景、认知历史文化、体验生态环境的需求,促进当地社会经济发展,使社区受益,实现环境保护与资源开发的协调互补与良性互动。

美国利用国家公园保护国家的自然、文化和历史遗产,并让全世界通过这个窗口,了解美国的壮丽风貌、自然和历史财富以及国家的荣辱忧欢。

作为美国最宝贵的历史遗产之一,国家公园成为美国人的公共财产,并得到有效的管理和永续利用。国家公园管理局的责任是通过管理这些区域,为公众提供欣赏机会,并且保证以"不损害下一代人欣赏"的方式对资源进行利用。国家公园创建的最高原则就是:把资源留给下一代,永续利用。

从1963年起,美国便意识到了资源的生态价值,随着美国环境意识的觉醒,国家公园在资源的管理方面,对保护生态系统做出了重大调整。如:对于公园内的树木和野生动物,不得砍伐和狩猎,不再随意引进外来物种,不再对景区动物数量进行人为选择,不再对观赏型野生动物进行人工喂养。对于森林火灾后的现场,不去做人为的改动,而是保持其原状,以达到自然景观的效果。让大自然自我控制,从而达到新的生态平衡。游人不得喂食野生动物。公园里没有任何的工业、农业建筑,也没有厂房、仓库、餐厅、宾馆,更没有豪华商店和游乐场所。公园内目光所及,见不到随地丢弃的废纸、烟头、塑料瓶、塑料袋和白色垃圾。旅游公路的修建也十分慎重,往往以不得破坏自然景观和自然旅游资源为标准。

国家公园管理体制已被证明是行之有效地实现保护与开发双赢的国际通行管理模式。

这种生态保护和可持续发展的典型模式，受到世界各国的推崇，得到国际社会的普遍认同。黄石、科罗拉多大峡谷等美国国家公园早已成为世界性品牌，在全球范围内名声鼎沸。目前，已有近200个国家建立了近万个国家公园，在自然生态系统保护中发挥着重要作用，且已成为一个极为高端的旅游品牌，影响力非同寻常。

（资料来源：新湖南 https://hunan.voc.com.cn/xhn/article/201704/201704071158024689.html.）

二、旅游景区环境管理

知识拓展

景区环境保护规范（吉林省地方标准）

1. 旅游景区环境保护与管理的方法

（1）提高环保意识，实现游客参与管理。旅游景区环境保护作为一项系统工程，需要政府部门、管理部门、当地居民和旅游者的共同参与，应通过法制观念教育、道德观念教育以及可持续发展观念教育，提高所有参与者的旅游环境保护意识，这对于旅游业发展具有十分重要的意义。

应将景区环境保护工作纳入相关政府主管部门的工作考评范围，同时将其作为景区评级、评优，政策经费倾斜以及景区取得经营资质和扩大开发的重要考核指标。与此同时，对当地居民、旅游者进行宣传教育，配备现代化监控设备，将人防与技防结合，采用经济、行政、法律手段进行管理。

（2）加大投入，着力治理污染源。在大气污染防治方面，在景区内应禁止生产、销售和燃放烟花爆竹，禁止摩托车通行，同时对货车实行限时营运，对旧有营运车辆逐步进行改造，新增营运车辆一律选用环保型，控制废气排放量，景区内使用燃煤锅炉的单位，应逐步改为电锅炉、燃油锅炉；在水污染治理方面，应抓好生活污水的分散式生化处理达标排放工作；在景区环卫工作方面，应根据需要建设垃圾中转站，沿旅游路线设置数量合理的垃圾池、果皮箱，配套建设标准公厕。

（3）控制景区游客流量，使景区得以休息调整。在科学测定景区容量的基础上，为了可持续发展的长远目标，对景区进行合理开放控制。目前，我国热点景区在旅游旺季不同程度地存在超负荷运行的情况，有的景区游客数量甚至是景区容量极限值的几倍，这一方面使游客满意度大为降低，另一方面给景区带来灾难性的破坏。因此，景区应采用"限售门票"或景区内景点"轮换打烊"的方式，给景区休息调整的机会。在采用这一方式时，景区应在其网站上公布近期游客数量，推出电子票务系统，同时与旅行社协调，提前做好门票预售工作。

（4）提高景区的规划与管理水平。科学的规划工作和管理措施，有利于景区的整体发展。例如，加拿大怀伊沼泽地野生动物避难处成功运用规划和管理解决容量问题。他们独具匠心地把游客中心和停车场建在对野生动物没有任何影响的地带，而且经高速公路进出非常便利。在那里，游人可以通过各种展览和有关视听材料、旅游指南对沼泽地和野生动物的全貌有所了解，即使足不出户也能略知一二。同时允许少数自助式或团队式游人在保护区边缘地带参观，并在去游客中心的途中开通一列火车，专供游人目睹野生动物。通过科学规划和管理，景区有效地把游人拒于生物易损地带之外，而不会超出它的极限容量。因此，景区要不断创新管理方式，进行多学科综合研究，逐步实现从控制游人数量到控制游人对环境的影响的转变。

2. 环境卫生管理

卫生管理是景区环境管理的重要组成部分,景区卫生状况十分多变,不同于景区生态环境、设施环境那样具有相对的稳定性。因此,卫生管理便成为旅游景区环境管理工作的一个特殊内容。

(1)卫生管理的重要意义

旅游景区卫生关系游客的游览体验质量。游客进入旅游景区,首先感受到的便是景区卫生状况,卫生状况自始至终影响着游客的游览。清洁的路面、有序的设施、干净的设备、服务人员整洁的仪表等,都能给游客带来舒适、美好的感受,提高其满意程度。卫生状况是旅游景区环境质量的外在表现,直接影响到游客的消费过程和消费质量。

旅游景区卫生反映出景区的管理服务水平。卫生管理是旅游景区管理中最为基础的工作,是旅游景区管理服务水平的重要体现,也是旅游景区管理者和员工形象的重要表现,事关旅游景区整体形象。因为外来旅客在旅游景区停留的时间较短,不可能对景区所在地有深入的了解,他们主要通过对游览对象的直观感受来了解旅游景区的整体情况。所以,要树立旅游景区在外来旅游者心中的良好形象,增加游客的重游率,搞好景区卫生管理是至关重要的。我国许多城市就是以卫生环境优美树立起了良好的旅游形象。

旅游景区卫生影响市场吸引力。卫生状况能够从侧面反映出当地生活质量的高低。无论是当地居民还是外来游客,都希望在一个良好的环境中生活。旅游景区作为旅游业的先驱部门和旅游地的门面,对客源市场有着最直接、最有力的影响。调查显示,入境旅游者对我国旅游景区管理反映最强烈的便是卫生状况,特别是厕所卫生问题。

(2)旅游景区卫生管理措施

① 强化行业管理。从行业管理的角度制定专门的旅游景区卫生管理质量标准,加强监督、检查和奖惩。国家质量监督检验检疫总局发布的《旅游区(点)质量等级的划分与评定》当中,对旅游景区的卫生管理质量规定了明确的标准,并制定了相应的操作规范。行业管理部门应在此基础上做好监督检查工作,景区企业也应将标准落实到实际工作中,使卫生管理工作建立在自觉规范的基础上。

② 强化制度管理。使卫生管理制度化、经常化,成为日常工作的重要组成部分,而不是"卫生运动"或"卫生活动"。管理制度、卫生标准、奖惩标准、监督检查等要长期坚持,形成长效机制。

③ 强化责任管理。坚持统一管理与分散管理相结合,实行卫生管理责任制。将目标任务和指标落实到旅游景区内的各企业、摊点和部门,人人明确责任,责任到人,奖罚分明,使卫生管理权、责、利落到实处。

④ 强化操作管理。卫生管理必须严格按照规范要求进行操作。《风景旅游区服务质量标准与操作规范》对景区卫生的相关规定包括:a. 每日在游览开放时间前必须做到景区内的地面、设施已清扫完毕,必要时要洒水防尘。b. 在游览时段内卫生清洁员随时监控各自负责的卫生区域,及时清除地面上的污渍和果皮、纸屑等脏物。c. 景区内的垃圾箱表面应每日擦洗,保持外表整洁;垃圾要用垃圾车清除,不可出现外溢现象。d. 栏杆每日应擦净,并定期重新上漆。e. 草地绿篱应修剪规整,无灰尘、纸屑等脏物。f. 餐饮点环境整洁,采取消除苍蝇、老鼠、蟑螂等有害生物滋生条件的措施;禁止出售腐败变质、不洁、受有毒有害物污染

的食品及超出保存期限的食品。

3. 旅游景区垃圾处理

旅游景区垃圾的成分比较复杂,按物质构成可分为有机垃圾和无机垃圾,按垃圾来源可分为来自旅行游览活动的垃圾和来自旅游开发经营活动的垃圾。

(1) 旅游垃圾的危害。随着旅游业的迅猛发展,作为旅游业副产品的旅游垃圾也不断增加。旅游垃圾的大量产生,使旅游景区环境受到严重污染和破坏,危害极大。据国外环境专家对各类废弃物的解体时间的推算,玻璃瓶在任何时候都不能分解,塑料瓶分解需 450 年,易拉罐分解需 200～250 年,棉织物分解需 1～5 个月,废纸屑分解需 15 天。

旅游垃圾问题已成为景区环境卫生管理中最难处理的问题之一。例如,张家界国家森林公园每天产生的垃圾总量约 6.5 吨,旅游旺季时,每百米游道平均日产垃圾 25～40 千克,而且垃圾基本上是就地掩埋,造成二次污染,杭州西湖的环卫工人在旅游旺季时,每月从水面上打捞出各种塑料包装物有 30 多吨;在黄山,塑料包装物每月拣拾量达 1 吨,这些由聚苯乙烯制成的塑料包装物,难以降解或分解。

(2) 旅游景区垃圾处理。如果旅游景区位于城区或城郊,旅游垃圾可纳入城市垃圾处理系统;如果旅游景区远离城镇或运输不便,就要单独考虑旅游景区的垃圾处理问题。

在旅游垃圾的收集方面,收集盛放的装置主要有金属垃圾箱(桶)、塑料垃圾箱(桶)、塑料袋、纸袋等,其要求是不漏水、不生锈、结实耐用、有盖、易于清洗和搬运。盛放装置的数量及摆放要根据游客数量的多少来定。垃圾箱(桶)要安放牢固,纸袋和塑料袋可撑开放在专用的架子上,上面加盖。在有条件的地方,实行分类收集,采用不同颜色或不同形状的垃圾箱(桶),也可放置不同的标志,引导游客分类投放。另外,也可在出售门票时把垃圾袋发给游客,以供盛放废弃物。在旅游旺季,最好每日进行垃圾收集、清运,如果游客不多或在旅游淡季,可根据情况处理。垃圾箱(桶)要及时清洗、消毒,收运垃圾最好选在开放时间之外进行,以免干扰游客。

旅游垃圾的处理。旅游垃圾处理的主要方法有卫生填埋法、堆肥法、焚烧法。无论采用哪一种方法,最终的目的都是要达到无害化、资源化、减量化。卫生填埋法最为经济、实用,它的处理成本是堆肥法的 1/3,是焚烧法的 1/10,作为最终处理手段,一直占有较大的比例;堆肥法是农业型发展中国家处理垃圾的主要形式;西方发达国家由于土地资源、能源日益紧张,焚烧法比例逐渐增加。此外,热解法、填海和造山等垃圾处理新技术也取得了新的发展。

我国旅游垃圾处理技术仍处在初级水平,很多地区的垃圾未采用科学卫生的办法予以妥善处理,有些景区就地焚烧或易地填埋,严重污染了环境。今后,旅游景区垃圾处理应以卫生填埋和堆肥为主,有条件的地方,则应大力发展垃圾焚烧技术。

4. 旅游景区厕所管理

在旅游景区卫生管理中,旅游景区厕所的建设档次、分布格局、方便程度和卫生水平直接影响着游客旅行体验,反映出旅游景区旅游服务质量的高低。随着旅游业的发展,各个景区都意识到旅游景区厕所看似是小问题,却关乎大形象,纷纷实施星级厕所工程。这类举措对树立和改善我国旅游形象、扩大和活跃旅游经济发挥了积极作用。

（1）我国的旅游景区厕所问题

我国旅游景区的厕所问题主要表现在以下几个方面。

① 厕所数量偏少，无法满足需求。由于资金短缺和认识水平落后，旅游景区厕所建设没有得到应有的重视，在全国很多旅游景区和旅行线路上，厕所供给十分有限，本来是"方便"的地方，却给游客造成了极大的不方便，本来是来看风景的，结果自己成了风景（厕所门外排队等候成为许多景区一道令人尴尬的"风景"）。

② 厕所位置偏远，管理使用不便。由于中国传统观念认为厕所是隐私之处，众多旅游景区都将厕所选址于十分偏僻的地方。厕所布点不规范、选址不科学，表现为散、远，散则不利于管理，远则不方便游人。

③ 厕所标识模糊，辨认非常辛苦。旅游景区厕所长期以来名称混杂，景区标识不清，缺少明显的公共信息图形符号标识，少有规范的中英文对照说明，这些问题使厕所难以被辨认。

④ 卫生状况欠佳。由于缺乏管理和维护，不少旅游景区厕所年久失修，外观破旧，内部破损，屋顶渗漏，厕门损坏，蚊蝇飞舞，污水横流，甚至让游客毫无立足之地，加之旱厕居多，异味明显，景区的美景与厕所内的场景形成强烈反差，大大降低了游客的旅游情趣。

（2）旅游景区厕所问题的解决

经过多年建设，中国旅游公共服务设施已有明显改观，但与游客要求和国际旅游标准还有差距，其中旅游厕所问题尤为突出。因此，国家旅游局在全国范围内发动了一场旅游厕所建设管理大行动。在 2015 年至 2017 年，全国共新建旅游厕所 3.35 万座，改扩建旅游厕所 2.5 万座。其中在 2015 年，全国新建旅游厕所 1.3 万座，改扩建旅游厕所 9500 座。

我国对旅游景区厕所问题的解决体现在以下几点。

① 观念上的大转变。近年来，各级政府在认识观念上有了极大的转变，认为景区厕所是城市文明和市民素质的窗口。

② 制度上的大完善。层层建章立制，各地区把旅游景区厕所建设作为一项系统工程，从规划到建设到管理，都有制度的保证。

③ 投入上的大增加。作为旅游基础设施，许多旅游城市、旅游景区都加大了对厕所建设的投入，着力新建或改建景区厕所。

④ 档次上的大提高。旅游景区大都按照现代社会对厕所文明所提出的要求，摒弃原始的"挖个坑，搭个棚"的做法，普遍重视设计的新颖性、造型的美观性和功能的实用性，塑造出一批赏心悦目、美观实用的"厕所精品"，有的景区厕所甚至成了景点。

总结案例

丹霞山地质遗迹和生态资源的有效保护

丹霞山自 1995 年经国务院批准建立国家级自然保护区后，一贯坚持科学规划、统一管理、严格保护、持续利用的方针政策，在省政府及业务主管厅局的重视和指导下，经过多年不懈努力，丹霞山自然保护区的管理工作取得了较好成绩。

（一）加强地质遗迹保护

2004 年以来，先后投入 2878 万元用于地质遗迹调查、评估、划定保护范围、制作标识宣传牌和 LED 电子屏、保护隔离设施、博物馆建设、人员培训等遗产地保护建设。

（1）遗产地监测站点均已建成。其中，地质监测点（站）、气象监测点（站）、森林防火监测点（站）、森林防火远程视频有线（无线）监测系统的 8 个视频前端勘测、森林资源动态监测点以及野生动物与林业有害生物监测点、环保监测点（站）建设均已完成，遗产地综合信息分析工作顺利开展，按相关要求已基本建档。

（2）在保护区范围设立界碑、界桩。为加强保护区保护管理设施建设，自 2009 年起，根据《国家级自然保护区规范化建设和管理导则（试行）》要求，在《广东省丹霞山保护管理规定》界定的保护区核心、边界范围，进入核心区的主要路口、边界设立界碑、界桩 177 块，界碑刻有名称、经纬度及日期，正面为中文，背面为英文。保护区界碑的设置，为设定自然保护管理监测网点、杜绝今后在保护区保护界线内开山毁林、乱搭乱建等不法行为提供重要的合法依据。

（3）做好保护区地质灾害防治规划，加强科研监测设施。针对区内地质灾害的防治，丹霞山委托具有丰富经验的韶关市矿产资源与地质环境监测中心和中山大学地球科学系共同编制了地质灾害预防控制总体规划书，并加以实施。根据规划，已经在容易发生地质灾害的锦石岩、鳄鱼上山处设置 3 处高危岩体监测点进行每周 2 次的地质监测，有效地预防岩石坍塌或塌方，杜绝、减少自然地质灾害的发生，从而消除危及公共安全的地质灾害隐患，有效保护丹霞山地质遗迹资源。同时，通过加强对周边村庄居民的宣传，强化了其保护意识，杜绝了违章建设、滥伐林木、开山采石、损坏文物古迹等破坏资源现象。

（4）依据《广东省丹霞山保护管理规定》，在区内的夏富、车湾、白莲、燕岩、黄竹、韶石规划建设 6 个资源保护站，安排专人每天值守巡护，进一步加强对区内林地、生态资源的保护。同时，通过韶关市政府协调，由所在地仁化县政府有关部门派出人员设立丹霞山国土所、规划建设办、林业站、派出所，专门负责土地、建设、林业和社会治安综合管理。2009 年度杜绝了违章建设、滥伐林木、开山采石、损坏文物古迹等破坏资源现象。2010 年共查处违章建筑 3 起，山体破坏现象 3 宗，拆除违章搭建广告牌数十个，清理拆除 5 个养猪场并恢复绿地，拆除面积达 5300 平方米，住宅房面积达 500 多平方米。

（二）加大环境整治力度

结合申遗，累计投资 1.1 亿元进行保护区环境综合整治。

（1）拆除整治核心区内长老峰码头、锦江沿岸、瑶塘村、断石村等区域有碍景观的建筑物。共计拆除核心区 8 个宾馆、2 户民宅、1 处茶庄、3 处餐厅、40 余个商铺，总计拆除面积 3 万多平方米，清理建筑垃圾 3 万多立方米。同时，恢复拆迁区域绿化面积 1.6 万平方米，新植草皮 8000 平方米，完成了游人中心景观绿化、考察线路沿线景观绿化、旅游线路生态植被恢复等。

（2）新建科考线路 6 公里，改造长老峰旅游步道 4 公里，建成丹霞悬空栈道 600 米，开辟黄沙坑—卧龙冈森林科考步道 5 公里和大石岩至清风寨原始森林考察线路 3 公里以及外山门进山游步道 1.5 公里，建成丹霞山地质地貌博物馆、中山门新票站及附属场地建设工程占地 4000 平方米，增设丹霞山双喜临门观景台。

（3）实施瑶塘、断石村整治工程项目，项目总投入资金 800 万元，对这两个保护区内的重点村庄 76 户民居实施了"穿衣戴帽"工程。通过科学规划，统一民居外观色调，统一制作仿古招牌等，使村庄外观与保护区景观和谐统一，构成一道亮丽的风景线。

（4）完成核心区道路沿线通信、电力、有线电视三线下地改造工程。

（三）有效保护生态资源

一是委托中山大学调查丹霞山生物多样性。经过 2008 年 11 月至 2009 年年底一年的样本采集和测量记录,查得植物 2096 种、动物 1429 种,其中属于国家一级或二级保护的动植物 56 种。二是对濒危植物和古树名木以及丹霞山特殊植物群的生长状态及保护情况进行了详细的调查与摸底,并拍照存档,立上标识标牌,建立完整档案。每月派出人员对丹霞山保护区长老峰、阳元山景区已施药的被病虫危害的古树名木进行巡查记录,分批次补换树木标牌,使保护区古树名木及植被生态系统得到有效保护。此外,共培育繁殖本乡土花木 8048 棵、品种 27 种,有些品种已应用于保护区绿化。通过两年来对本乡土花卉苗木的繁殖、引种驯化实验,掌握了近 50 个品种的培育资料和数据,为建立科普基地打下基础。三是封山育林,种植林木,重要游览点和接待区进行绿化。四是积极争取丹霞山全部山林列入省级生态公益林管理,对生态资源实行更有效的保护与管理。丹霞山内原有生态公益林总面积 11174.2 公顷,其中国家级生态公益林 667.5 公顷,省级生态公益林 10506.7 公顷,既是国家级又是省级的生态公益林 427.5 公顷。近年来,丹霞山积极配合区县落实生态公益林政策,指导对保护区范围内的人工林进行分批分期改造,以恢复自然植被。目前,丹霞山保护区山林 28000 公顷（折合 42 万亩）已全部划为生态公益林。

（资料来源：http://www.city-link.cn/show_1123.shtml.）

🔍 同步练习

一、多选题

1. 旅游景区环境保护的原则包括（　　　）。
   A. 系统原则
   B. 科学原则
   C. 和谐原则
   D. 自然原则

2. 旅游景区环境保护与管理的方法有（　　　）。
   A. 提高环保意识,实现游客参与管理
   B. 加大投入,着力治理污染源
   C. 设置合理的景区容量,使景区得以休息调整
   D. 提高景区的规划与管理水平

二、问答题

1. 旅游景区环境保护措施主要有哪些?
2. 旅游景区卫生管理措施主要有哪些?

✒ 实训项目

选取省内一个知名旅游景区,调研该旅游景区环境保护现状,归纳存在的问题。基于旅游景区环境保护现状和存在问题,提出解决办法。每位同学撰写一份实习报告,并进行汇报。

任务二　景区环境容量管理

任务目标

每逢节假日,景区游客数量便会激增,超过景区承载量,对景区环境造成负面影响,作为景区管理人员,应积极解决这一问题。

任务实施

请每个小组将任务实施的步骤和结果填入表 8-2 任务单中。

表 8-2　任务单

小组成员:		指导教师:
任务名称:	模拟地点:	
工作岗位分工:		
工作场景: (1)景区游客承载量超限; (2)对游客量实施限流和分流调控		
教学辅助设施	模拟节假日景区旅游场景,配合相关教具	
任务描述	节假日对景区游客实施限流、分流	
任务资讯重点	景区环境容量管理	
任务能力分解目标	(1)了解景区环境容量管理的重要性; (2)掌握景区环境容量内涵、调控原则和手段; (3)熟悉游客行为分析和景区游客引导管理方法	
任务实施步骤	(1)了解景区环境容量的内涵; (2)学习掌握景区环境容量的计算方法; (3)掌握景区环境容量调控的手段; (4)对景区游客实施引导	

任务评价考核点

(1)认知景区环境容量管理的重要性;

(2)理解景区环境容量调控原则和手段;

(3)掌握游客行为分析和景区游客引导管理方法。

引导案例

景区何时走出"超载"怪圈

有景区"超限"近一倍,有景区未"超限"仍人挤人。

游客人数严重超负荷不利于保护景区风貌,也极易引发公共安全突发事件。记者在多地采访发现,小长假期间有的景区游客接待量超过了核定的最大承载量。

"让人有种想要逃离的冲动。"刚从天柱山风景区归来的旅游达人季涵说,这是一场不像登山、更像是散步的旅途。记者从安徽省天柱山风景区管委会获悉,小长假首日该景区接待游客6.6万人次,而该风景区核定的最大承载量为3.6万人次,"超限"近一倍。

记者调查发现,还有不少景区的游客接待量虽未超过最大承载量"红线",但限流效果并不明显,游客体验难以保障。

为限制人流,故宫实行实名制购票,并严格按照最大承载量限额售票。小长假首日,中午12点10分,故宫当日的8万张票便售罄。1点左右,大量游客结束游览,从故宫北门出来。和朋友走散后的王先生无奈地说:"人挤人!中轴线上的主要景点,只能单向行走。太和殿前里三层外三层都是人头,很难看清殿内细节。"

与故宫相比,西湖景区在假日期间的单日接待量虽很少达到79.75万人次的最大承载量,但"断桥变人桥"的画面已经成为一种假日"常态"。1日14时,记者在北山路断桥出入口看到,游客早已是摩肩接踵。每当有游客驻足拍照时,行进的队伍便会发生间歇性拥堵。

"靠假日挣够一年的钱"致"红线"虚设

旅游法规定,景区应当公布最大承载量、景区接待旅游者不得超过最大承载量,旅游者数量可能达到最大承载量时景区要提前公告并及时采取疏导、分流等措施。

游客最大接待量的"红线"十分明晰,为何一些景区"超而不限"?

天柱山风景区管委会相关负责人回应称,这是因为当初最大承载量核定与目前游客接待量统计的口径不同。"当时最大承载量是仅仅针对主峰计算的。随着越来越多区域开放,当前游客数量统计包括主峰、三祖寺等景点。"安徽省潜山县旅游局负责假日信息统计的丁主任补充说,除了统计口径不同,由于景区索道、道路、停车场等基础设施改善,实际承载力增强了。

(资料来源: https://www.sohu.com/a/73197815_162758.)

思考:旅游法中明确规定,对于未及时采取疏导、分流等措施,或者超过最大承载量接待旅游者的景区,由景区主管部门责令改正,情节严重的,责令停业整顿一个月至六个月。为什么景区仍然会出现"超载"怪圈?

一、旅游景区环境及旅游环境容量的内涵

1. 旅游景区环境及其系统

(1)旅游景区环境

旅游景区环境是指所有能够影响旅游景区吸引物的质量及旅游产业发展状况的各种因素,包括人的因素和物的因素。旅游景区环境的核心是旅游吸引物,旅游景区环境的影响因素是复杂多样的,旅游景区环境具有系统性特征。

(2)旅游景区环境系统构成要素

旅游景区环境系统构成要素主要包括以下内容。

① 旅游吸引物。旅游吸引物是景区环境的核心,也是旅游景区环境系统的重要因素,是景区发展旅游业的基础。旅游吸引物包括自然和人文两种类型。在旅游景区环境中,旅游吸引物极易受到其他因素的影响。

② 旅游者。旅游者是景区环境系统中最活跃的要素之一,是被服务的对象,景区中的

所有工作都是围绕旅游者展开的,景区的发展有赖于旅游者对景区的认可。然而,旅游者数量若超过景区环境容量,则会对旅游吸引物产生破坏作用。

③ 旅游经营者。旅游经营者是旅游景区内旅游服务的主要提供者,在很多情况下他们也是旅游景区的开发者。旅游经营者追求的是利益最大化,可能会对景区过度开发,从而对景区环境造成危害,他们的行为需要政府管理部门予以引导和监管。

④ 当地居民。当地居民是景区自然意义上的主人,他们长期居住、生活在景区内或其周边,对景区环境最为熟悉,他们传统的生活方式会对景区环境产生正面或负面影响。当地居民在旅游景区中的角色具有多重性,他们是被管理者,也可能是旅游吸引物之一,还可能是经营者。

⑤ 当地政府。当地政府是旅游景区的主要管理者,政府出台的相关旅游政策与法规可能对景区环境保护及其可持续发展产生深远影响。

⑥ 自然突变。自然突变主要是指景区自然环境中的突发事件,它们可能会在短期内改变景区的景观特征,如山洪、泥石流、地震等。

(3) 旅游景区环境系统

旅游景区环境系统如图 8-1 所示。

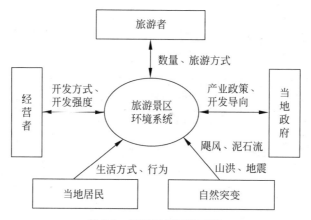

图 8-1　旅游景区环境系统

旅游景区环境系统是一个复杂的、开放的系统,与外部不断发生着物质、能量的交流,具有自适应性。

2. 旅游容量与旅游环境容量

旅游容量是旅游地理学、旅游环境学、旅游规划学、旅游管理学等学科关注的焦点问题之一,是旅游可持续发展的重要依据之一。旅游容量,又称为旅游承载力,其实用价值体现在两个方面:一是在旅游地和旅游景区的规划中作为一种有力的工具,保护旅游地或旅游景区的环境,避免其退化或使其免遭破坏;二是作为一种管理工具使用,在客观上保证了旅游者在旅游地或旅游景区的游览体验质量。

环境容量是一个源自生态学的概念,与之相近的概念有环境承受力或环境承载力、环境忍耐力。1838 年,比利时数学生物学家弗胡斯特从马尔萨斯的生物总数增长率出发,认为生物种群在环境中可以利用的食物量有一个最大值,动物种群增长相应地也有一个极限值,种群增长越接近这个极限值,增长速度越慢,直到停止增长。这个极限值在生态学中被定义为"环境容量"。1972 年,米都斯等人在《增长的极限》一书中研究了人口、经济增长与资源、环境的关系问题,确定了"增长的极限"即是"环境容量"的基本含义这一命题。1968 年,日本学者首先将"环境容量"的概念借用到环境保护科学中来,提出在环境保护领域,环境容量是指在人类生存和自然状态不受危害的前提下某一环境能容纳的某种污染物的最大负荷量。1963 年,拉佩芝(Lapage)首次提出了"旅游环境容量"的概念。世界旅游组织在 1978—1979 年度工作计划报告中正式提出了"旅游承载容量"的概念。

可以看出,环境容量是一个发展的概念,在过去 100 多年的时间里,人们将它从单一的生态学领域引入很多相关领域,如环境保护、人口问题、土地利用、社会发展、旅游管理等。各个学科在坚持环境容量的基本含义——"增长的极限"的同时,也对它在不同的角度和层次上进行了延伸,使环境容量的概念能够在本学科中发挥更大的作用。在旅游学中,一般认为,旅游环境容量是指在可持续发展的前提下,旅游景区在一定时间内,其自然环境、人工环境和社会环境所能承受的旅游及相关活动在规模、强度、频率上各极限值中的最小值。

二、旅游环境容量的内容

旅游容量是一个概念体系,包括旅游心理容量、旅游资源容量、旅游环境容量,其中旅游环境包括旅游生态环境、旅游经济环境、旅游社会环境。如果从旅游活动空间尺度大小来看,旅游容量可分为旅游景点容量、旅游景区容量、旅游地容量、区域旅游容量。这里仅讨论旅游景区环境容量。

旅游景区环境容量是景区内各景点容量与景点间道路容量之和。旅游景区环境容量的量测,基点在于同旅游地承受的旅游活动相对应的基本空间标准,即单位利用者(通常是人或人群,也可以是旅游者使用的载体,如船、车等)所需占用的空间大小或设施。从游客感知的角度来看,旅游景区环境容量的内容及其计算方法一般包括三个方面,即面积容量、线路容量、瓶颈容量。

1. 景区环境容量的计算

(1)面积容量。面积容量是指单位时间内每一位游客活动所必需的最小面积。在环境心理学中,个人在从事活动时,对环境在其周围的空间有一定的要求,任何人的进入都会让其感到受侵犯、压抑、拥挤,导致情绪不安、不舒畅,这个空间就是个人空间,它是旅游景区面积容量的确定依据。在不同的旅游环境中,人们对个人空间的要求有所不同。

欧美国家一些旅游设施的基本空间(面积容量)标准如表 8-3 所示。

表 8-3　欧美国家旅游设施的基本空间标准

住宿设施	旅馆	10～35 平方米/人
	海滨假日旅店	15 平方米/人
	山区旅馆	19 平方米/人
饮食娱乐	超过 500 床位的旅馆外餐饮用地	24 平方米/人
	海滨胜地	0.1 平方米/人
	山区滑雪旅游地	0.25 平方米/人
	室外电影场	最多 1000 人/场
	夜间俱乐部	最多 1000 人/处

续表

开放空间（户外娱乐和赏景用）	海滨或乡村旅游地	20~24 平方米/床
	滑雪旅游地	5~15 平方米/床
行政中心和服务	集中服务（洗衣和食物处理等）	最少 0.3 平方米/床
	行政、健康与卫生服务	0.2 平方米/床

由于民族文化、个性心理、社会传统等方面存在差异，在同一种场合，人的感受会有所不同。例如，在海滩上，世界上比较常用的标准是 10 平方米/人，日本人对这个标准的满意度为 100%，而美国人的满意度只有 50%。世界旅游组织（World Tourism Organization，WTO）规定娱乐活动场所的容量或承载力标准见表 8-4。

表 8-4　世界旅游组织的承载力标准

类　　　型	每公顷接待人数
森林公园	15
郊区自然公园	15~17
高密度野餐地	300~600
低密度野餐地	60~200
体育比赛	100~200
高尔夫球场	10~15
垂钓/帆船	5~30
速度划船	5~10
滑水	5~10
徒步旅行	40
骑马	25~80

根据旅游景区的总面积、可游面积和设施等条件，运用面积容量计算方法可计算出旅游景区在单位时间内的接待能力或饱和量。在我国，经过多年的实践，也得出了一些经验数据。北京市园林局提出古典园林游览的基本空间标准是 20 平方米/人；湖南南岳管理局提出山岳型旅游地游人的人均占用面积应达到 8 平方米；广西桂林提出风景旅游城市的自然风景公园，游人人均游览面积应达到 60 平方米。

2014 年 12 月国家旅游局发布《LB/T 034-2014 景区最大承载量核定导则》（简称《导则》），要求各大景区核算出游客最大承载量，并制定相关游客流量控制预案。旅游界人士认为，《导则》的出台为景区客流监控制定了国家标准。《导则》指出，最大承载量，是指在一定时间条件下，在保障景区内每个景点旅游者人身安全和旅游资源环境安全的前提下，景区能够容纳的最大的旅游者数量。景区应结合国家、地方和行业已颁布的相关法规、政策、标准，采用定量与定性、理论与经验相结合的方法核定最大承载量。《导则》同时给出了明确的测算方法和公式供参考。《导则》还要求景区逐步推进旅游者流量监测常态化，采用门禁票务系统、景区一卡通联动系统、景点实时监控系统等技术手段，针对节假日及大型活动制定相应旅游者流量控制预案。表 8-5 给出了不同类型景区的基本空间承载标准示例。

表 8-5　不同类型景区的基本空间承载标准

文物古迹类景区示例				
文物古迹类景区	空间类型	核心景区	洞窟等卡口	游步道
八达岭长城	人均空间承载指标	$1\sim1.1m^2$/人	—	—
故宫博物院	人均空间承载指标	$0.8\sim3m^2$/人	—	—
龙门石窟、敦煌莫高窟	人均空间承载指标	—	$0.5\sim1m^2$/人	$2\sim5m^2$/人

文化遗址类景区示例			
文化遗址类景区	空间类型	遗址核心区	游步道
秦始皇兵马俑博物馆	人均空间承载指标	$2.5\sim10m^2$/人	$1\sim3m^2$/人

古建筑类景区示例			
古建筑类景区	空间类型	核心景区	其他区域
黄鹤楼、永定土楼	人均空间承载指标	$1\sim3m^2$/人	$>2.5m^2$/人

古街区类景区示例				
古街区类景区	空间类型	核心景区	其他区域	保护建筑	游步道
周村古商城	人均空间承载指标	$2\sim5m^2$/人	$1\sim2m^2$/人	$0\sim30$人/栋	$2\sim5m^2$/人

古典园林类景区示例			
古典园林类景区	空间类型	游步道	其他区域
颐和园	人均空间承载指标	$0.8\sim2m^2$/人	$>60m^2$/人

山岳类景区示例			
山岳类景区	空间类型	核心景区	游步道
吉林长白山景区	人均空间承载指标	$1\sim1.5m^2$/人	$0.5\sim1m^2$/人

主题公园类景区示例			
主题公园	空间类型	核心景区	核心游乐项目等候区
中华恐龙园	人均空间承载指标	$0.5\sim1m^2$/人	$0.5\sim1m^2$/人

　　（2）线路容量。线路容量是指在同一时间内每位游客必须占有的游览线路的长度。在旅游景区内，游客并不是平均分布在可游区域内的，而是集中在景区内的游览线路上，呈线性运动，这就使得游览线路成为人流最集中的区域。因此，仅用面积容量并不能完全反映旅游景区的接待能力，因为旅游景区的接待能力还受到线路容量的限制。线路容量的大小要视线路长度、宽度、可行程度或险易程度、交通方式、沿线景点的分布状况等情况而定，是一个较为复杂的变量。

　　（3）瓶颈容量。瓶颈容量是旅游景区内因交通、景观、游乐设施等因素构成游客活动"热点"，形成人流集中的瓶颈，同时成为环境和资源的脆弱点。一般来说，旅游景区的核心游览区或著名的景点周围人流最为集中，在旅游旺季往往负荷过重，给环境造成极大的压力。因此，为切实保护好旅游环境，保证游览质量，旅游景区必须根据实际情况，对重点地段规定出此景点或此游段的最大允许容量（平方米/人或米/人）作为控制景区容量的标准。

　　在旅游景区规划实践中，通常计算时点容量和日容量，其计算公式为

$$C_p = A \div Q$$

$$C_r = T \div T_o \times C_p$$

式中,C_p 为时点容量;C_r 为日容量;A 为景区游览面积;Q 为基本空间标准(个人或搭载游客的设备);T 为景区每日开放时间;T_o 为人均游览时间。

有的景区游览面积不便计算,可以游览线路长度作为参数进行计算,计算公式为

$$C_p = (L \div Q) \times S$$

$$C_r = T \div T_o \times C_p$$

式中,L 为游览线路长度;S 为搭载游客设备的游客承载量。

2. 旅游景区环境容量调控

(1) 调控原则。①满足需要原则。景区企业要尽量给旅游者提供更多的游憩机会,以满足游客多层次、个性化的需求。②合理利用原则。旅游规划专家及政府管理者制定的旅游景区开发规划,应符合景区实际情况,其利用水平(强度)不损害生态系统。③积极调控原则。找出旅游容量的限制因子,提高其阈值,即改善和提高瓶颈因子的容量,从而提高景区的容纳能力。

(2) 调控手段。①价格调控。采用季节性的门票价格,即在旺季提高票价,在平季和淡季降低票价。②交通调控。禁止机动车进入景区,在景区内设立机动车禁入标志。③时间调控。实行景区门票预订,或采用控制游览时间的门票。④流量调控。监控游客流量,日流量达到景区承载极限时关闭景区入口。⑤开发调控。通过开发为游客提供更多游览区域,提高景区内的接待能力。⑥分流调控。开发周边景区,疏导分流游客。⑦行为调控。建立标语、提示牌等提醒游人保护环境,从根本上调整游客行为。⑧法规调控。通过法律、规章制裁违法者,用于警示游人。⑨管护调控。增加管护人员,提高管护质量。

📖 案例 8-2

九寨沟景区对散客开放,单日最大接待量调至 2 万

北京商报讯(记者 关子辰 实习记者 杨卉)重新开放的九寨沟终于开始接待散客了。11 月 29 日,九寨沟景区官方微博"九寨沟管理局"发布消息表示,根据九寨沟景区灾后恢复重建推进和试运行情况,九寨沟景区现对旅游散客开放,此外,九寨沟官方网站也发布了《九寨沟景区关于部分区域对外开放(试运行)补充通告》(以下简称"通告"),表示景区从即日起开始对散客开放,并将九寨沟景区开放区域单日游客接待最大限量由 8000 人次调至 2 万人次。这也是九寨沟景区自 2019 年 9 月重开以来,第二次上调单日游客最大接待量。

根据通告显示,为保障游客安全和游览体验,严格执行原国家旅游局公布九寨沟景区淡季游客最大承载量规定,开放区域单日游客接待最大限量为 2 万人次。同时,九寨沟景区门票、车票实行全网实名制预购,现场不设购票窗口。所有游客须登入阿坝旅游网录入二代身份证或户口簿、护照等身份信息即可预定。进入九寨沟景区的游客还应当购买景区意外伤害保险。据了解,2019 年 10 月 19 日,重新开放尚不满 1 月的九寨沟便上调了单日游客最大接待量,将上限人数上调至 8000 人次。

目前,九寨沟景区仍然实行限时段限区域开放,每日开放时间为 8:30 至 17:00。据悉,游客可进九寨沟入景区游玩开放的景点依然为扎如沟扎如寺、树正沟(火花海除外)、日则沟(诺日朗至五花海段景点)、则查洼沟等区域景点。同时,九寨沟景区门票也依然保持淡季门

票,价格为 80 元/人,车票 80 元/人。此次开放引发了不少游客关注,"九寨沟对散客开放"等话题也登上微博热搜榜。

据悉,2017 年 8 月 8 日,九寨沟景区发生 7.0 级地震,地震发生后,诱发了大量同震滑坡,也形成了许多潜在滑坡隐患点,主要分布在日则沟,其中五花海周边的滑坡情况比较严重,著名景点火花海受到严重破坏。

此外,北京商报记者还了解到,在 2017 年发生地震后,九寨沟景区也曾有不同程度及限制条件的开放。2018 年 3 月,关闭了 7 个月的九寨沟景区恢复开放部分景观。同时为了安全起见,九寨沟景区实行专车专导、团队游览方式,全年游客接待限量为每天 2000 人,不过没有多久又因景区遇到泥石流,不得不再次关闭,直到 2019 年 9 月底,九寨沟景区再次试开园,不过单日限流仅 5000 人,同时只对团客开放,并不接受散客。

(资料来源:https://baijiahao.baidu.com/s?id=1651701958468805450&wfr=spider&for=pc.)

三、旅游景区游客管理

1. 游客的行为特征

(1) 散客、团体游客的行为特征

散客旅游是人们突破传统团体旅游约束、追求个性化的行为表现,具有决策自主性、内容多样性和活动灵活性等特点,主要以经济收入水平较高的游客为主。

团体游客的行为往往受到较多约束,游客的行程安排大多比较紧凑,而且可变动性较差,团体游客大多统一行动,旅游活动按既定的路线和内容进行。旅游团体分为相似型旅游团体和混合型旅游团体。相似型旅游团体由具有较多相似性因素的游客组成,目标容易整合,心理相容性比较高,行为也较为一致;混合型旅游团体由不同年龄、职业、文化程度或不同宗教信仰、不同地域的游客组成,差异性因素比较多,团体内成员之间容易产生冲突。

(2) 不同年龄阶段游客的行为特征

少年游客(6~16 岁),最突出的心理特征是以成长的需要为中心,具体表现为具有较强的求知欲和探索欲,对各种旅游活动兴趣浓厚,注重参与性,对活动的内容和服务无特殊要求,由于自身身心发育不成熟,故安全意识差,自我保护能力差,一般需要家长的陪同监护和导游人员的特别关照。

中青年游客(16~60 岁),由于扮演较多的社会角色,旅游行为需要和动机呈现出复杂性。一般来讲,青年游客具有较强的求知、求新心理,注重旅游活动中的时尚性、参与性、文化性,在食、住、行、游、购、娱六个环节中最注重的是游和娱。中年游客较为复杂,其行为特征与职业以及受教育程度有关。

老年游客(60 岁以上),以城市的离退休人员为主,他们是休闲旅游的积极参与者。老年游客对旅游中的食、住、行、游、购、娱都非常在意,且尤其注重旅游活动的安全性,对旅游服务要求较高。老年游客一般对怀旧性的、信仰性的旅游项目兴趣较浓厚,异域的具有新奇性的观光项目也对他们富有吸引力。

(3) 不同出行目的游客的行为特征

消遣型游客在旅游景区的所有旅游者中占比例最大,一般出于休闲放松目的进行观光、游览。

差旅型游客相对于消遣型游客而言,一般出行人数较少,但在出行次数上却较为频繁。

家庭及个人事务型游客的行为特征比较复杂,他们在需求方面不同于前两类游客,但又兼有前两类游客的特征。

(4)不同经济收入水平游客的行为特征

收入水平不仅影响着游客的旅游消费水平,而且影响着游客的旅游消费构成。一般情况下,高收入水平、中高收入水平的游客会在食、住、购、娱等方面花费较大,交通费用在其全部旅游消费中所占的比重较小;而中收入水平、低收入水平游客,其消费构成中交通费用所占的比重较前者大,他们一般在食、住、购、娱等方面较为节省。

(5)不同职业游客的行为特征

游客职业不同,意味着收入水平、闲暇时间和受教育程度不同,旅游的倾向和需求也不一样。各类职业中,行政和企业管理人员、专业技术人员、商务人员、工人的出游机会较多,农民、离退休人员等因收入水平和体力限制,出游率较低。

2.游客行为分析

一般来说,旅游团的行为准则、旅游环境的状况以及旅游景区管理人员的言行等是影响游客行为的外部因素,这些外部因素与游客自身内在心理需求共同驱动游客表现出不同的行为、表情等。同时因其收入、职业、年龄和文化层次不同,游客有不同的活动规律和审美境界,其旅游行为有偏好方向和活动强度上的差异。导游生动形象的讲解会使游客的兴趣发生变化,而令人不满意的旅游过程,则容易使游客产生不文明的旅游行为,加大景区管理的难度。

 案例 8-3

中国人旅游需求与行为方式调查

2016 年 11 月,羊城晚报智慧信息研究中心、华南理工大学数据新闻研究中心、中山大学心理学系联合发布《旅游不是 Play——中国人旅游需求与行为方式调查》。

目的:七成多"叹世界"爱休闲游

调查结果显示,人们旅游的首要目的是休闲度假,选择这个旅游目的的受访者高达76%,其次是观赏自然风光和感受当地文化、风俗文化,旅游目的是检验爱情的人数占比较少,只有 3%。

调查结果显示,受访者的旅游心理诉求排名前三的是看看世界、解脱疲惫身心和感受当地风俗文化,人数占比分别是 75%、52%、52%。而选择通过"旅游认识不同的人"这个诉求的人数占比最少,仅有 7%。

年龄差:"00 后"重视游历新奇感

依据旅游目的和心理诉求的年龄差异,调查将问卷对象分为三个年龄层:少儿群体(7~16 岁,即"00 后")、青壮年(17~46 岁)和老年(47 岁及以上,即"60 后")。

结果可以看出,青壮年人群的旅游目的更集中在休闲度假方面,而在少儿和老年群体中,休闲度假都不是首要目的。"00 后"的旅游首要目的是感受当地文化风俗,其次是观赏自然风光和观看名胜古迹。报告撰写人解释,这或许是因为正处在"少年不知愁滋味"的年纪,"00 后"压力小,周末、寒暑假等假期较多,完全不需要通过旅游来休闲度假。同时,由于他们正处于认识世界的学习阶段,所以很希望在旅游中感受旅游地文化。

记者看到,"00 后"最大的旅游心理诉求是"拥有值得分享的经历",此类人数所占比例高达 50％。此外,相比于青壮年和老年,"00 后"更想要通过旅游"认识不同的人",人数占比达 43％。这都体现了年轻一代对旅游带来的炫耀感和新奇感的注重。

性别差:女性"文艺范"男人也爱买

总体而言,旅游目的的性别差异不大。但有一个点,即在"感受当地文化"这个旅游目的的选择上,女性比例明显高于男性。女性选择此项比例高达 56％,男性则只有 42％。报告认为:这说明,女性在旅游时,更加注重文化与内涵的感受,这也与当下很多女性都喜欢"文艺"的现象相符合。

而在旅游"购物"这个问题上,男性不应该再埋怨女人"买买买",报告显示:女性占比只是略高于男性,高出 5 个百分点。这说明,男性对旅游购物的需求也是存在的,并且不比女性低多少。这与我们通常以为的只有女性喜爱旅游购物的想法并不完全符合。

行为差:受教育程度越高越"文明"

说到出行,每到长假之际,各种乱扔垃圾、争抢、吸烟等不文明行为,不时见诸报端。那么,究竟什么样的旅游行为是出行者最常见的,哪些相对较少?

调查结果显示,92％的受访者都会在旅途中拍照纪念,而 79％的受访者会发朋友圈或微博来表达自己旅游的心情。在对于不文明行为的调查中,有 11％的人有过浪费自助餐食品的行为,10％的人有过乱扔垃圾、吸烟、争抢等行为。

就不文明行为而言,女性浪费自助餐食品的比例略高于男性;乱扔垃圾、吸烟、争抢等行为,男性比例远远高于女性比例。此外,报告特别提到:随着受教育程度的提高,旅游中发生不文明行为的比例也会相应减少。

职业差:错峰出游习惯尚未形成

调查发现,不同的职业人群在选择旅游时间时有较大不同。选择暑假、寒假出去旅游的主要是学生。高层管理人员和普通白领选择"带薪年假"出去旅游的人最多,分别为 50％和 55％。不同职业的人群选择在"十一黄金周"和"周末"出去旅游的比例都比较大。

数据显示,寒暑假、带薪年假、周末、"十一黄金周"的时间出去旅游的人数占比较高,分别为 42％、36％、34％、33％。这说明,错峰出游的行为习惯并没有在国内形成。

评价差:自然风光景区最受欢迎

调查结果显示,人们对风景区的评价排序依次为自然风光类、文化古迹类、主题公园类、购物圣地类。

对于自然风光类的景区,近半数的受访者认为值得一看,22％认为很有意义,16％的受访者想当回头客,正面评价最多,负面评价最少。

对于文化古迹类的景区,约 37％的受访者认为值得一看,30％的人认为很有意义,评价普遍较高。

而对于主题公园类的景区,约 46％的受访者认为它一般般,29％的受访者认为值得一去。对于购物圣地类的景区,约 50％的受访者认为一般,高达 22％的受访者认为名不符实,获得肯定最低。

(资料来源:《旅游不是 Play——中国人旅游需求与行为方式调查》,2016 年 11 月.)

3. 游客行为的引导

游客产生不文明旅游行为的原因很多,主要出自以下几个方面:

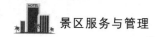

（1）游客在旅游过程中的自律意识松弛；

（2）游客的环保意识不强，生态道德素质低下；

（3）景区管理不完善，宣传教育缺乏力度；

（4）游客在旅游过程中占有意识外显，部分游客有故意破坏行为；

（5）从众心理。

正确引导游客行为，宜采用以下方法。

（1）事前引导，充分发挥组团社的作用。旅行社在组团的过程中就应当随时向游客介绍注意事项，引导游客保护环境，具体包括对游客进行事前教育，提高他们的认识；限制成团人数，每一个旅行团队尽量不超过 20 人；引导游客尽量不购买商店中由濒危物种制成的商品；科学安排游程，尽量避开生态脆弱区。

（2）集中引导，建立旅游信息中心。游客中心不但可以展示景区景观，提供相关的旅游信息，出售旅游手册和相关书籍，而且可以成为游客教育中心。

（3）入门引导，编制景区旅游指南，让游客明白自己的责任。编制景区旅游指南是引导游客文明旅游的有效途径。指南要色彩鲜艳，生动有趣，要通过多种途径免费散发给游客，在游客购票进入景区时散发效果最好。这虽然使景区增加了一些费用，但可以达到宣传效果。

（4）设施引导，建立旅游警示标志。通过在景区明显位置悬挂和摆放规范的旅游标志，达到使游人自觉维护旅游秩序、保护景区环境的目的。例如，严禁烟火标志、不准攀折花木标志等。

（5）语言引导，利用导游的讲解和示范行动。训练有素的导游不但可以顺利完成带团任务，而且可以用语言和实际行动达到教育游客的目的。由于游客对导游比较信任，导游的劝说会很容易被游客接受。

（6）示范引导，利用管理者的榜样力量。员工在履行其正常职责的过程中，可以随时与游客交流，提供游客所需要的信息，并听取他们的意见和建议，向游客阐明注意事项。同时，要以自己的实际行动教育游客尊重环境，遵守规章。

4. 游客管理的方法

一般来讲，游客管理的方法可以分为服务性管理方法和控制性管理方法。

（1）服务性管理方法。服务性管理方法是一种"软性"的管理方法，是指通过对游客提供人性化的服务，间接地引导、改变游客意愿和行为，使游客自觉地遵守景区的各项规章制度，实现管理的目的。

（2）控制性管理方法。控制性管理方法是一种"硬性"的管理方法，旅游景区通过制定各项规章制度来约束游客的行为以达到管理的目的，例如加强巡视监督，罚款，禁止在某些区域或某些时间段内从事某些活动，控制游客数量、团队规模和停留时间或在一定时间内关闭景区等。

知识拓展

游客管理（吉林省地方标准）

知识拓展

游客不文明行为管理

同步练习

一、多选题

旅游景区环境系统构成要素包括（　　）。

    A. 旅游吸引物　　　　　B. 旅游经营者　　　　　C. 旅游者

    D. 当地政府　　　　　　E. 当地居民

二、问答题

1. 请简述旅游景区环境容量调控的手段。

2. 景区如何对游客的行为进行正确引导？

实训项目

选取本地一家旅游景区，了解该景区游客管理制度和调控方法，并对不足之处进行优化。

任务三　景区形象宣传推广

任务目标

旅游景区打算塑造景区形象，提升景区知名度，作为公关部员工，应该如何落实这项工作。

任务实施

请每个小组将任务实施的步骤和结果填入表 8-6 任务单中。

表 8-6　任务单

小组成员：		指导教师：
任务名称：	模拟地点：	
工作岗位分工：		
工作场景： （1）景区公关部； （2）景区形象定位； （3）景区形象塑造		
教学辅助设施	模拟景区工作环境，配合相关教具	
任务描述	认知景区形象，对景区形象进行宣传推广	
任务资讯重点	认识景区公关工作	
任务能力分解目标	（1）了解景区形象的重要性； （2）掌握如何进行景区形象定位； （3）掌握如何进行景区形象宣传	
任务实施步骤	（1）了解景区形象的内涵及构成要素； （2）进行景区形象定位； （3）进行景区形象宣传	

任务评价考核点

（1）景区形象的内涵。

（2）景区形象定位。

（3）景区形象宣传。

引导案例

陕西景区以"纣王妲己"宣传　专家：哗众取宠不可取

中新网西安 8 月 2 日电，近日，陕西旅游集团有限公司以纣王、妲己为噱头，拍摄发布短视频推广宣传周原景区，引发舆论争议。有专家表示，景区不尊重历史文化，哗众取宠谋求经济利益的做法不可取。陕西周原京都景区管理有限公司 2 日称，由于其工作疏漏等原因，让部分媒体和网友产生误解，对此感到十分抱歉。

7 月 27 日，陕旅集团官方微信公众号发布了一篇题为《纣王妲己火力全开！在周原热舞抖音点击破千万，这个景区要逆天！》的文章。据此前媒体报道称，该文章称"昨天（26 日）纣王妲己在周原景区火力全开，一幕幕奇景变换，用商周故事、封神奇幻将这个景区再次捧红，点击瞬间突破千万，评论区简直炸开了锅。"文章配发了三条短视频，其中两条的内容为"纣王""妲己"，视频配乐"魔性"。

事情发生后，景区已删除了相关视频和推文，并对工作进行了检讨，对景区的宣传及推广进行了调整和文化梳理，表示今后网络传播工作和内容输出会更加谨慎。

（资料来源：中国新闻网.www.chinanews.com.）

思考：景区宣传推广不懂历史价值，不尊重历史，对历史文化进行误读，会带来怎样的危害？

一、旅游景区形象的概念

旅游景区形象是一定时期和一定环境下社会公众（包括旅游者）对旅游景区形成的一种总体评价，是景区的表现与特征在公众心目中的反映。景区形象包括能够被社会公众所感知的有关景区的各种外在表现，既包括有形的硬件设施，如景区的空间外观、标志标识、服务设施等，也包括无形的形象要素，如文化背景、人文环境、服务展示、公关活动等。这些要素相互融合，形成综合的景区形象，带给公众全方位的体验和感受。

景区形象是一个整体概念，是景区经营组织本身的营销理念、企业文化、产品特色、服务品质、管理模式及社会贡献等诸多因素的综合体现，具有很强的可塑性和持久的影响力。旅游景区形象越来越受到人们的重视。

二、旅游景区形象的构成要素

景区形象的构成是个复杂的系统，以景区形象的具体表现形式为依据，可将其大致分为以下构成要素。

（1）景区景观形象

景区景观形象主要指景区内景观外貌特征、自然地理成因、历史文化背景、民俗风情特色等要素，这是景区形象的基础，例如风景名胜区的山水景观、主题公园的建筑风格等。

（2）景区的服务产品质量形象

景区的服务产品质量形象主要是指景区所提供的基础设施和服务产品质量的水平。其中服务产品质量包括对于食、住、行、游、购、娱六大旅游要素的衔接状况所提供的服务，以及在提供服务的过程中所表现出的管理水平和员工之间的协调合作，这是景区形象的核心内容。

旅游产品的无形性决定了游客在购买前无法试用产品。随着景区功能综合性的增强和游客需求水平的提高，塑造良好的服务产品形象成为景区良好口碑的决定因素。

（3）景区的社会形象

初到一个陌生的地方，人们往往希望感受到温暖和亲切，以消除陌生感和恐惧感。这种感知主要通过人与人之间的交往行为来实现。因此景区所在地的社会形象，包括旅游景区居民的文化素质、对旅游者的态度、社区参与旅游的保障机制等因素，都会成为影响旅游景区整体形象的因素。

 案例 8-4

五大连池景区向全国医务工作者免费开放一年

五大连池风景区从 3 月 27 日起恢复对外开放，一年内所有景区景点都将向全国医务工作者免费开放，用风景区的诚挚邀约向全国的"最美逆行者"致敬。

五大连池风景区管委会全面做好景区开放前的准备工作。景区管理局会同风景区疾控中心，重点就疫情期间游客接待防疫工作对 200 多名工作人员进行了岗前防疫培训。景区全域内推行使用"防疫三宝"，提醒每位游客在入园期间戴口罩、体温测量和扫描"龙江健康码"。在所有景区离园处，准备好消毒洗手液和防疫物品，定时对所有观光车和座椅、室内卫生间设施进行消毒。

据介绍，景区 3 月 27 日开放了老黑山、龙门石寨、温泊和南北药泉 5 个室外景区，冰河、冰洞等环境较为封闭的景区暂缓开放。针对即将到来的旅游高峰期，景区事先做了接待预案，并与旅行社提前沟通，采取错峰入园的方式，避免人员聚集。

这一措施是社会责任的一种体现，也是抗击疫情的一种担当，大大提升了景区形象。

（资料来源：东北网 https://www.dbw.cn/.）

（4）环境因素

旅游景区所在地的政治、经济和社会环境影响着旅游者对旅游景区以及整个所在地的形象认知和评价。旅游景区及其所在地的安全状况、治安条件、消费条件和水平、公共设施的完善程度、旅游业的管理水平、旅游法规的实施状况、社会的政治状况等，会对旅游行为决策产生较大的影响。旅游区所在地居民的文化素养、对旅游者的态度、社区参与旅游的保障机制等都影响到游客对景区形象的感知，从而决定景区口碑和重复购买的可能。

三、景区形象定位

旅游景区形象定位是建立或塑造一个与目标市场有关的品牌形象的过程。形象定位实质是明确旅游景区应当在消费者心目中产生何种印象、何种地位。景区必须将形象的品牌功能与旅游者的心理需求连接起来,以其鲜明的特征将旅游景区形象的定位信息明确地告诉旅游者,以达到提高旅游景区知名度和顾客对旅游景区形象和品牌忠诚度的作用。景区形象主要来自景区向公众展示的自然、人文旅游资源的独特内涵和优质旅游服务、精神风貌。确定景区形象定位宣传语需对景区的文脉地格、市场特征进行分析,形象宣传语设计应具有广告效应、体现时代感。

（1）文脉地格分析

旅游景区形象定位口号必须建立在对旅游景区所在区域文脉地格仔细分析的基础上,突出地方特色。所谓"文脉地格"简单地说就是一定的地理空间在地域、文化、资源等方面所形成的一种稳定的、地方的、历史的、前后相互承继的脉络关系。

（2）市场特征分析

景区旅游形象宣传语的制定,主要目的是向旅游者和潜在旅游者进行推介,所以形象宣传语的设计必须充分了解广大旅游者的心理需求和偏好,符合旅游行业特征,同时还要注意充分体现出一种和平、友谊、交流和欢乐的吸引力。

（3）景区形象宣传语设计

旅游景区形象宣传语必须能打动旅游者和潜在旅游者的心,激发他们的探索欲望,并能形成永久而深刻的记忆。所以,形象宣传语的设计一定要凝练、生动、有号召力,宣传语的字体设计要充分体现艺术效果,语言要能够有效传播旅游地形象信息,通过浓缩的语言、精辟的文字、绝妙的创意和艺术效果以及独特的要素组合,构造出一个有吸引魅力的旅游景区形象。

知识拓展

旅游景区
形象定位

旅游景区形象口号的设计在表达上要体现时代特征,具有时代气息,反映现代旅游需求的特点和趋势。

✐ 总结案例

重庆洪崖洞——现实中的千与千寻

新媒体营销是以新媒体平台为传播和购买渠道,把相关产品的功能、价值等信息传送到目标受众的心理,从而实现品牌宣传、产品销售的营销活动。其中,网红景点便是新媒体营销的典范。

2018年"五一"假期,重庆洪崖洞景区在网络上爆红,成为仅次于故宫的第二大旅游热门景点,年轻人争先恐后来到这个网红景点,在社交平台上晒出精心拍摄的图片或视频。

洪崖洞是重庆传统吊脚楼建筑的典型代表,依山就势,沿江而建,以美丽的夜景而闻名。洪崖洞精准巧妙地借助了"千与千寻"这一文化IP,将自己的形象与动漫联系在一起,把洪崖洞构建成具有魔幻色彩的神秘世界。

洪崖洞完美地利用了新媒体实时分享互动这一优势。当游客在洪崖洞拍摄完好看的照片、视频,立即就能在App平台上分享,迅速裂变、极速传播。

（资料来源：搜狐网.www.souhu.com.）

同步练习

一、多选题

1. 旅游景区形象的构成要素有(　　　)。
   - A. 景区景观形象
   - B. 景区的服务产品质量形象
   - C. 景区的社会形象
   - D. 环境因素

2. 根据(　　　)确定景区形象宣传语。
   - A. 文脉地格分析
   - B. 市场特征分析
   - C. 形象宣传语要具有强烈的广告效应
   - D. 形象宣传语的制定要体现时代感

二、问答题

1. 请解释旅游景区形象的内涵。
2. 如何理解形象宣传语的制定要对景区的文脉地格进行分析?

三、案例题

不忍直视! 景区开业让猪蹦极? 专家: 不利于景区形象建设

近日,一则"重庆景区开业让猪蹦极"的视频在网上传播。视频中,一头150斤左右的猪遭捆绑四肢,被六个人从地面拖至蹦极的跳台上,随后,该猪披着蓝色披风被推下蹦极台。

业内专家表示,由于我国目前尚未制定《动物保护法》,刑法也尚未规定"虐待动物罪"。所以,目前对于非野生动物的保护,尚没有明确的法律依据,更多靠道德约束。此外,将动物强制作为蹦极主体,是对动物生命的不尊重,虽然在短期内可通过猎奇博人眼球,但这种不尊重动物生命的做法不利于景区形象的建设,也不利于景区的长远经营发展。

(资料来源:中国经济网 http://www.ce.cn/.)

试分析不当形象营销会带来怎样的危害? 作为景区管理者,应如何扭转这一局面?

实训项目

以小组为单位考察本地两个景区,调查分析其市场定位与景区形象推广情况。

任务四　旅游景区创 A 升 A

任务目标

旅游景区营业多年,计划开展创 A 升 A 工作,作为景区经理,请制定景区创 A 升 A 的工作方案。

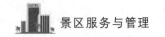
任务实施

请每个小组将任务实施的步骤和结果填入表 8-7 任务单中。

表 8-7　任务单

小组成员：		指导教师：
任务名称：		模拟地点：
工作岗位分工：		
工作场景： (1) 创 A 升 A 工作； (2) 确定开展创 A 升 A 工作目标； (3) 景区经理拟订创 A 升 A 工作方案		
教学辅助设施	模拟景区真实工作环境,配合相关教具	
任务描述	通过本项目的学习,让学生认知景区创 A 升 A 相关工作	
任务资讯重点	主要考查学生对景区创 A 升 A 的认识	
任务能力分解目标	(1) 理解景区创 A 升 A 的重要意义； (2) 掌握旅游景区 A 级评定依据； (3) 掌握旅游景区 A 级划分标准； (4) 熟悉 A 级景区创建的软件和硬件准备及提升方向	
任务实施步骤	(1) 学生以小组为单位,制定景区创 A 升 A 工作方案； (2) 每小组进行汇报,展示小组成果； (3) 各小组进行互评,教师进行点评	

任务评价考核点

(1) 明晰旅游景区 A 级评定依据。

(2) 掌握旅游景区 A 级划分标准。

(3) A 级景区创建的软件和硬件准备。

引导案例

两百余 A 级景区被处罚　专家：景区须关注游客需求

新京报讯(记者 王真真)自 2019 年启动 A 级旅游景区复核工作以来,据不完全统计,全国已有 10 省、市 239 家 A 级景区被"摘牌"、降级或通报警告,其中,51 家 A 级景区被"摘牌",8 家景区被降级,178 家景区被通报批评警告、限期整改,还有 2 家景区已经停业整改。

景区品质下降,经营管理粗放、过度商业化以及旅游景区标识系统短缺等情况,是许多被摘牌的 A 级旅游景区的通病。2019 年文旅部在对 5A 级旅游景区年度复核中,唯一被摘牌的"乔家大院"也存在类似问题。

旅游景区的质量等级评定与划分标准自 1999 年颁布以来,已有 20 年的发展时间。目前的旅游景区质量等级评定与划分标准共有八大项、44 个小项、216 个打分点。中国社会科学院财经战略研究院旅游与休闲研究室主任、研究员戴学锋在日前举行的"2019 年临汾云丘话九古"的论坛上表示,A 级景区评估标准其实并不复杂,事实上,景区评级标准只有一个——那就是人。以满足人需求的这一标准去建设、运营景区,设计景区的指路系统,做好足量厕所等工作,在打造 A 级景区的道路上就可以少走很多弯路。

在戴学锋看来,景区质量等级评定与划分标准既有传统的以人为本的理念,又符合了当前旅游发展的需要,按照这一标准建设的景区要在保持个性化的同时,还能够在保护景区的前提下更好地为人服务。

部分省、市对 A 级景区处罚情况如下。

山东文化和旅游厅取消了 4 家 4A 级旅游景区质量等级,2 家 4A 级旅游景区被降级,15 家 4A 级旅游景区被警告、责令整改。

北京市密云区文化和旅游局撤销了鸡鸣山景区 4A 级旅游景区资质。

浙江文旅厅将 4 家 A 级旅游景区予以取消等级;10 家景区予以警告处理,限期整改3 个月;5 家 4A 级旅游景区予以通报批评处理,限期整改两个月。

河北文旅厅给予 23 家景区取消 A 级景区质量等级处理,包括 1 家 4A 级景区(张家口市沽源塞外庄园景区);给予 84 家 A 级景区通报批评,责令限期整改处理,包括 18 家 4A 级以上旅游景区。

广东文旅厅给予清远市广东省飞来峡水利枢纽风景区等 5 家景区取消旅游景区质量等级处理,7 家景区被责令整改,6 家存在玻璃桥、玻璃栈道等高风险项目的景区被责令专项整改。

宁夏文旅厅责令 2 家 5A 级景区停业整改,给予 4 家 A 级景区摘牌,3 家景区降级,7 家景区被警告。

黑龙江文旅厅给予呼兰河口湿地公园景区等 8 家 4A 级旅游景区警告处理,责令整改,限期 6 个月;2 家 4A 级旅游景区降为 3A 级旅游景区;6 家 4A 级旅游景区取消质量等级。

上海文旅局取消 4 家 3A 级旅游景点质量等级。

四川省文旅厅取消 3 家旅游景区等级,1 家景区降低等级处理,1 家景区严重警告处理,8 家旅游景区警告处理。

福建省文旅厅对 4 家 4A 级旅游景区给予严重警告处理,限期 6 个月整改;对永定牛牯扑红色旅游景区等 24 家 3A 级景区分别给予摘牌、严重警告和通报批评的处理。

(资料来源:http://hb.ifeng.com/a/20191016/7759304_0.shtml.)

一、旅游景区 A 级评定意义

旅游景区 A 级评定,是目前国内衡量各景区软硬件发展水平的最权威标准,是旅游景区综合实力的品牌标志,有利于景区旅游环境和发展质量的整体提升。开展 A 级创建工作,尤其是 5A 创建工作,目的就是促使各地方政府加大对核心景区的投资力度,改善硬件设施,强化管理水平,筛选出一批质量过硬、满足境内外游客需求、在国际上有竞争力的景点,使其成为真正的标杆性旅游精品景区。

在当前形势下,旅游景区创 A 是进一步加快提升旅游形象品位,增强旅游产品竞争实力的必要途径,此项工作对于景区、政府、区域发展而言,都是一件好事,应该将其作为区域旅游发展的重要内容来看待。

景区自身是创 A 工作实践的龙头,也是核心的利益主体。景区创 A 是一项系统工程,需对照国家《旅游景区质量等级的划分与评定》细则要求,逐项对旅游交通、游览、旅游安全、卫生、邮电服务、旅游购物、综合管理、资源和环境保护8大部分进行检查，并逐一给予提升解决方案。A级创建对于景区来说具有里程碑意义。

景区创A，是景区提档升级的空前改革，能够规范提升景区的综合质量；景区创A，是挖掘景区核心内涵的内在动力，可以有效提高景区的吸引力、竞争力；景区创A，是扩大景区辐射半径的有效途径，可以较大幅度提高景区市场影响力；景区创A，是规划景区服务管理的外在驱动，能够提高游客的满意度；景区创A，是吸引社会各层对景区关注的重要契机，可以借此提升景区的知名度和美誉度。

旅游景区创A，是政府打造旅游投资环境的助推器。旅游景区创A工作离不开政府的关注和支持，创A成功所带来的外溢效益直接可以反哺政府所需。这种外溢效益表现在政治效益、民生效益、税收效益、投资效益等方面，对于政府而言，景区创A是一件"功在当今、立在万秋"的事业，值得政府花大力气去扶植和支持。景区创A，尤其是对于创4A或5A级景区，是展示地方文脉、打造政府形象的核心工作；景区创A，形成A级景区带动的区域旅游发展大环境，是发挥旅游业乘数带动效应、拉动就业、改善民生的重要途径；景区创A，是增加旅游收入，提高旅游产业对政府税收贡献的有效手段；景区创A，能够牵引政府对旅游产业实行政策倾斜，是政府吸引旅游企业投资的助推器。

旅游景区创A是区域经济实现综合发展的抓手。如果一个地区拥有一家以上国家5A级旅游景区，必将提升周边区域知名度，必将吸引更多的客人来观光旅游，必将吸引更多的客商来投资兴业，必将吸引更多的领导关注并支持该区域发展，有利于形成人流、物流、资金流和信息流的聚集，为经济社会发展带来更多的政策机遇和商机。因此旅游景区创A工作的影响不仅仅局限于旅游产业本身，其对于区域发展的影响是全方位的。这种影响表现在改变区域旅游发展格局、提高区域品牌知名度、促进区域产业结构升级、优化区域城乡发展结构等方面。

二、旅游景区A级评定依据

A级景区是中国特有的景区质量评级标准，也是中国旅游资源标准化管理的重要指标。旅游景区A级评定主要依据《旅游景区质量等级的划分与评定》国家标准（GB/T 17775—2016）（以下简称标准）。标准可以有效指导标准化试点创建工作，使试点景区的服务质量和环境质量得到明显的改善和提高，取得良好的经济效益和社会效益，为全面提升中国旅游景区的行业素质、推出一批具有国际水准的旅游景区发挥积极作用。

1. 旅游景区质量标志

旅游景区质量等级划分为五级，从高到低依次为AAAAA、AAAA、AAA、AA、A级旅游景区。旅游景区质量等级的标牌、证书由全国旅游景区质量等级评定机构统一规定，其中AAAAA国家级旅游景区标志见图8-2。

图8-2　AAAAA国家级旅游景区标志

2．评定机构

（1）3A级及以下旅游景区

由省级旅游景区评定委员会进行评定。全国旅游景区质量等级评定委员会授权各省级旅游景区质量等级评定委员会负责评定,省级旅游景区评定委员会可向条件成熟的地市级旅游景区评定委员会再行授权。

（2）4A、5A级旅游景区

由全国旅游景区质量等级评定委员会进行评定。省级旅游景区质量等级评定委员会推荐,全国旅游景区质量等级评定委员会组织评定。

3．旅游景区质量等级划分依据与方法

根据旅游景区质量等级划分条件确定旅游景区质量等级,按照《服务质量与环境质量评分细则》《景观质量评分细则》的评价得分,并结合《游客意见评分细则》的得分综合进行。

经评定合格的各质量等级旅游景区,由全国旅游景区质量等级评定机构向社会统一公告。

三、旅游景区质量等级划分标准

具体见附录一《旅游景区质量等级的划分与评定》国家标准(GB/T 17775—2003)。

四、A级景区创建的软件和硬件

A级景区创建的五大硬件包括游客中心、旅游标识系统、生态停车场、星级厕所、垃圾箱。这五大硬件内容作为创建A级景区的一部分,不仅是景区建设的门户工程,展现景区景点"档次",还是评定景区质量等级时评委评分最为注重的内容。要创建A级景区,就务必要对照景区创A的标准检查好这五大硬件。

A级景区创建的四大软件包括景区创A主题、景区服务、景区宣传营销、游客满意度管理。作为景区可持续发展的关键,注重软件不仅能促使景区在创建过程中形成统一、有序的管理模式,而且能使其及时了解市场需求,调整旅游产品,有效提高游客满意度与景区品牌知名度。

硬件容易建造,软件有时候显得难以把握,为此首先要有硬件的保障,然后依据景区的实际,本着一切为游客服务和品质至上的理念,着重提升软件水平。

知识拓展

A级景区硬件
提升重点

五、A级景区创建成功经验归纳

目前,A级景区管理办法已得到社会的广泛认同,越来越多的景区参与创建A级景区。一些A级景区的成功经验包含以下几点。

1．确立"以人为本"的基本思路

A级景区标准内容非常复杂,但其中最重要的一点,就是"以游客为本"这个核心理念。

把自己当成游客去体验景区是否满足旅游者的需要,是最简单也是最有效的检查景区是否符合 A 级景区标准的方法。因此,只要树立以游客为本的基本观念,按照这个基本观念去改进景区各个方面,就可事半功倍地完成创建工作。

2. 政府重视,全地区动员

A 级景区建设绝非景区本身的工作,而是关系到方方面面的系统工程,如景区的可进入性关系到交通部门;景区的安全关系到医疗、公安等部门;景区周边环境协调一致关系到街道、社区、环保等部门;景区通信关系到电信部门;甚至停车场等关系到土地部门;游客中心等关系到建设和规划部门等。由于景区创 A 是一项复杂的系统工程,需要各个方面的配合与支持,因此,地区的重视程度往往是景区能否完成创 A 的重要因素。

3. 任务分解到人,明确到点

创建 A 级景区是一项涉及广泛的系统工程,需要动员各相关部门投入景区创建工作中来。要做到目标明确,任务具体,责任到人。

4. 落实配套建设的资金保障

准备提升标准的景区必须有充分的准备,事先必须有较为充足的资金储备或融资渠道,否则很难成功。

5. 合理选择创建辅导单位

因为经验、眼光以及对相关标准、文件的解读与理解等限制,凭借景区自身的力量单独创建高等级 A 级景区是非常艰难的。景区应当多与旅游主管部门接触,邀请有丰富实战经验的专家指导,厘清创建工作的方向与重点,慎重选择与专业的旅游规划和策划公司进行合作。

同步练习

一、多选题

1. 旅游景区创 A 的硬件条件包括( )。

    A. 游客中心   B. 旅游标识系统   C. 生态停车场

    D. 星级厕所   E. 垃圾箱

2. 旅游景区创 A 四大软件包括( )。

    A. 景区创 A 小组   B. 景区台账管理

    C. 景区宣传营销   D. 游客满意度管理

二、问答题

1. 请简述旅游景区创 A 的意义。

2. 试比较 AAAAA 和 AAAA 旅游景区创建条件的主要相同和不同之处?

实训项目

选取一家旅游景区,对其创建 A 级旅游景区进行调查,结合评定条件进行分析,包括旅游交通、游览、卫生、旅游安全、邮电、旅游购物等方面,总结该景区创 A 的优势与劣势。4~6 位同学为一组,分组提交成果。

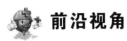 **前沿视角**

智旅云助力景区"智慧旅游"Ａ级评定：景区评Ａ级的标准化解读

自《旅游景区质量等级的划分与评定》标准2003年版实施以来，我国旅游景区的产品质量和服务管理水平都得到了极大提升，在国内外旅游发展日渐火热的形势下，景区创Ａ标准有了更高的要求。

旅游景区信息化建设是一个动态的过程，主要任务是充分利用物联网、云计算、下一代通信网络、高性能信息处理、智能数据挖掘等现代信息技术，对景区资源保护和景区业务管理、游客服务、品牌营销等业务流程进行重新设计、信息化改造和运营，最终提升景区的核心竞争力，实现可持续发展。

新标准变化突出的四大主要内容有：游览服务、综合服务、特色文化和信息化。其中信息化的改变如下：景区进入信息化、智慧化发展。旧标准升级为新标准，"邮电服务"这项内容被替换成"信息化"，分值也提高了50分，对信息化基础、信息化管理提出了考核要求，如WIFI覆盖情况、游客流量监管、运行监控等方面。随着现在信息技术、网络、互联网、自媒体的发展，信息化服务、信息化管理、电子商务等，对于一个景区的发展尤为重要。

1."信息化基础"评分项

信息化基础在信息化大项中分数占比最高，可见夯实基础是做好旅游景区信息化建设的重头戏。

2."信息化管理"评分项

信息化管理是旅游景区信息化建设的一大目标。在信息化基础建设的基础上，实现景区运行监测。

3."信息服务"评分项

游客是旅游景区信息化建设的服务对象，建立景区与游客间信息互动的渠道，提高旅游体验质量。

4."电子商务"评分项

电子票务系统是旅游景区信息化的标配，更是宣传景区并推动其发展的有效途径。

在信息化这一部分的修订中，新标准吸收了原有分散的相关内容，把景区信息化单独列为一个大项。其目的是引导旅游景区更加注重提升信息化水平，满足旅游景区自身发展和游客对信息化服务不断增长的需求。

新标准对景区信息化要求的添加，指明了旅游信息化、智慧化已成为景区申请5A硬指标。旅游景区信息化建设要求综合运用现代信息技术，综合统筹建设、管理、运营和服务，以各业务应用信息系统建设为纽带，整合景区资源，实现信息共享，创新管理模式；实现资源保护、产业结构优化、经营管理和服务智慧化，全面促进景区环境、社会、经济的可持续发展。旅游景区Ａ级评定标准的更新与完善将更好地推进我国旅游业的发展。

（资料来源：https://www.sohu.com/a/198028559_99976737.）

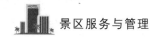

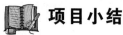 **项目小结**

　　本项目重点介绍景区环境保护管理、景区游客承载管理、景区形象宣传推广、旅游景区创 A 升 A 四个方面内容。在景区环境保护管理上，认知旅游景区环境的内涵，理解环境容量的含义及内容，掌握环境容量的测定与调控方法，熟悉游客行为管理、环境卫生管理、景区垃圾处理、景区厕所管理等的具体方法和手段。在景区游客承载管理上，认知景区环境管理的重要性，理解景区环境容量调控原则和手段，掌握游客行为分析和景区游客管理方法。在景区形象宣传推广上，认知景区形象的重要性，掌握如何塑造景区形象，知晓如何确定景区形象定位口号。在旅游景区创 A 升 A 上，认识旅游景区创 A 升 A 的重要意义，明晰旅游景区 A 级评定依据，掌握旅游景区 A 级划分标准，知晓 A 级景区创建的软件和硬件准备。

 综合训练

　　1. 实训项目

　　选择一家当地旅游景区并进行考察，了解其创 A 升 A 的过程，总结经验。

　　2. 实训目标

　　深化对旅游景区管理的认识，强化对旅游景区管理的实践。

　　3. 实训指导

　　(1) 指导学生学习资料收集和实地考察方法，掌握旅游景区创 A 升 A 知识。

　　(2) 给学生提供必要景区资源。

　　4. 实训组织

　　(1) 把所在班级学生分成小组，每组 4～6 人，确定组长，实行组长负责制。

　　(2) 每个小组考察本地区一个景区创 A 升 A 过程，并将考察到的内容做成报告书和 PPT 进行汇报。

　　5. 实训考核

　　(1) 根据每组考察到的旅游景区情况进行 PPT 汇报，由主讲教师进行评分和点评，分数占 50%。

　　(2) 根据每组的旅游景区创 A 升 A 报告书，由主讲教师进行评分，分数占 30%。

　　(3) 每个小组互评，各给出一个成绩，取其平均分，分数占 20%。

附　　录

附录一　旅游景区质量等级的
　　　　划分与评定

附录二　中国 AAAAA 级
　　　　旅游景区

附录三　风景名胜区条例

附录四　国家级风景名胜区

附录五　旅游度假区等级划分
　　　　（GB/T 26358—2010）

附录六　国家级旅游度假区

附录七　中国的世界遗产

参 考 文 献

[1] 张芳蕊,陈洪宏.旅游景区服务与管理[M].北京:清华大学出版社,2014.

[2] 王昕,龚德才,张海龙.旅游景区服务与管理[M].北京:中国旅游出版社,2018.

[3] 周国忠.景区服务与管理[M].北京:中国旅游出版社,2012.

[4] 潘长宏.景区服务与管理[M].长沙:湖南师范大学出版社,2019.

[5] 邹统钎.旅游景区开发与经营经典案例[M].北京:旅游教育出版社,2003.

[6] 王莹.旅游区服务质量管理[M].北京:中国旅游出版社,2003.

[7] 张凌云.旅游景区景点管理[M].北京:旅游教育出版社,2003.

[8] 王昆欣,王长生.旅游资源与开发[M].重庆:重庆大学出版社,2003.

[9] 邹统钎.旅游景区开发与管理[M].5版.北京:清华大学出版社,2021.

[10] 李洪波.旅游景区管理[M].北京:机械工业出版社,2004.

[11] 姜若愚.旅游景区服务与管理[M].大连:东北财经大学出版社,2003.

[12] 王昆欣.旅游景区服务与管理[M].北京:旅游教育出版社,2004.

[13] 郭亚军.旅游景区运营管理[M].北京:清华大学出版社,2020.

[14] 杨振之.旅游资源开发与规划[M].成都:四川大学出版社,2002.

[15] 明庆忠.旅游地规划[M].北京:科学出版社,2003.

[16] 肖星,严江平.旅游资源与开发[M].北京:中国旅游出版社,2000.

[17] 郭亚军.旅游景区管理[M].北京:高等教育出版社,2019.

[18] 张河清.旅游景区管理[M].重庆:重庆大学出版社,2018.

[19] 廖建华,陈文君.旅游景区服务与管理实务[M].大连:大连出版社,2012.

[20] 廖建华,贺湘辉.旅游景区服务与管理[M].北京:北京交通大学出版社,2011.